L'ESPACE SOCIAL DE MONTRÉAL
1951-1991

LE PARADOXE CANADIEN. LE QUÉBEC ET LES ÉLECTIONS FÉDÉRALES, Montréal, Parti Pris, 1979, 238 pages.

LES ILLUSIONS DU POUVOIR. LES ERREURS STRATÉGIQUES DU GOUVERNEMENT LÉVESQUE (avec Robert Barberis), Montréal, Éditions Sélect, 1981, 238 pages.

STATISTIQUES ÉLECTORALES FÉDÉRALES DU QUÉBEC 1867-1985, 2e édition, Montréal, VLB Éditeur, 1986, 696 pages.

CANDIDATES, DÉPUTÉES ET MINISTRES: LES FEMMES ET LES ÉLECTIONS (avec Jocelyne Dorion), Québec, Bibliothèque de l'Assemblée nationale du Québec, 1988, 136 pages.

ATLAS DES ÉLECTIONS AU QUÉBEC 1867-1985, Québec, Bibliothèque de l'Assemblée nationale du Québec, 1989, 560 pages.

ATLAS DES ÉLECTIONS FÉDÉRALES AU QUÉBEC 1867-1988, Montréal, VLB Éditeur, 1989, 550 pages.

STATISTIQUES ÉLECTORALES DU QUÉBEC 1867-1989, 3e édition, Québec, Bibliothèque de l'Assemblée nationale du Québec, 1990, 692 pages.

RÉPERTOIRE DU PERSONNEL POLITIQUE QUÉBÉCOIS 1867-1989, 3e édition, Québec, Bibliothèque de l'Assemblée nationale du Québec, 1990, 702 pages.

RÉPERTOIRE DU PERSONNEL POLITIQUE QUÉBÉCOIS FÉMININ 1921-1989, Québec, Bibliothèque de l'Assemblée nationale du Québec, 1990, 62 pages.

LES ÉLECTIONS AU QUÉBEC. BIBLIOGRAPHIE, Québec, Bibliothèque de l'Assemblée nationale du Québec, 1990, 62 pages.

STATISTIQUES ÉLECTORALES DU QUÉBEC PAR MUNICIPALITÉS ET SECTEURS DE RECENSEMENT 1970-1989, 2e édition, Québec, Bibliothèque de l'Assemblée nationale du Québec, 1991, 2 volumes, 1422 pages.

PROFIL SOCIO-POLITIQUE DES AMÉRINDIENS DU QUÉBEC, Québec, Bibliothèque de l'Assemblée nationale du Québec, 1991, 348 pages.

Pierre Drouilly

L'ESPACE SOCIAL
DE MONTRÉAL
1951-1991

septentrion

DBN: 1426798

Les éditions du Septentrion sont inscrites au Programme de subvention globale du Conseil des Arts du Canada et reçoivent l'appui de la SODEC

Correction: Andrée Laprise

Photo de la couverture: Claude Michaud

HA
748
.M6
D76
1996

Dépôt légal – 2ᵉ trimestre 1996
Bibliothèque nationale du Québec
ISBN 2-89448-062-8

Diffusion Dimedia
549, boul. Lebeau
Saint-Laurent (Québec)
H4N 1S2

Si vous désirez être tenu au courant des publications
des ÉDITIONS DU SEPTENTRION,
vous pouvez nous écrire au
1300 av. Maguire, Sillery (Québec) G1T 1Z3
ou par télécopieur (418) 527-4978.

Présentation

'The city above the hill' is the home of classes.
[...] 'The city below the hill', on the other hand,
is the dwelling place of the masses.
HERBERT BROWN AMES (1897)

Voici bientôt un siècle que ces mots ont été écrits et, d'une certaine façon, ils sont encore d'actualité pour décrire l'espace social de Montréal. Évidemment, bien des choses ont changé depuis un siècle dans la société montréalaise, mais les classes dominantes dominent toujours la société, ainsi que l'espace: c'est encore sur les flancs et sur les hauteurs du mont Royal que résident les catégories les plus privilégiées de la population, alors que les catégories les plus défavorisées résident encore dans le bas de la pente. Les classes moyennes occupent, de leur côté, l'espace plat qui constitue l'essentiel de la géographie de l'archipel montréalais.

*   *   *

La plupart des grandes cités d'Europe et d'Amérique ont fait l'objet d'atlas sociaux: pour Montréal, nous ne disposons que de l'ouvrage de Norbert Lacoste paru dans les années cinquante, ainsi que des *Atlas métropolitains* produits par Statistique Canada aux recensements de 1981 et de 1986 (mais annulés pour le recensement de 1991).

Notre ouvrage vient donc combler une lacune, et se propose de rendre disponibles un ensemble de données sociales, présentées sur une base cartographique. Pour ce faire, les données du recensement du Canada constituent une irremplaçable source d'informations. En effet, seul le recensement de la population permet d'appréhender la distribution spatiale des caractéristiques sociales de la population à l'aide des données disponibles sur la base de petites unités géographiques.

Tout résident de Montréal connaît d'expérience la diversité du paysage urbain: diversité des fonctions sociales d'abord (affaires et commerce, loisirs, résidence, industrie); diversité architecturale ensuite, qui porte les traces de l'histoire de la ville; diversité humaine aussi, qui en dessine les multiples facettes culturelles; diversité sociale enfin, qui en délimite les différentes classes sociales. L'écologie humaine a depuis longtemps montré que cette diversité n'est pas le fruit du hasard, mais le produit de l'histoire sociale: des groupes sociaux essentiellement inégaux entrent en concurrence pour s'approprier le territoire et ses ressources.

L'inégalité dans une société capitaliste étant essentiellement économique, ce sont les lois du marché, en l'occurrence du marché foncier, qui détermineront principalement la structure de l'espace social: spéculation foncière dans le centre des affaires et le centre-ville commercial, détérioration de l'espace urbain dans ses environs immédiats, et en particulier dans les vieux quartiers, accès au logement dont la taille et le coût déterminent qui réside où, accès à la propriété limité dans les beaux quartiers, extension des banlieues, etc., tels sont les principaux facteurs qui organisent l'espace résidentiel (section I).

Mais les lois économiques agissent sur un matériau humain, et elles organisent aussi un espace démographique caractéristique des grandes métropoles nord-américaines. Les différentes caractéristiques démographiques, dont certaines traduisent les cycles de vie, de l'enfance familiale à la solitude de la vieillesse, s'ordonnent habituellement en cercles concentriques du centre vers la périphérie, et donnent un aspect particulier à l'espace humain de la grande cité (section II).

La coexistence de deux groupes ethniques fondateurs, français et britannique, auxquels se sont ajoutés au cours de l'histoire de nombreux immigrants, a produit un espace anthropologique caractéristique à Montréal: la ville est coupée en deux, française vers l'est et britannique vers l'ouest, avec entre ces deux pôles, la présence d'une multitude de groupes d'origines diverses. Tous ces groupes humains entretiennent des rapports de compétition, généralement pacifiques, qui se traduisent par une structure complexe de l'espace ethnique à l'intérieur de la grande division est-ouest héritée de l'histoire (section III).

Cette diversité ethnique se double d'une grande diversité linguistique, caractéristique des sociétés d'immigration, elle-même polarisée par la concurrence multiséculaire des langues française et anglaise en Amérique du Nord, et au Canada en particulier. La concurrence entre le français et l'anglais à Montréal détermine un espace linguistique, fortement déterminé par l'espace ethnique mais pas identique à lui (section IV).

Le mode principal d'insertion dans les rapports sociaux est encore, dans nos sociétés, l'insertion dans les rapports de travail. La structure de la force de travail (section V) décrit les principales caractéristiques de la main-d'œuvre: qualification, activité, participation féminine, chômage et exclusion. On y découvre le premier aspect de l'espace économique montréalais.

Dans ce cadre général évoluent les classes sociales. Bien entendu, celles-ci ne sont pas observables, mais ce sont elles qui expliquent la hiérarchie de la structure socioprofessionnelle (section VI). On s'aperçoit alors que l'espace social est fortement structuré: dirigeants, travailleurs intellectuels et travailleurs manuels occupent des lieux de résidence fortement différenciés.

Cela est évidemment dû à la hiérarchie des revenus, et donc à la répartition de la richesse et de la pauvreté (section VII). De ce point de vue, la structure spatiale des revenus est exemplaire: elle illustre parfaitement les autres structures de l'espace social, parce qu'elle les détermine en grande partie. C'est que la richesse ne se répartit pas uniformémement entre les différents groupes sociaux, que ce soient les hommes et les femmes, les jeunes et les vieux, les francophones, les anglophones et les immigrants, ainsi que les différentes classes sociales.

Malgré la complexité de la société, la statistique sociale nous permet d'appréhender et de décrire des structures relativement simples de l'espace social. Ces structures évoluent lentement dans le temps, et malgré l'impression de changements incessants, elles montrent qu'il existe de grandes permanences. En dépit des changements observables dans les paysages et les activités de la ville, l'espace social ne semble pourtant varier qu'avec lenteur.

Sur une période d'un demi-siècle, période couverte par nos cartes, à peu près rien n'est resté inchangé à Montréal, sauf peut-être la structure de l'espace social, lui-même reflet de la structure de la société. Les contrastes que l'on note aujourd'hui existaient déjà il y a vingt-cinq ou cinquante ans: ils existaient même en partie il y a un siècle. Ce n'est pas d'hier, en effet, que Westmount est Westmount, et que Saint-Henri est Saint-Henri. Et même s'il ne s'agit plus ni du même Westmount ni du même Saint-Henri, et que ce sont ajoutés depuis bien des quartiers et bien du monde de part et d'autre, il s'agit toujours de la même structure sociale. C'est ce que les sociologues appellent tout simplement la reproduction sociale, et que nous avons tenté d'illustrer dans cet ouvrage.

Remerciements

Ce travail ne serait jamais arrivé à terme sans le soutien financier du Décanat des études avancées et de la recherche de l'Université du Québec à Montréal, qui a cofinancé l'achat de l'équipement informatique dont j'avais besoin pour mener à bien ce projet, et du Comité des publications de l'UQAM qui a soutenu financièrement la publication de ce livre. Je les en remercie beaucoup.

Évidemment, sans le travail de Gontrand Dumont, du Service de l'informatique de l'UQAM, qui a développé le logiciel MODÈLE dont nous nous sommes servis, le projet serait resté à l'état de rêve: mes plus vifs remerciements pour sa disponibilité, et sa patience, aux toutes premières phases de mon initiation à la cartographie par ordinateur. Je remercie aussi, pour ses conseils, André Parent du Laboratoire de cartographie du Département de géographie de l'UQAM, et Pierre Fortier, du Service de reprographie de l'UQAM, pour sa diligence et son efficacité.

Mais c'est tout spécialement à ceux et celles qui ont eu l'amitié d'examiner une première version des cartes de cet ouvrage et de me faire des commentaires, souvent perspicaces, parfois impitoyables, mais toujours utiles, que j'adresse mes remerciements les plus chaleureux. Emmanuelle Avon, Richard Cousineau, Michel Gagnon, Lucie Laurendeau et Nathalie Melançon ont tour à tour examiné mon manuscrit. Si je fais la somme de leurs commentaires, à peu près aucune des quelque sept cents cartes dont j'avais fait une première version, n'est restée intacte. C'est dire ce que je leur dois, tout en assumant, bien entendu, l'entière responsabilité des imperfections qui demeurent dans la version finale aujourd'hui publiée. Je remercie enfin tout spécialement Laurence Drouilly pour ses commentaires.

Pierre Drouilly
mai 1996

I

L'espace résidentiel

1. L'étalement urbain

En 1941, l'agglomération montréalaise est encore très concentrée autour du mont Royal: on lui reconnaît la forme d'un T renversé constitué d'une bande est-ouest le long du fleuve Saint-Laurent (de Maisonneuve à Verdun) et d'une bande nord-sud dans l'axe du boulevard Saint-Laurent (carte 1). Le premier étalement urbain se fera pendant et après la Seconde Guerre mondiale, et il développera les premières banlieues (carte 2): le long de la rivière des Prairies (Ahuntsic, Cartierville), sur le flanc ouest du mont Royal (Ville Mont-Royal, Côte-des-Neiges, Notre-Dame-de-Grâce), vers l'est (Longue-Pointe, Tétreaultville) et vers la rive Sud de Montréal (Longueuil, Jacques-Cartier).

Dans les années cinquante, le mouvement amorcé dans l'après-guerre va s'amplifier (carte 3): l'étalement se poursuit sur la rive Sud (Saint-Hubert, Saint-Bruno-de-Montarville, Boucherville), vers le nord et le nord-est (Saint-Michel, Saint-Léonard, Montréal-Nord), vers l'île Jésus, vers l'est (Pointe-aux-Trembles) et vers l'ouest (Lasalle, Lachine, Lakeshore).

Les années soixante et soixante-dix voient s'amplifier l'étalement qui atteint maintenant la périphérie de la région représentée (cartes 4 et 5): l'île Jésus (Laval), la Rive-Sud, les extrémités est et ouest de l'île de Montréal achèvent leur urbanisation, alors que déjà, au centre de la région, est perceptible un *no man's land* qui ne fera que s'accroître dans les années quatre-vingt (carte 6).

Ce que nos cartes ne montrent pas, c'est la poursuite, depuis les années quatre-vingt, de l'étalement urbain hors des limites du noyau urbanisé, vers des banlieues de plus en plus éloignées.

L'un des résultats de cet étalement urbain est que Montréal a une densité de population (carte 7) très faible en comparaison des grandes villes du monde, avec tous les problèmes de financement des infrastructures que cela pose. La ceinture de banlieues a une densité de population inférieure à 2500 habitants au km^2, et c'est seulement dans un périmètre très restreint que l'on retrouve des densités supérieures à 10 000 habitants au km^2: essentiellement dans le quartier de Côte-des-Neiges et sur le Plateau Mont-Royal ainsi qu'au nord de celui-ci (Villeray, Rosemont, Parc-Extension).

14

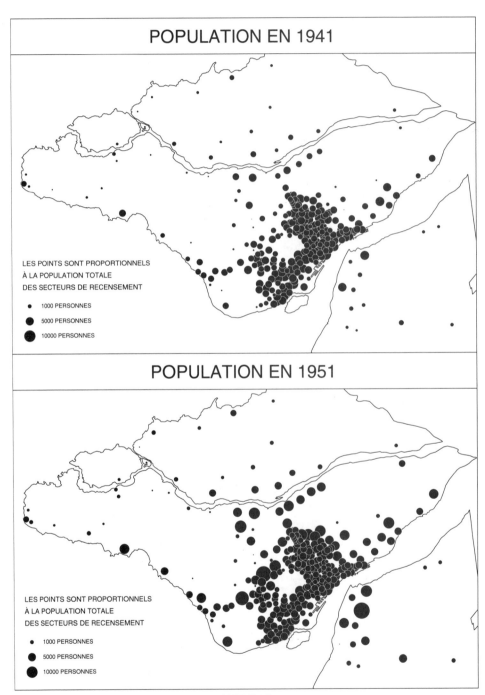

POPULATION EN 1941

LES POINTS SONT PROPORTIONNELS
À LA POPULATION TOTALE
DES SECTEURS DE RECENSEMENT

- 1000 PERSONNES
- 5000 PERSONNES
- 10000 PERSONNES

POPULATION EN 1951

LES POINTS SONT PROPORTIONNELS
À LA POPULATION TOTALE
DES SECTEURS DE RECENSEMENT

- 1000 PERSONNES
- 5000 PERSONNES
- 10000 PERSONNES

CARTES 1-2

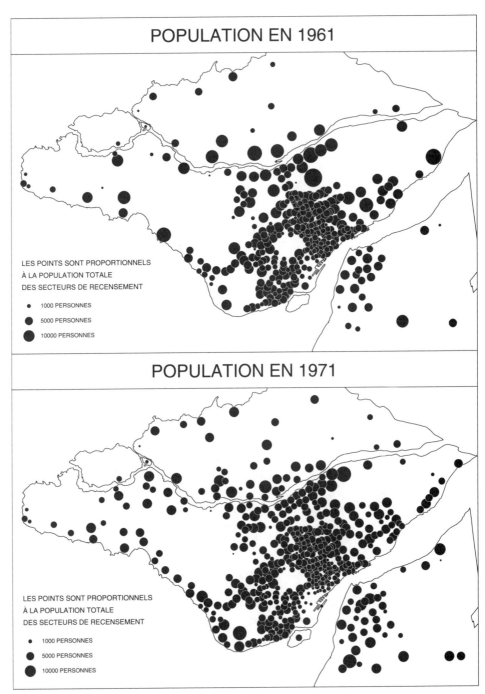

POPULATION EN 1961

LES POINTS SONT PROPORTIONNELS
À LA POPULATION TOTALE
DES SECTEURS DE RECENSEMENT

• 1000 PERSONNES

● 5000 PERSONNES

● 10000 PERSONNES

POPULATION EN 1971

LES POINTS SONT PROPORTIONNELS
À LA POPULATION TOTALE
DES SECTEURS DE RECENSEMENT

• 1000 PERSONNES

● 5000 PERSONNES

● 10000 PERSONNES

CARTES 3-4

16

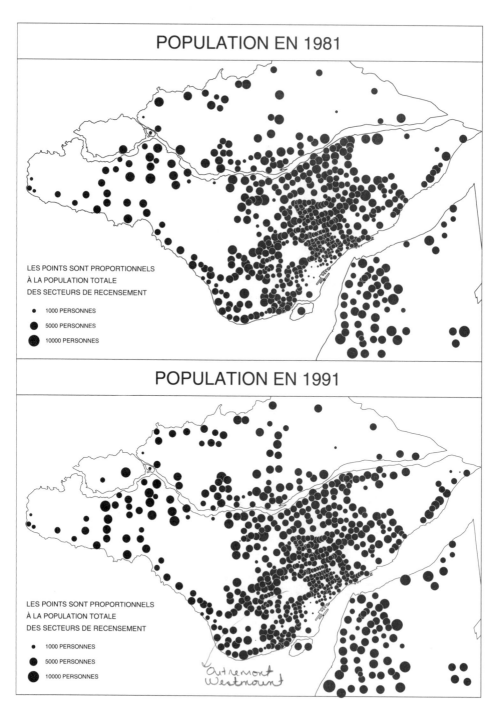

POPULATION EN 1981

LES POINTS SONT PROPORTIONNELS
À LA POPULATION TOTALE
DES SECTEURS DE RECENSEMENT

● 1000 PERSONNES
● 5000 PERSONNES
● 10000 PERSONNES

POPULATION EN 1991

LES POINTS SONT PROPORTIONNELS
À LA POPULATION TOTALE
DES SECTEURS DE RECENSEMENT

● 1000 PERSONNES
● 5000 PERSONNES
● 10000 PERSONNES

CARTES 5-6

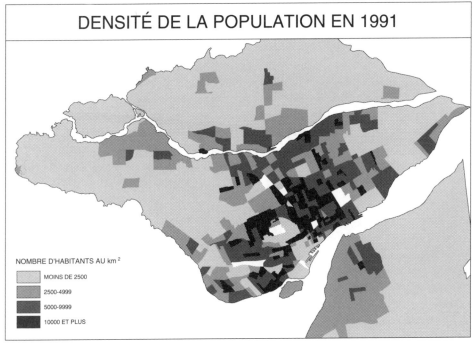

CARTE 7

2. L'exode vers les banlieues

Une forte natalité et une immigration massive vont permettre à la région représentée dans les cartes de s'accroître de 23 % entre 1941 et 1951, de 41 % entre 1951 et 1961 et de 20 % encore entre 1961 et 1971. Mais la chute de la natalité à partir des années soixante, le ralentissement de l'immigration durant les années soixante-dix et les mouvements de population vers des banlieues de plus en plus éloignées vont provoquer une baisse de population de 3 % entre 1971 et 1981, et un accroissement de seulement 4 % entre 1981 et 1991 (voir annexe statistique, tableau 1).

Jusqu'à la fin des années cinquante, la forte natalité masque les mouvements de la population. Jusqu'en 1961 (cartes 8 et 9), la population totale s'accroît, sauf dans la ville centrale constituée d'une population plus âgée: ce vieux tissu urbain est constitué de tout le Centre-Sud (de Verdun à Hochelaga-Maisonneuve), ainsi que du Plateau Mont-Royal. Cette zone de dépeuplement va s'agrandir à partir du début des années soixante, pour finalement englober pratiquement toute l'île de Montréal, et déborder largement sur l'île Jésus (Pont-Viau, Laval-des-Rapides) et la Rive-Sud (Longueuil, Saint-Lambert).

Seules les banlieues maintiennent un rythme soutenu de croissance démographique. Au début de la période, ce sont celles situées à l'ouest de l'île de Montréal (Lasalle, Dorval, Pointe-Claire, Beaconsfield, Kirkland et aujourd'hui encore Dollard-des-Ormeaux, Pierrefonds, et Île-Bizard), ou à l'est (Saint-Michel, Montréal-Nord, Saint-Léonard, Anjou et aujourd'hui encore Pointe-aux-Trembles et Rivière-des-Prairies). Dès le début des années soixante s'y ajoutent l'île Jésus (Laval), et la Rive-Sud (Longueuil, Saint-Bruno-de-Montarville, Brossard et encore aujourd'hui Saint-Hubert et Boucherville).

À partir des années soixante-dix néanmoins, on constate une réappropriation de l'espace urbain central par la construction de logements luxueux ou la rénovation de vieux logements: Habitat 67, Île-des-Sœurs, Domaine Saint-Sulpice, Pyramides olympiques, Vieux-Montréal, ancienne cour des usines East Angus, tours d'habitation au centre-ville, développements dans la zone du vieux port, etc. Aujourd'hui on retrouve une ceinture qui connaît encore une croissance de population et qui s'étend d'ailleurs bien au-delà de la zone cartographiée, entourant une zone centrale qui continue de se dépeupler, mais dans laquelle apparaissent de plus en plus de petits secteurs de repeuplement et de croissance de population (cartes 12 et 13).

VARIATION DE POPULATION ENTRE 1941 ET 1951

VARIATION DE POPULATION EN %
DE LA POPULATION TOTALE DE 1941

- MOINS DE -10.0 %
- -10.0 % À -0.0 %
- 0.0 % À +9.9 %
- +10.0 % ET PLUS

VARIATION DE POPULATION ENTRE 1951 ET 1961

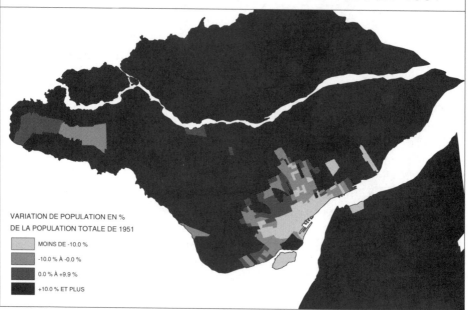

VARIATION DE POPULATION EN %
DE LA POPULATION TOTALE DE 1951

- MOINS DE -10.0 %
- -10.0 % À -0.0 %
- 0.0 % À +9.9 %
- +10.0 % ET PLUS

CARTES 8-9

VARIATION DE POPULATION ENTRE 1961 ET 1971

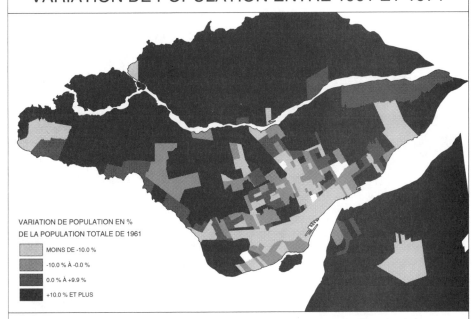

VARIATION DE POPULATION EN %
DE LA POPULATION TOTALE DE 1961

- MOINS DE -10.0 %
- -10.0 % À -0.0 %
- 0.0 % À +9.9 %
- +10.0 % ET PLUS

VARIATION DE POPULATION ENTRE 1971 ET 1981

VARIATION DE POPULATION EN %
DE LA POPULATION TOTALE DE 1971

- MOINS DE -10.0 %
- -10.0 % À -0.0 %
- 0.0 % À +9.9 %
- +10.0 % ET PLUS

CARTES 10-11

22

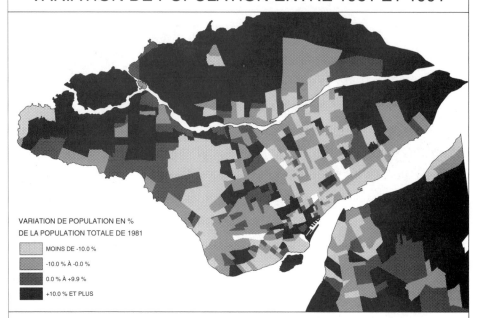

VARIATION DE POPULATION ENTRE 1981 ET 1991

VARIATION DE POPULATION EN %
DE LA POPULATION TOTALE DE 1981

- MOINS DE -10.0 %
- -10.0 % À -0.0 %
- 0.0 % À +9.9 %
- +10.0 % ET PLUS

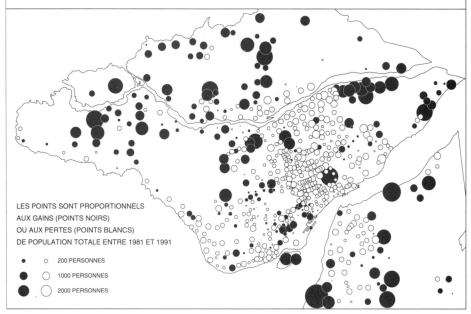

GAINS ET PERTES DE POPULATION 1981-1991

LES POINTS SONT PROPORTIONNELS
AUX GAINS (POINTS NOIRS)
OU AUX PERTES (POINTS BLANCS)
DE POPULATION TOTALE ENTRE 1981 ET 1991

- 200 PERSONNES
- 1000 PERSONNES
- 2000 PERSONNES

CARTES 12-13

3. L'accès à la maison individuelle...

Au lendemain de la Seconde Guerre mondiale, on ne retrouve une majorité de maisons simples détachées qu'en périphérie, et à quelques exceptions près dans le centre de l'île de Montréal: ces exceptions sont les vieux quartiers bourgeois, et notamment Outremont et Westmount, et à un moindre degré Ville Saint-Laurent, bien visibles sur toute la période (cartes 14 et 15). Mais alors que durant cette période ces maisons individuelles se retrouvent surtout le long des rivières (Beaconsfield, Baie-d'Urfé, Senneville, Pierrefonds, Chomedey, Rivière-des-Prairies) dans des municipalités non encore converties en banlieues dortoirs (certaines de ces maisons sont d'ailleurs alors des résidences secondaires), à partir des années soixante la maison simple détachée deviendra la caractéristique dominante des banlieues périphériques.

À partir de 1971, une structure simple s'établit: au centre de l'île de Montréal, moins du quart (et en fait dans la majorité des cas moins de 5 %) des logements sont constitués de maisons individuelles (à l'exception des municipalités d'Outremont et de Westmount), tandis qu'en périphérie, le bungalow de banlieue représente plus de la moitié des logements, parfois plus des trois quarts. Globalement, de 1951 à 1991, la proportion de maisons simples détachées double (passant de 10 % à 21 %), mais cette augmentation est le fait principalement du mode d'urbanisation des banlieues.

Aujourd'hui, sur le million de logements occupés dans la région, plus de la moitié sont des appartements dans des maisons de moins de cinq étages (564 000 logements) ou dans des maisons de plus de cinq étages (109 000 logements), alors que les maisons simples détachées sont au nombre de 206 000. Les maisons jumelées (50 000 logements), en rangée (35 000 logements) ou en duplex non attenant (36 000 logements) constituent des catégories marginales à Montréal.

Notons que, pour l'ensemble du Québec, en 1991, la maison simple détachée constitue le type le plus fréquent de logements, avec près de 60 % du total des logements.

24

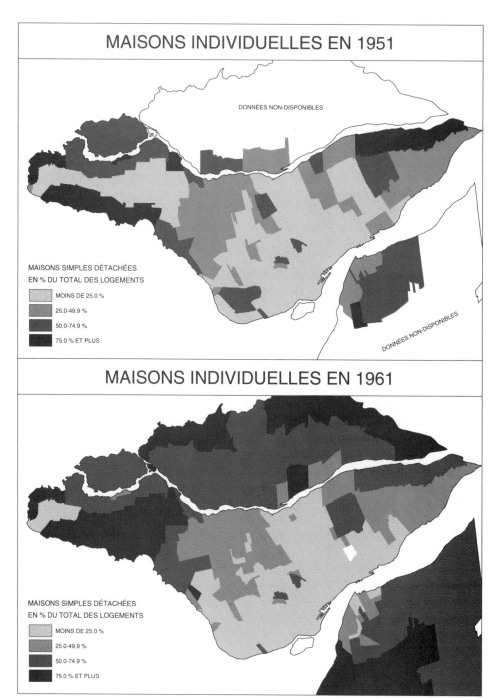

CARTES 14-15

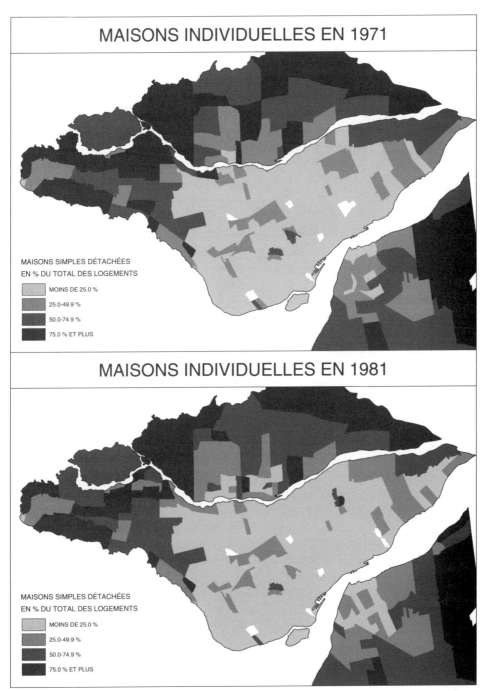

MAISONS INDIVIDUELLES EN 1971

MAISONS SIMPLES DÉTACHÉES
EN % DU TOTAL DES LOGEMENTS

- MOINS DE 25.0 %
- 25.0-49.9 %
- 50.0-74.9 %
- 75.0 % ET PLUS

MAISONS INDIVIDUELLES EN 1981

MAISONS SIMPLES DÉTACHÉES
EN % DU TOTAL DES LOGEMENTS

- MOINS DE 25.0 %
- 25.0-49.9 %
- 50.0-74.9 %
- 75.0 % ET PLUS

CARTES 16-17

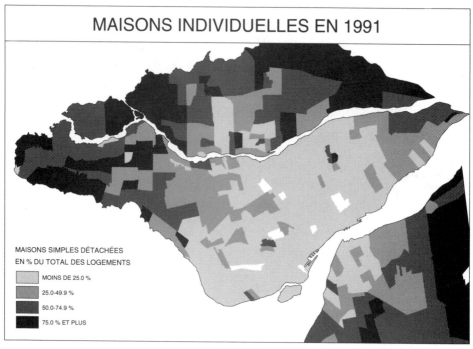

CARTE 18

4. ... et au logement plus spacieux

L'élément de confort le plus visible et le plus important dans un logement demeure sa taille, et l'on caractérise la qualité des logements par un indicateur dérivé, soit le nombre de personnes par pièce. Selon cet indice, on considère généralement qu'un logement est surpeuplé lorsqu'il y a plus d'une personne par pièce. Or, depuis 1951, le nombre de personnes par pièce dans la région de Montréal se situe en dessous de un (il est de une demi-personne par pièce depuis 1981), et le nombre de logements surpeuplés, inférieur à 20 % dès 1961, n'a cessé de décroître depuis.

Par ailleurs, tous les autres éléments de confort habituellement retenus par les urbanistes (nécessité de réparations importantes, type de chauffage, système d'égouts, usage exclusif d'une salle de bains avec toilette, équipement ménager comme poêle, réfrigérateur, téléphone, télévision, etc.) ne permettent plus de discriminer spatialement les logements: les taux pour ces indicateurs avoisinent les 100 %. En comparaison des grandes métropoles occidentales, sans parler de celles du Tiers monde, les conditions de logement apparaissent comme fort acceptables à Montréal. Pour discriminer la qualité des logements, il faudrait tenir compte de leur valeur d'usage, ce que la statistique sociale ne peut évidemment pas faire.

Nous n'avons donc retenu que la taille des logements: cet indicateur révèle une structure très claire et très stable. Les grands logements se retrouvent essentiellement dans le chapelet de municipalités cossues qui entourent le mont Royal (Outremont, Ville Mont-Royal, Ville Saint-Laurent, Hampstead, Côte-Saint-Luc, Montréal-Ouest, Westmount) et dans lesquelles la taille moyenne des logements dépasse généralement huit pièces par logement, dans les quartiers avoisinants (Notre-Dame-de-Grâce, les environs de l'Université de Montréal, avenue des Pins, etc.), ainsi que dans les banlieues (Rive-Sud, Laval, extrêmes est et ouest de l'île de Montréal).

Cette structure annulaire est le résultat du mode de développement des banlieues qui ont offert aux Montréalais des logements plus spacieux à la faveur d'un espace abondant et de terrains peu coûteux. L'accès à la propriété individuelle d'un bungalow de banlieue a toujours signifié l'accès à un logement plus spacieux et plus confortable.

Pour l'ensemble du Québec, en 1991, la taille moyenne des logements était de 5,5 pièces, guère plus que pour l'ensemble de la région métropolitaine de recensement de Montréal (5,3 pièces en moyenne).

28

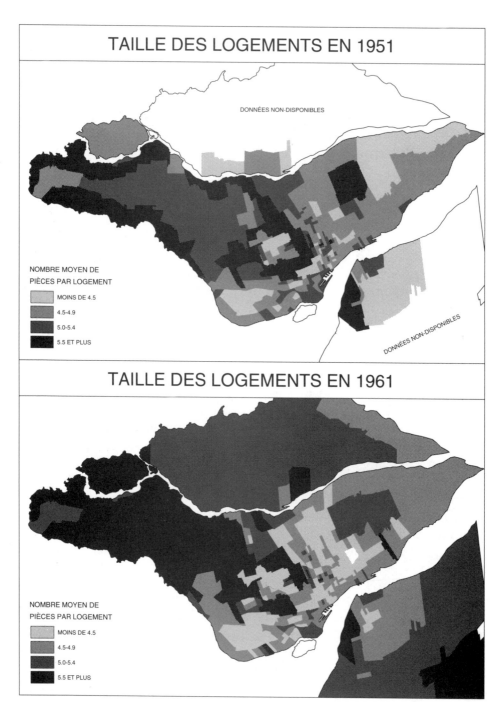

TAILLE DES LOGEMENTS EN 1951

DONNÉES NON-DISPONIBLES

DONNÉES NON-DISPONIBLES

NOMBRE MOYEN DE
PIÈCES PAR LOGEMENT

MOINS DE 4.5

4.5-4.9

5.0-5.4

5.5 ET PLUS

TAILLE DES LOGEMENTS EN 1961

NOMBRE MOYEN DE
PIÈCES PAR LOGEMENT

MOINS DE 4.5

4.5-4.9

5.0-5.4

5.5 ET PLUS

CARTES 19-20

TAILLE DES LOGEMENTS EN 1971

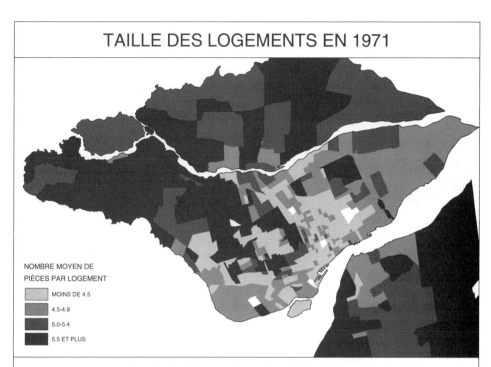

NOMBRE MOYEN DE
PIÈCES PAR LOGEMENT

MOINS DE 4.5

4.5-4.9

5.0-5.4

5.5 ET PLUS

TAILLE DES LOGEMENTS EN 1981

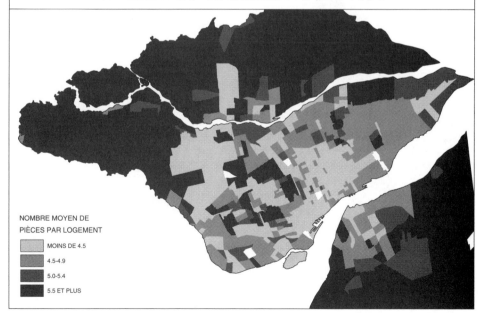

NOMBRE MOYEN DE
PIÈCES PAR LOGEMENT

MOINS DE 4.5

4.5-4.9

5.0-5.4

5.5 ET PLUS

CARTES 21-22

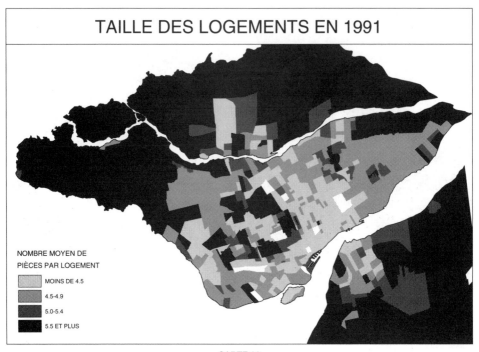

TAILLE DES LOGEMENTS EN 1991

NOMBRE MOYEN DE
PIÈCES PAR LOGEMENT

MOINS DE 4.5

4.5-4.9

5.0-5.4

5.5 ET PLUS

CARTE 23

5. Une majorité de locataires

Contrairement à l'ensemble du Québec, qui ne compte en 1991 que 44 % de locataires, les régions urbaines, et la région de Montréal tout particulièrement, se caractérisent par la présence d'une forte majorité de locataires: leur proportion est cependant en décroissance régulière à Montréal, étant passée de 77 % en 1951 à 60 % en 1991, conséquence directe de l'extension des banlieues (voir annexe statistique, tableau 1).

On retrouve une forte majorité de locataires dans les limites de la ville de Montréal (ils y sont 74 % en 1991), et la proportion de locataires diminue progressivement lorsqu'on s'éloigne de la ville centrale vers les banlieues, dans lesquelles le pourcentage de locataires se situe régulièrement en dessous de 25 %. Dans le centre de l'île de Montréal, on distingue bien nettement des trous (carte 28) indiquant un faible taux de locataires dans les municipalités cossues qui entourent le mont Royal (Outremont, Ville Mont-Royal, Ville Saint-Laurent, Hampstead, Côte-Saint-Luc, Montréal-Ouest).

Les trois indicateurs utilisés jusqu'à présent (pourcentage de maisons individuelles, taille des logements et pourcentage de locataires) opposent de manière constante le centre et la périphérie, ou plus précisément ils révèlent une structure annulaire: autour du mont Royal un anneau de quartiers cossus (maisons individuelles, logements plus spacieux, beaucoup de propriétaires), entouré d'une ceinture, constituée essentiellement des villes de Montréal et de Verdun, de quartiers populaires (peu de maisons individuelles, plus petits logements, locataires très majoritaires), elle-même entourée d'une ceinture plus vaste de banlieues dans laquelle on distingue très nettement deux types.

Le premier type comprend les banlieues proches: il se caractérise par un faible taux de maisons individuelles, des logements plus spacieux qu'à Montréal et une majorité de locataires. Ce groupe comprend les villes de Lasalle et Lachine à l'ouest de l'île de Montréal; les villes de Saint-Léonard, Anjou, Montréal-Nord à l'est; la ville de Longueuil au sud; les vieux quartiers de Laval au nord (Pont-Viau, Laval-des-Rapides).

Le second type comprend les banlieues plus récentes et encore en développement: la périphérie de l'île Jésus; Brossard, Saint-Hubert, Saint-Bruno-de-Montarville et Boucherville sur la Rive-Sud; ainsi que les banlieues de l'ouest de l'île de Montréal. On pourrait y ajouter aussi toutes les banlieues de la grande couronne montréalaise qui sont exclues de nos cartes. Cette grande banlieue dortoir se caractérise par une forte proportion de maisons individuelles (bungalows), des logements spacieux et une forte proportion de propriétaires.

32

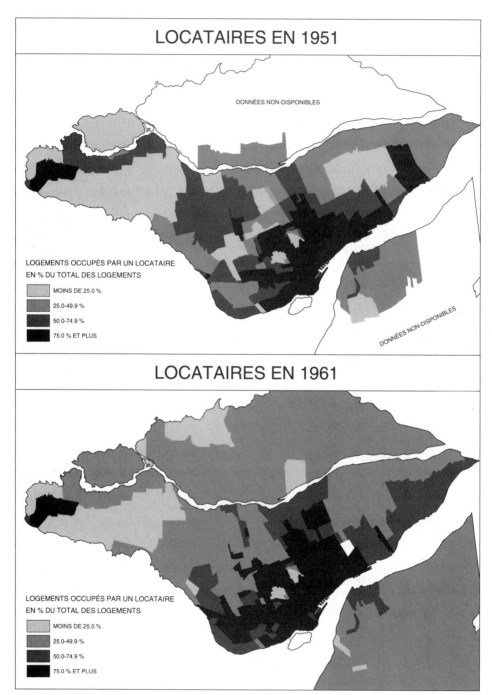

LOCATAIRES EN 1951

DONNÉES NON-DISPONIBLES

LOGEMENTS OCCUPÉS PAR UN LOCATAIRE
EN % DU TOTAL DES LOGEMENTS

- MOINS DE 25.0 %
- 25.0-49.9 %
- 50.0-74.9 %
- 75.0 % ET PLUS

DONNÉES NON-DISPONIBLES

LOCATAIRES EN 1961

LOGEMENTS OCCUPÉS PAR UN LOCATAIRE
EN % DU TOTAL DES LOGEMENTS

- MOINS DE 25.0 %
- 25.0-49.9 %
- 50.0-74.9 %
- 75.0 % ET PLUS

CARTES 24-25

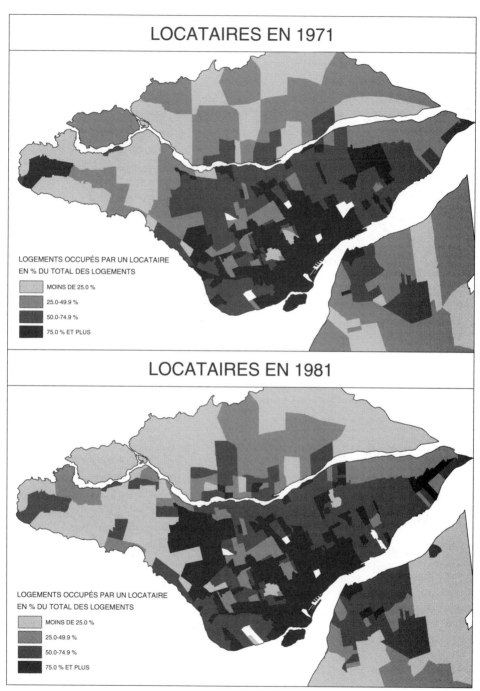

LOCATAIRES EN 1971

LOGEMENTS OCCUPÉS PAR UN LOCATAIRE
EN % DU TOTAL DES LOGEMENTS

- MOINS DE 25.0 %
- 25.0-49.9 %
- 50.0-74.9 %
- 75.0 % ET PLUS

LOCATAIRES EN 1981

LOGEMENTS OCCUPÉS PAR UN LOCATAIRE
EN % DU TOTAL DES LOGEMENTS

- MOINS DE 25.0 %
- 25.0-49.9 %
- 50.0-74.9 %
- 75.0 % ET PLUS

CARTES 26-27

34

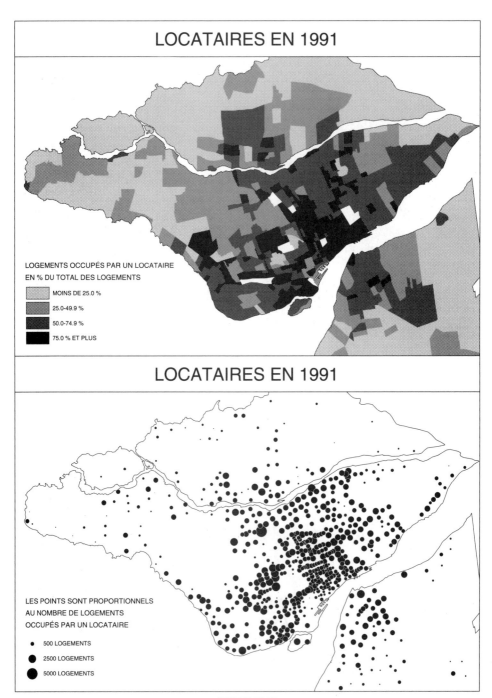

LOCATAIRES EN 1991

LOGEMENTS OCCUPÉS PAR UN LOCATAIRE
EN % DU TOTAL DES LOGEMENTS

MOINS DE 25.0 %

25.0-49.9 %

50.0-74.9 %

75.0 % ET PLUS

LOCATAIRES EN 1991

LES POINTS SONT PROPORTIONNELS
AU NOMBRE DE LOGEMENTS
OCCUPÉS PAR UN LOCATAIRE

500 LOGEMENTS

2500 LOGEMENTS

5000 LOGEMENTS

CARTES 28-29

6. Un marché locatif très inégal

Dans cette section, on considère le loyer payé dans les logements occupés par un locataire: comme les loyers sont exprimés en dollars courants, nous avons rapporté les loyers moyens (médian en 1951) dans chaque secteur au loyer moyen (médian en 1951) de l'ensemble de la région de Montréal. Le loyer est un indicateur assez fiable du niveau de richesse puisqu'il mesure la capacité de payer, capacité elle-même directement fonction des revenus, mais aussi des conditions de vie (nombre de dépendants en particulier).

Dans les années cinquante et soixante (cartes 30 et 31), la structure des loyers est simple. On retrouve les loyers élevés autour du mont Royal (centre-ville et municipalités environnantes, Outremont, Westmount, Ville Mont-Royal, Hampstead, Côte-Saint-Luc, Montréal-Ouest), ainsi que les quartiers avoisinants (Notre-Dame-de-Grâce, Côte-des-Neiges), dans l'ouest de l'île de Montréal (Dorval, Pointe-Claire, Beaconsfield, etc.), dans le nord (Ville Saint-Laurent, Ahuntsic) ainsi que sur la Rive-Sud (Saint-Lambert). Les bas loyers se trouvent concentrés dans une bande le long du Centre-Sud (Verdun, Pointe-Saint-Charles, Saint-Louis, Saint-Jacques, Sainte-Marie, Hochelaga-Maisonneuve). Le reste présentant une moyenne assez indifférenciée.

À partir de 1971, la structure des loyers se complexifie: aux anciens quartiers à loyers élevés s'ajoutent les nouveaux développements de rénovation urbaine de luxe (Habitat 67, Pyramides olympiques, Vieux-Montréal, centre-ville, etc.) et les nouveaux développements (Île-des-Sœurs, Île-Bizard). Mais on voit aussi apparaître une multitude d'îlots avec des loyers plus élevés: ce sont les quartiers dans lesquels la rénovation domiciliaire (souvent soutenue par des subventions publiques) exerce une pression à la hausse sur les loyers. Ces îlots sont bien visibles dans les quartiers de Saint-Henri, de Maisonneuve, sur le Plateau Mont-Royal, etc. À cela s'ajoutent bien entendu des développements domiciliaires en banlieue (Brossard, Boucherville, Laval).

En 1991, le loyer moyen était de 507 $, pour l'ensemble du Québec, et de 547 $ dans l'ensemble de la région métropolitaine de Montréal, mais à l'intérieur de celle-ci (carte 35), les écarts de loyer moyen peuvent être très importants. Alors que le loyer moyen dans les secteurs défavorisés se situait, en 1991, souvent en bas de 400 $, dans les développements de luxe (Habitat 67, Pyramides olympiques, Île-des-Sœurs) il se situait en haut de 800 $, et dans les secteurs les plus chers d'Outremont ou de Westmount, le loyer moyen se situait aux alentours de 1500 $.

36

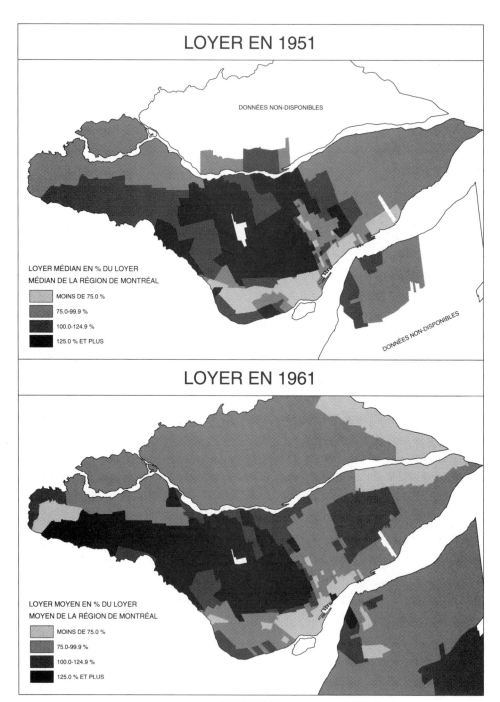

LOYER EN 1951

DONNÉES NON-DISPONIBLES

LOYER MÉDIAN EN % DU LOYER
MÉDIAN DE LA RÉGION DE MONTRÉAL

MOINS DE 75.0 %

75.0-99.9 %

100.0-124.9 %

125.0 % ET PLUS

DONNÉES NON-DISPONIBLES

LOYER EN 1961

LOYER MOYEN EN % DU LOYER
MOYEN DE LA RÉGION DE MONTRÉAL

MOINS DE 75.0 %

75.0-99.9 %

100.0-124.9 %

125.0 % ET PLUS

CARTES 30-31

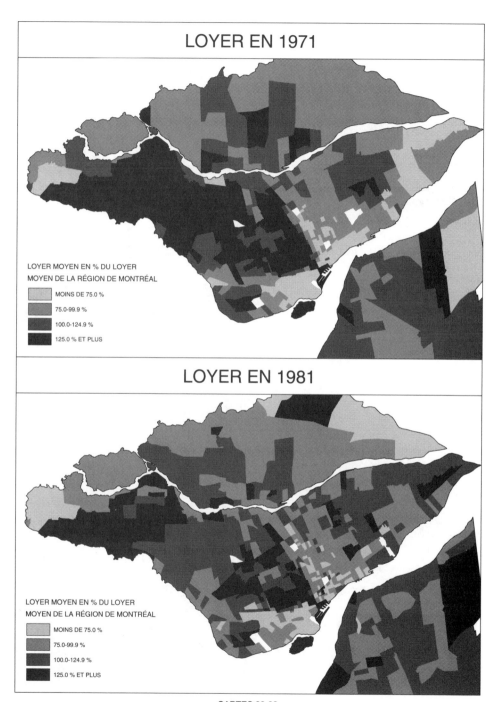

LOYER EN 1971

LOYER MOYEN EN % DU LOYER
MOYEN DE LA RÉGION DE MONTRÉAL

MOINS DE 75.0 %

75.0-99.9 %

100.0-124.9 %

125.0 % ET PLUS

LOYER EN 1981

LOYER MOYEN EN % DU LOYER
MOYEN DE LA RÉGION DE MONTRÉAL

MOINS DE 75.0 %

75.0-99.9 %

100.0-124.9 %

125.0 % ET PLUS

CARTES 32-33

38

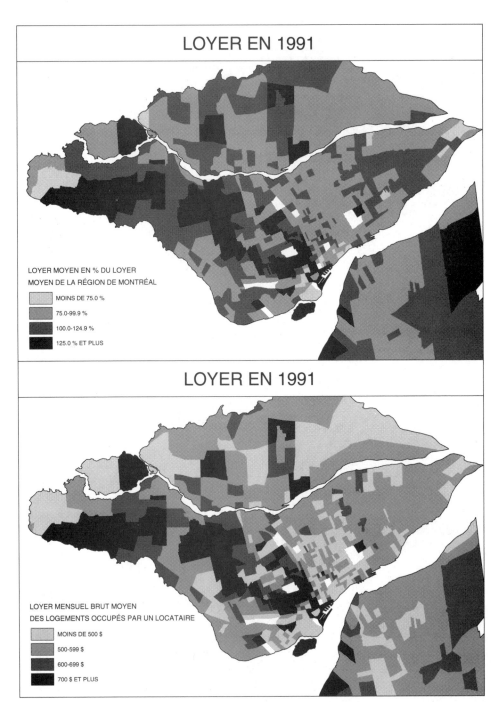

LOYER EN 1991

LOYER MOYEN EN % DU LOYER
MOYEN DE LA RÉGION DE MONTRÉAL

- MOINS DE 75.0 %
- 75.0-99.9 %
- 100.0-124.9 %
- 125.0 % ET PLUS

LOYER EN 1991

LOYER MENSUEL BRUT MOYEN
DES LOGEMENTS OCCUPÉS PAR UN LOCATAIRE

- MOINS DE 500 $
- 500-599 $
- 600-699 $
- 700 $ ET PLUS

CARTES 34-35

7. Un marché foncier hiérarchisé

Dans cette section on considère la valeur des logements occupés par leur propriétaire. Comme cette valeur est exprimée en dollars courants, nous avons rapporté la valeur moyenne (médiane en 1971) dans chaque secteur à la valeur moyenne (médiane en 1971) de l'ensemble de la région de Montréal. La valeur du logement est elle aussi un indicateur assez fiable du niveau de richesse, puisque dans la très grande majorité des cas elle mesure la capacité de rembourser un prêt hypothécaire lui-même consenti par les institutions financières sur la base du revenu familial.

Évidemment, la valeur moyenne des logements occupés par leur propriétaire a une structure spatiale qui a beaucoup de ressemblances avec celle du loyer moyen. On retrouve au sommet de cette structure les municipalités cossues qui ceinturent le mont Royal (Outremont, Ville Mont-Royal, Hampstead, Côte-Saint-Luc, Montréal-Ouest, Westmount) et les quartiers avoisinants. S'y ajoutent des municipalités ou des quartiers de municipalités bien cotées sur le marché immobilier: Beaconsfield, Baie-d'Urfé, Senneville, Kirkland, Dollard-des-Ormeaux, Saraguay, Ville Saint-Laurent, Laval-Ouest, Nouveau-Bordeaux, Vieux-Montréal, Île-des-Sœurs, Saint-Lambert, nouveaux secteurs de Brossard. Mais s'y ajoute aussi, et cela est exceptionnel, la ville de Saint-Léonard: comme dans celle-ci il y a peu de maisons individuelles, il s'agit de maisons à plusieurs logements (donc à prix élevé), mais dont le propriétaire est l'occupant d'un des logements.

Dans les banlieues de la grande couronne (carte 39), on voit claire-ment une démarcation, quant au prix des logements, entre celles où le prix moyen en 1991 est inférieur à 125 000 $ (la plus grande partie de Laval et de Longueuil, ainsi que Saint-Hubert), et celles où il se situe à des niveaux plus élevés (la partie ouest de Laval, Boucherville, Saint-Bruno-de-Montarville, Brossard).

Alors que la valeur moyenne des logements occupés par leur pro-priétaire était de 105 000 $ dans l'ensemble du Québec en 1991, elle était de 144 000 $ dans la région métropolitaine de Montréal, mais à l'intérieur de celle-ci les écarts de valeur moyenne des logements, comme ceux des loyers, peuvent être très forts. Alors que dans les banlieues les plus éloi-gnées la valeur moyenne des logements était généralement inférieure à 100 000 $ en 1991, elle dépassait les 200 000 $ dans les banlieues de l'ouest de l'île de Montréal, les 400 000 $ dans les municipalités qui entourent le mont Royal, et dans les secteurs les plus cotés d'Outremont et de West-mount la valeur moyenne des logements occupés par leur propriétaire dépassait les 500 000 $.

40

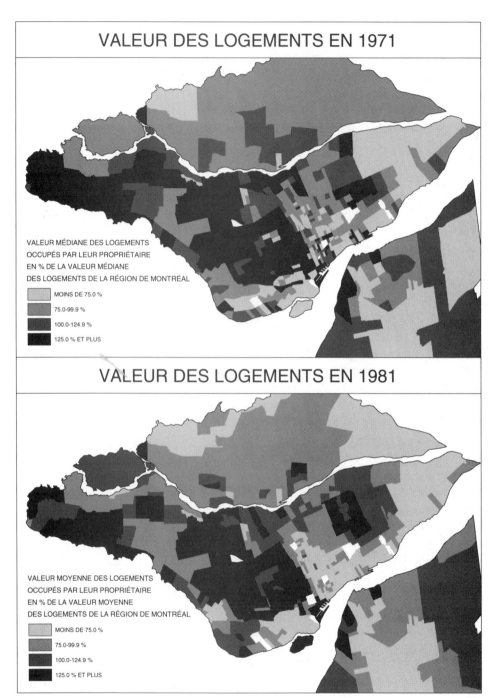

VALEUR DES LOGEMENTS EN 1971

VALEUR MÉDIANE DES LOGEMENTS
OCCUPÉS PAR LEUR PROPRIÉTAIRE
EN % DE LA VALEUR MÉDIANE
DES LOGEMENTS DE LA RÉGION DE MONTRÉAL

MOINS DE 75.0 %

75.0-99.9 %

100.0-124.9 %

125.0 % ET PLUS

VALEUR DES LOGEMENTS EN 1981

VALEUR MOYENNE DES LOGEMENTS
OCCUPÉS PAR LEUR PROPRIÉTAIRE
EN % DE LA VALEUR MOYENNE
DES LOGEMENTS DE LA RÉGION DE MONTRÉAL

MOINS DE 75.0 %

75.0-99.9 %

100.0-124.9 %

125.0 % ET PLUS

CARTES 36-37

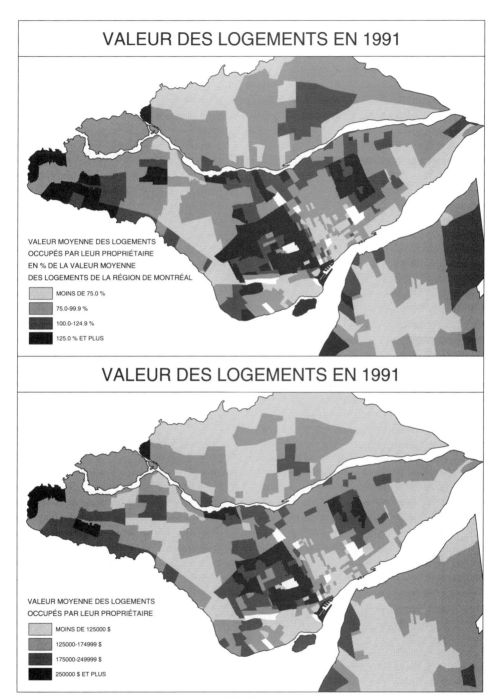

VALEUR DES LOGEMENTS EN 1991

VALEUR MOYENNE DES LOGEMENTS
OCCUPÉS PAR LEUR PROPRIÉTAIRE
EN % DE LA VALEUR MOYENNE
DES LOGEMENTS DE LA RÉGION DE MONTRÉAL

MOINS DE 75.0 %
75.0-99.9 %
100.0-124.9 %
125.0 % ET PLUS

VALEUR DES LOGEMENTS EN 1991

VALEUR MOYENNE DES LOGEMENTS
OCCUPÉS PAR LEUR PROPRIÉTAIRE

MOINS DE 125000 $
125000-174999 $
175000-249999 $
250000 $ ET PLUS

CARTES 38-39

II

L'espace démographique

8. Une féminisation croissante

Comme toute région urbaine, et surtout métropolitaine, la région montréalaise possède un excédent de femmes sur le nombre d'hommes: depuis 1961, le taux de féminité à Montréal est d'environ 1 % plus élevé que pour l'ensemble du Québec, et tout comme ce dernier, il est en progression continue depuis trente ans. En 1991, le taux de féminité s'établissait à 52 % pour la région étudiée (contre 51 % pour l'ensemble du Québec), ce qui représentait un excédent de près de 100 000 femmes. L'accroissement régulier du taux de féminité est le résultat de l'augmentation plus rapide de l'espérance de vie des femmes par rapport à celle des hommes. Ainsi, dans la région ici étudiée, alors qu'en 1991 il y a globalement 108 femmes pour 100 hommes, ce rapport s'élève à 140 pour les femmes âgées entre 65 et 74 ans, à 188 pour celles âgées entre 75 et 84 ans et enfin à 284 pour les femmes âgées de 85 ans ou plus. Chez les personnes âgées de 65 ans ou plus, l'excédent du nombre de femmes par rapport au nombre d'hommes est de 73 000.

Il y a plus de femmes à Montréal, et ce sont surtout des femmes âgées. C'est pourquoi la répartition spatiale du taux de féminité montre, pour toute la période 1951-1991, qu'il y a plus de femmes dans la partie centrale de la région puisque c'est là que résident majoritairement les personnes âgées (voir section 11): le taux de féminité y est souvent supérieur à 55 %.

Dans les banlieues, au contraire, les taux de féminité sont plus faibles, ainsi qu'au centre-ville. Dans le cas du centre-ville, cela s'explique par la présence d'une population atypique (chambreurs, itinérants, etc.) parmi laquelle on trouve plus d'hommes que de femmes: le taux de féminité y est généralement inférieur à 40 %.

L'excédent des effectifs masculins sur les effectifs féminins dans les banlieues s'explique principalement par l'excédent des naissances masculines sur les naissances féminines: ainsi, dans l'ensemble de la région, il y a chez les moins de 15 ans, seulement 95 filles pour 100 garçons en 1991. Cela représente un excédent de 10 000 dans les effectifs masculins par rapport aux effectifs féminins. Comme la banlieue se caractérise par une population plus jeune, on y retrouve donc des taux de féminité souvent inférieurs à 50 %.

Mais depuis trente ans, la baisse de la natalité a pour effet de diminuer la part des effectifs des jeunes dans la population totale, et cela est une seconde cause de l'augmentation générale du taux de féminité qui ajoute ses effets au vieillissement général de la population.

46

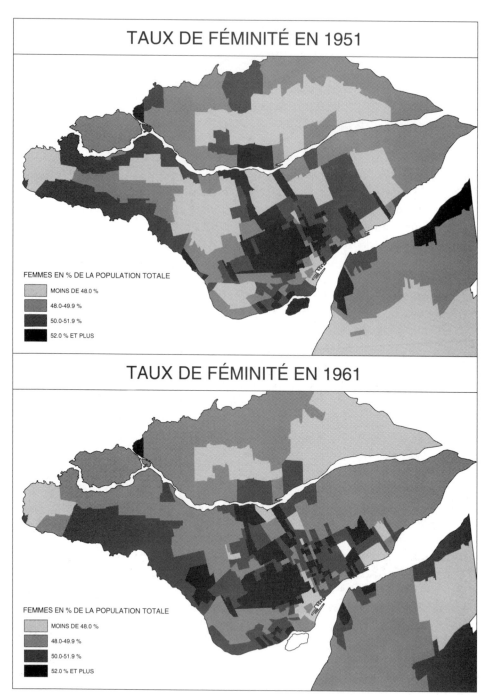

TAUX DE FÉMINITÉ EN 1951

FEMMES EN % DE LA POPULATION TOTALE

- MOINS DE 48.0 %
- 48.0-49.9 %
- 50.0-51.9 %
- 52.0 % ET PLUS

TAUX DE FÉMINITÉ EN 1961

FEMMES EN % DE LA POPULATION TOTALE

- MOINS DE 48.0 %
- 48.0-49.9 %
- 50.0-51.9 %
- 52.0 % ET PLUS

CARTES 40-41

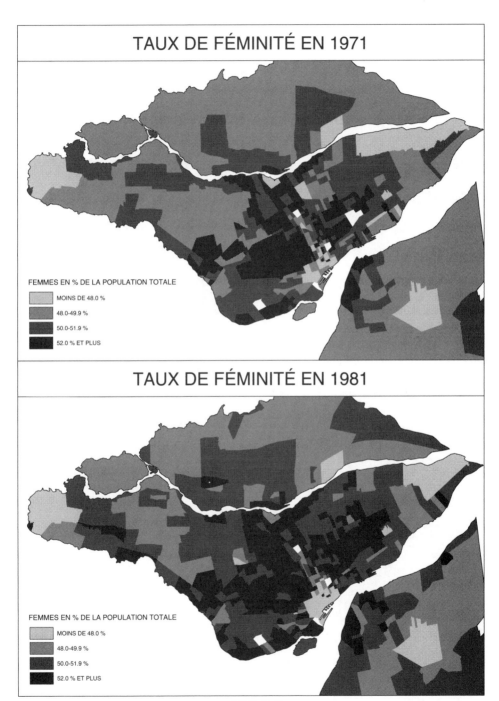

TAUX DE FÉMINITÉ EN 1971

FEMMES EN % DE LA POPULATION TOTALE

- MOINS DE 48.0 %
- 48.0-49.9 %
- 50.0-51.9 %
- 52.0 % ET PLUS

TAUX DE FÉMINITÉ EN 1981

FEMMES EN % DE LA POPULATION TOTALE

- MOINS DE 48.0 %
- 48.0-49.9 %
- 50.0-51.9 %
- 52.0 % ET PLUS

CARTES 42-43

48

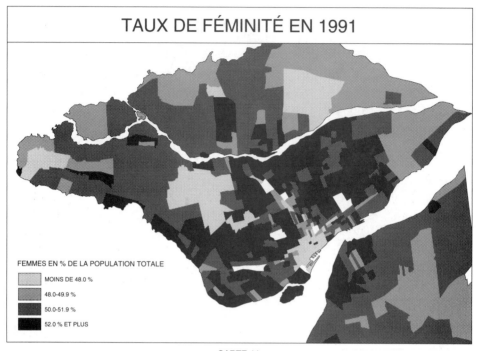

TAUX DE FÉMINITÉ EN 1991

FEMMES EN % DE LA POPULATION TOTALE

MOINS DE 48.0 %

48.0-49.9 %

50.0-51.9 %

52.0 % ET PLUS

CARTE 44

9. Une population vieillissante

Le vieillissement de la population est dû à deux phénomènes concourants: d'une part, un accroissement de l'espérance de vie qui augmente le poids relatif des personnes âgées (section 11); d'autre part, la baisse de la natalité qui diminue le poids relatif des jeunes dans la population (section 10). L'âge médian, qui est l'âge qui partage les effectifs de la population en deux parties égales, est une bonne mesure de l'état de vieillissement d'une population.

Cet âge médian s'accroît régulièrement depuis trente ans, après avoir connu un minimum au début des années soixante (résultat du maximum du nombre de naissances enregistrées à la fin des années cinquante): actuellement, dans la région de Montréal, l'âge médian augmente d'environ une demi-année par an, et cet âge médian a dépassé en 1991 les 35 ans (voir annexe statistique, tableau 2). Pour l'ensemble du Québec en 1991, l'âge médian était de 34,2 ans (33,4 ans chez les hommes et 35,2 ans chez les femmes): c'est donc dire que la région de Montréal est légèrement plus vieille que l'ensemble du Québec.

Mais à l'intérieur de celle-ci, les écarts d'âge médian sont très importants. Les quartiers centraux ont une population plus vieille, alors que la périphérie se caractérise par une population plus jeune (à l'exception toutefois de Sainte-Anne-de-Bellevue où se trouve un hôpital de vétérans). Mais depuis quarante ans, même si la structure spatiale de l'âge médian demeure stable, le noyau central de population plus vieille s'étend régulièrement à la façon d'une tache d'huile. Elle a maintenant largement dépassé le centre-ville et les abords du mont Royal auxquels elle se limitait dans les années cinquante, pour s'étendre pratiquement à toute l'île de Montréal et déborder sur l'île Jésus et sur la Rive-Sud.

Cette structure présente aussi de plus en plus un caractère grumeleux, certains quartiers centraux (Plateau Mont-Royal, Mile-End, Parc-Extension, Villeray, Saint-Michel) ayant un âge médian moins élevé que certains quartiers plus périphériques (Ahuntsic, Rosemont). On note, par ailleurs, que les banlieues ouest de l'île de Montréal (Lakeshore) ont un âge médian assez élevé.

50

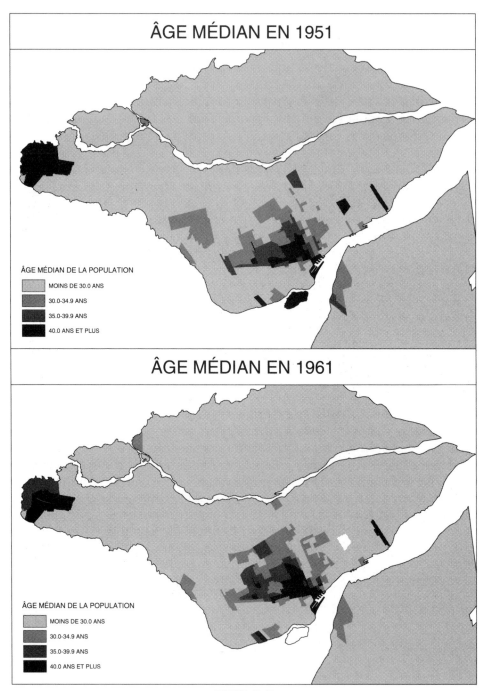

ÂGE MÉDIAN EN 1951

ÂGE MÉDIAN DE LA POPULATION

MOINS DE 30.0 ANS
30.0-34.9 ANS
35.0-39.9 ANS
40.0 ANS ET PLUS

ÂGE MÉDIAN EN 1961

ÂGE MÉDIAN DE LA POPULATION

MOINS DE 30.0 ANS
30.0-34.9 ANS
35.0-39.9 ANS
40.0 ANS ET PLUS

CARTES 45-46

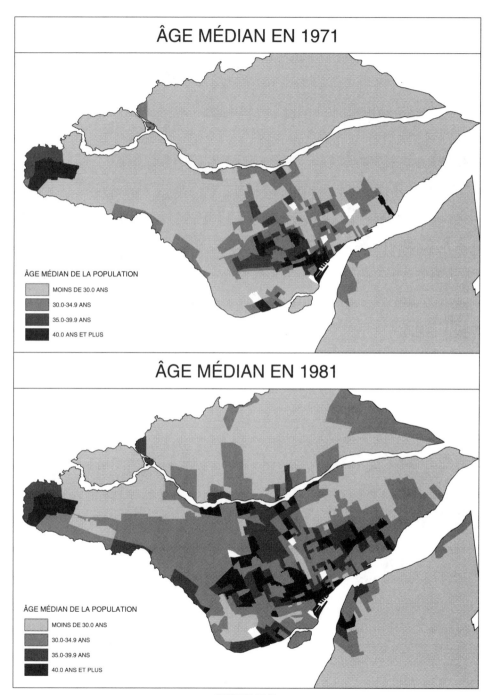

ÂGE MÉDIAN EN 1971

ÂGE MÉDIAN DE LA POPULATION

- MOINS DE 30.0 ANS
- 30.0-34.9 ANS
- 35.0-39.9 ANS
- 40.0 ANS ET PLUS

ÂGE MÉDIAN EN 1981

ÂGE MÉDIAN DE LA POPULATION

- MOINS DE 30.0 ANS
- 30.0-34.9 ANS
- 35.0-39.9 ANS
- 40.0 ANS ET PLUS

CARTES 47-48

52

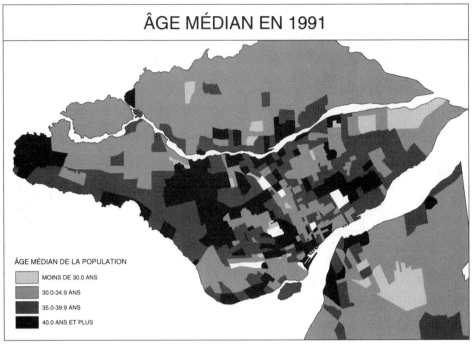

ÂGE MÉDIAN EN 1991

ÂGE MÉDIAN DE LA POPULATION

- MOINS DE 30.0 ANS
- 30.0-34.9 ANS
- 35.0-39.9 ANS
- 40.0 ANS ET PLUS

CARTE 49

10. Des jeunes relativement moins nombreux

La chute spectaculaire du nombre de naissances, à partir du milieu des années soixante, a eu pour effet de diminuer la part relative des jeunes dans la population totale: en effet, après avoir connu un maximum en 1961 (31 % de la population), la proportion de jeunes de moins de 15 ans décroît régulièrement depuis, et elle s'établit aujourd'hui pour l'ensemble de la région à 17 % (voir annexe statistique, tableau 2): c'est dire qu'elle a été pratiquement coupée de moitié. Pour l'ensemble du Québec en 1991, la proportion de jeunes de moins de 15 ans était de 20 %.

Alors que le nombre de jeunes de moins de 15 ans a été en croissance continue jusqu'en 1971 (375 000 en 1951, 613 000 en 1961, 642 000 en 1971), ce nombre décroît maintenant en chiffres absolus (437 000 en 1981 et 420 000 en 1991).

La répartition spatiale de la proportion de jeunes de moins de 15 ans a, pour toute la période 1951-1991, une structure concentrique stable, même si son niveau général baisse. À partir du centre-ville, dans lequel la proportion de jeunes est la plus faible, on note un accroissement régulier de cette proportion à mesure qu'on s'éloigne du centre vers la périphérie.

En effet, les banlieues sont le lieu de résidence par excellence des jeunes couples avec enfants en bas âge, et cela se traduit par une présence relative plus forte d'enfants dans la population totale. Même si, globalement, il y a de moins en moins d'enfants, ceux-ci sont toujours relativement plus nombreux en périphérie.

54

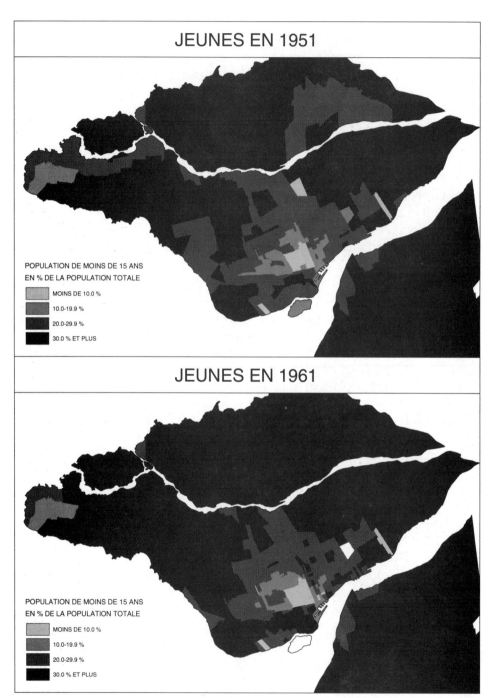

JEUNES EN 1951

POPULATION DE MOINS DE 15 ANS
EN % DE LA POPULATION TOTALE

MOINS DE 10.0 %

10.0-19.9 %

20.0-29.9 %

30.0 % ET PLUS

JEUNES EN 1961

POPULATION DE MOINS DE 15 ANS
EN % DE LA POPULATION TOTALE

MOINS DE 10.0 %

10.0-19.9 %

20.0-29.9 %

30.0 % ET PLUS

CARTES 50-51

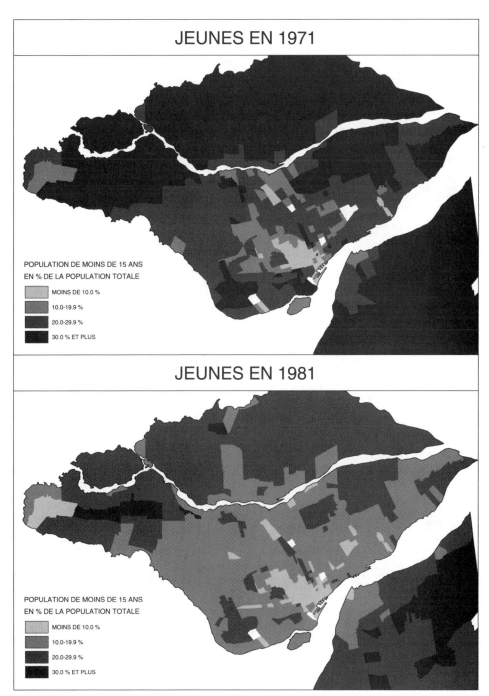

JEUNES EN 1971

POPULATION DE MOINS DE 15 ANS
EN % DE LA POPULATION TOTALE

MOINS DE 10.0 %

10.0-19.9 %

20.0-29.9 %

30.0 % ET PLUS

JEUNES EN 1981

POPULATION DE MOINS DE 15 ANS
EN % DE LA POPULATION TOTALE

MOINS DE 10.0 %

10.0-19.9 %

20.0-29.9 %

30.0 % ET PLUS

CARTES 52-53

56

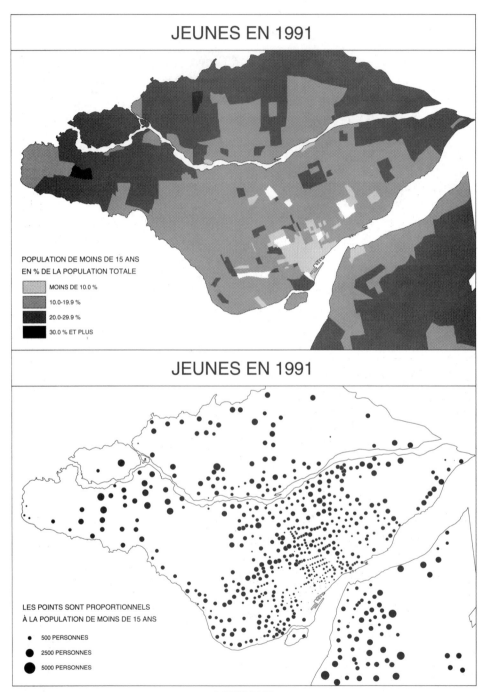

JEUNES EN 1991

POPULATION DE MOINS DE 15 ANS
EN % DE LA POPULATION TOTALE

MOINS DE 10.0 %
10.0-19.9 %
20.0-29.9 %
30.0 % ET PLUS

JEUNES EN 1991

LES POINTS SONT PROPORTIONNELS
À LA POPULATION DE MOINS DE 15 ANS

● 500 PERSONNES
● 2500 PERSONNES
● 5000 PERSONNES

CARTES 54-55

11. Des vieux en nombre croissant

Si le poids relatif des jeunes de moins de 15 ans dans la population totale a diminué régulièrement depuis trente ans (ainsi que leur nombre absolu depuis vingt ans), à l'inverse, le poids relatif des personnes âgées de 65 ans et plus ainsi que leur nombre absolu augmentent régulièrement.

La proportion de personnes âgées de 65 ans et plus dans la population totale de la région étudiée est passée de 6 % environ en 1951-1961, à 13 % en 1991 (voir annexe statistique, tableau 2). Dans l'ensemble du Québec, en 1991, cette proportion est de 11 %. En chiffres absolus, la croissance des effectifs de la population âgée de 65 ans et plus est encore plus spectaculaire: les personnes âgées de 65 ans ou plus étaient au nombre de 90 000 en 1951, de 125 000 en 1961, de 176 000 en 1971, de 236 000 en 1981 et enfin de 310 000 en 1991.

La répartition spatiale des personnes âgées n'est pas exactement l'inverse de celles des jeunes de moins de 15 ans. Certes on reconnaît, sur toute la période 1951-1991, une région centrale, autour du mont Royal, où la présence des personnes âgées est plus forte: cette zone centrale s'étend, au cours des décennies, et notamment vers l'ouest de l'île de Montréal.

Mais depuis les années soixante-dix, on remarque une plus forte présence des personnes âgées le long des côtes, et notamment sur les deux rives de la rivière des Prairies: c'est là que l'on retrouve des concentrations de personnes âgées dans des foyers, des maisons de retraite ou des développements domiciliaires destinés aux personnes âgées (dont certains de luxe). De plus, dans la partie centrale de l'île de Montréal (Plateau Mont-Royal, Hochelaga-Maisonneuve, etc.), on retrouve pareillement des concentrations de personnes âgées, pour les mêmes raisons.

Aux vieux quartiers peuplés d'une population plus âgée, s'ajoutent maintenant des lieux de concentration sociale des personnes âgées, donnant un aspect plus granulaire à la distribution dans l'espace de la population âgée, même si l'opposition centre-périphérie demeure encore assez visible dans l'ensemble.

58

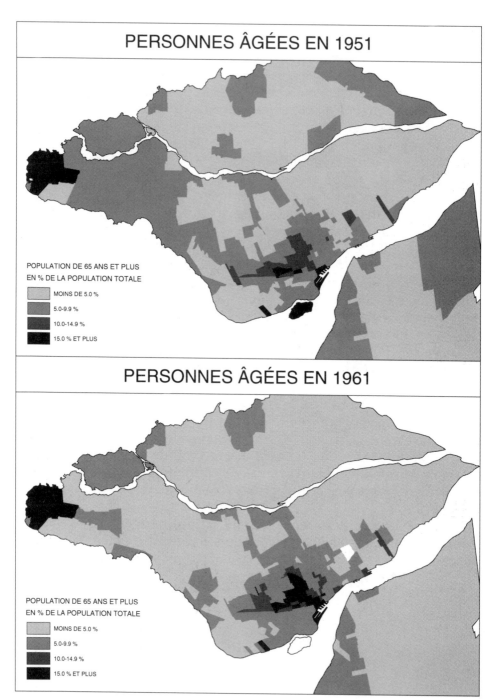

PERSONNES ÂGÉES EN 1951

POPULATION DE 65 ANS ET PLUS
EN % DE LA POPULATION TOTALE

MOINS DE 5.0 %
5.0-9.9 %
10.0-14.9 %
15.0 % ET PLUS

PERSONNES ÂGÉES EN 1961

POPULATION DE 65 ANS ET PLUS
EN % DE LA POPULATION TOTALE

MOINS DE 5.0 %
5.0-9.9 %
10.0-14.9 %
15.0 % ET PLUS

CARTES 56-57

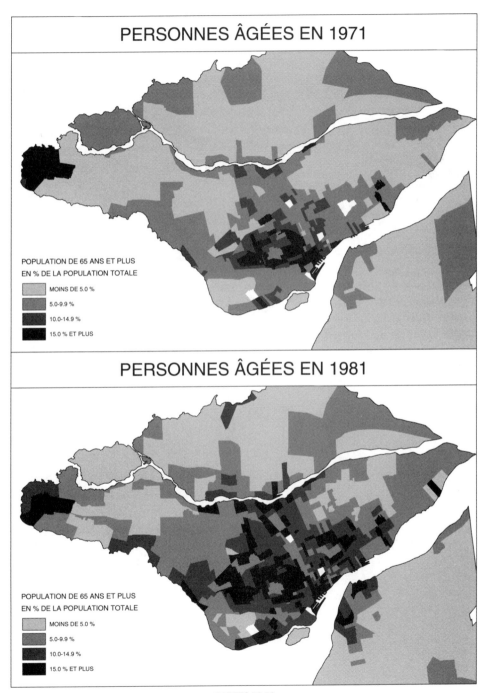

PERSONNES ÂGÉES EN 1971

POPULATION DE 65 ANS ET PLUS
EN % DE LA POPULATION TOTALE

MOINS DE 5.0 %
5.0-9.9 %
10.0-14.9 %
15.0 % ET PLUS

PERSONNES ÂGÉES EN 1981

POPULATION DE 65 ANS ET PLUS
EN % DE LA POPULATION TOTALE

MOINS DE 5.0 %
5.0-9.9 %
10.0-14.9 %
15.0 % ET PLUS

CARTES 58-59

60

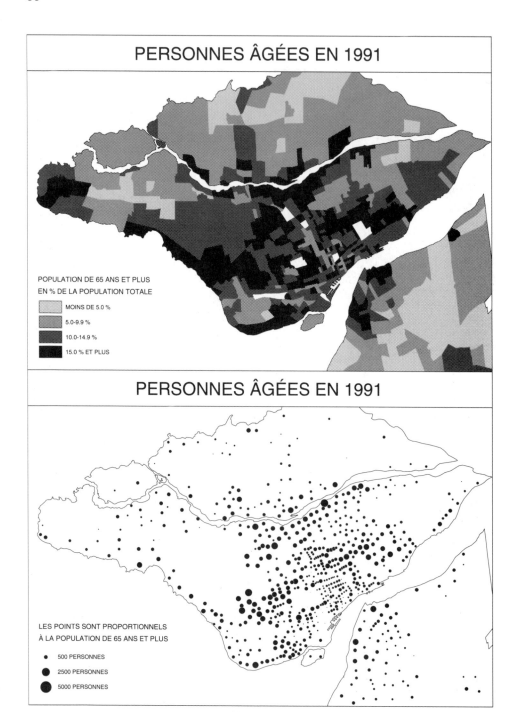

PERSONNES ÂGÉES EN 1991

POPULATION DE 65 ANS ET PLUS
EN % DE LA POPULATION TOTALE

MOINS DE 5.0 %

5.0-9.9 %

10.0-14.9 %

15.0 % ET PLUS

PERSONNES ÂGÉES EN 1991

LES POINTS SONT PROPORTIONNELS
À LA POPULATION DE 65 ANS ET PLUS

500 PERSONNES

2500 PERSONNES

5000 PERSONNES

CARTES 60-61

12. Un déséquilibre démographique prononcé

Les cartes présentées dans cette section sont en quelque sorte le quotient de celles présentées dans les deux sections précédentes. On définit l'indice de vieillesse comme étant le nombre de personnes âgées de 65 ans et plus pour 100 personnes âgées de moins de 15 ans. Cet indice, encore stable jusqu'en 1971 (24 en 1951, 20 en 1961 et 27 en 1971), décroche dans la décennie soixante-dix et s'élève constamment depuis: il vaut 54 en 1981 et 74 en 1991 (voir annexe statistique, tableau 2). Il devrait approcher les 100 à la fin du siècle, c'est-à-dire qu'il y aura alors autant de personnes âgées de 65 ans et plus que de jeunes de moins de 15 ans. Pour l'ensemble du Québec, cet indice de vieillesse s'établit en 1991 à 56, nettement moins que pour la région de Montréal.

Au début de la période, la structure de la répartition spatiale de cet indice est très simple: les personnes âgées sont en surnombre (indice supérieur à 100) dans le centre-ville et ses environs (hormis quelques secteurs atypiques, comme Saint-Jean-de-Dieu, l'Hôpital général de Verdun, Sainte-Anne-de-Bellevue, le Domaine Saint-Sulpice ou l'Île-des-Sœurs), alors que les jeunes sont en surnombre partout ailleurs (indice inférieur à 100).

Le vieillissement de la population a pour effet d'élargir par zones concentriques l'espace dans lequel les personnes âgées sont en surnombre par rapport aux jeunes. En 1991 (carte 66), on reconnaît très clairement la structure complexe de la répartition des différentes pyramides d'âge. Population vieille dans les quartiers entourant le mont Royal (avenue des Pins, les environs de l'Université de Montréal, Notre-Dame-de-Grâce, Côte-Saint-Luc, Outremont en haut de la Côte-Sainte-Catherine), dans de vieilles banlieues (Ahuntsic, Saint-Lambert, Vieux-Longueuil), mais aussi dans une série de noyaux dispersés surtout le long de la rivière des Prairies.

En totale opposition, une population jeune se concentre dans les banlieues périphériques (extrémités est et ouest de l'île de Montréal, Laval, Rive-Sud), mais aussi dans des quartiers à forte composante immigrante (Mile-End, Parc-Extension, Villeray, Saint-Michel, Saint-Léonard, Montréal-Nord). Entre ces deux types extrêmes, se trouve une population de type intermédiaire essentiellement concentrée dans le centre de l'île de Montréal.

62

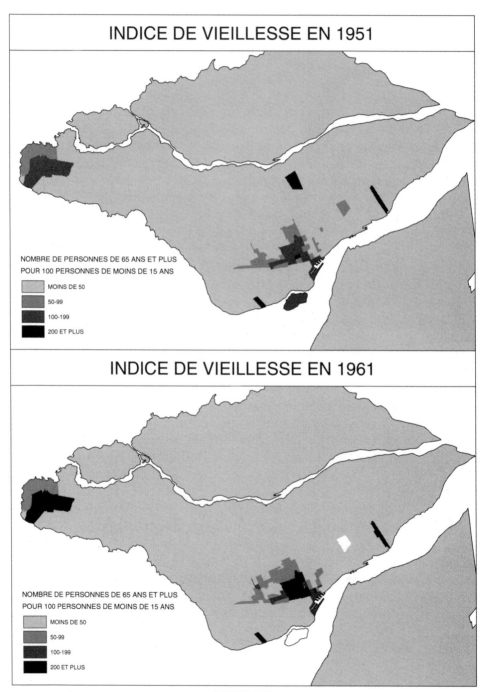

INDICE DE VIEILLESSE EN 1951

NOMBRE DE PERSONNES DE 65 ANS ET PLUS
POUR 100 PERSONNES DE MOINS DE 15 ANS

MOINS DE 50

50-99

100-199

200 ET PLUS

INDICE DE VIEILLESSE EN 1961

NOMBRE DE PERSONNES DE 65 ANS ET PLUS
POUR 100 PERSONNES DE MOINS DE 15 ANS

MOINS DE 50

50-99

100-199

200 ET PLUS

CARTES 62-63

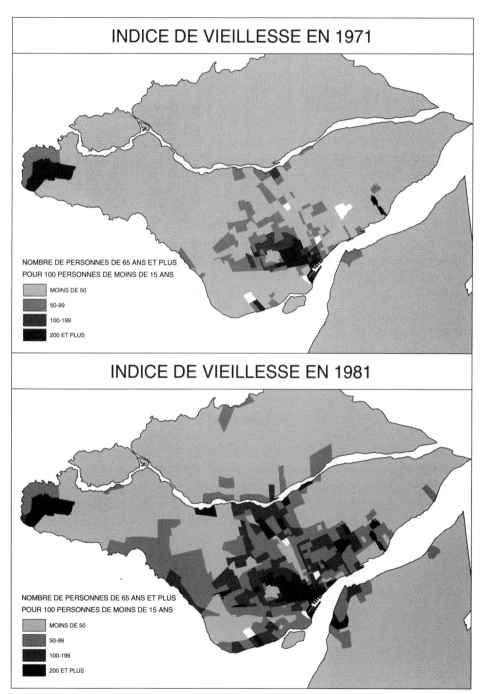

CARTES 64-65

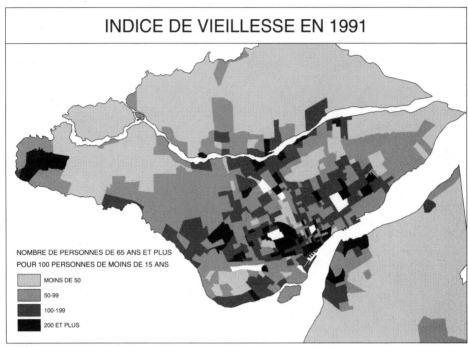

INDICE DE VIEILLESSE EN 1991

NOMBRE DE PERSONNES DE 65 ANS ET PLUS
POUR 100 PERSONNES DE MOINS DE 15 ANS

MOINS DE 50
50-99
100-199
200 ET PLUS

CARTE 66

13. De moins en moins d'enfants

Il est presque impossible d'obtenir des indices synthétiques de fécondité pour des unités aussi petites que les secteurs de recensement. Aussi doit-on se rabattre sur des mesures plus grossières: nous présentons ici un taux brut quinquennal de natalité, c'est-à-dire tout simplement le nombre d'enfants de moins de cinq ans calculé en pourcentage de la population totale âgée de cinq ans et plus. S'il est une mesure de la natalité, il n'est pas une mesure de fécondité, car il ne prend pas en compte la structure d'âge de la population féminine, celle qui procrée.

Néanmoins, ce taux illustre très bien la baisse spectaculaire de la natalité à partir de la fin des années soixante: ce taux passe de 12 % en 1951 à 13 % en 1961, mais à 8 % en 1971 et à 6 % en 1981-1991 (voir annexe statistique, tableau 2). Il révèle aussi son inégale répartition dans l'espace.

Reflet de la pyramide des âges (ce sont principalement des jeunes femmes qui procréent), le taux de natalité est le plus faible dans le centre de l'île de Montréal, et il s'accroît régulièrement lorsqu'on se dirige vers la périphérie. On note toutefois, sur l'île de Montréal, que ce taux est nettement plus élevé dans les quartiers à forte composition immigrante (Mile-End, Parc-Extension, Saint-Michel, Montréal-Nord, Saint-Léonard).

C'est néanmoins encore dans les banlieues les plus éloignées, et souvent les plus récentes, que l'on rencontre les plus forts taux de natalité, caractéristiques des jeunes couples.

66

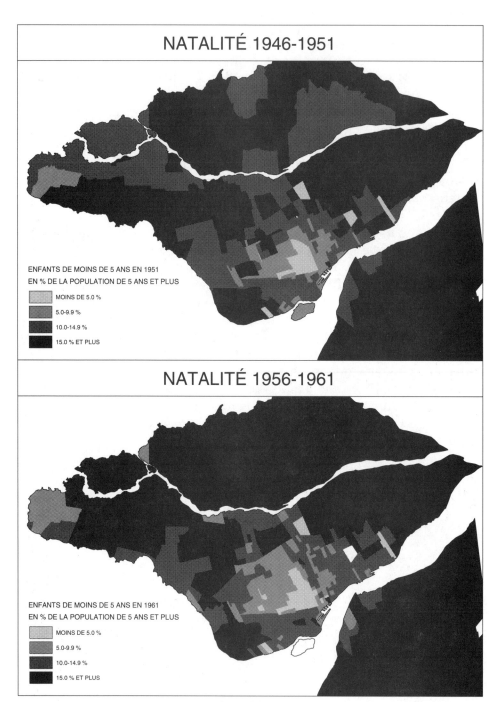

NATALITÉ 1946-1951

ENFANTS DE MOINS DE 5 ANS EN 1951
EN % DE LA POPULATION DE 5 ANS ET PLUS

MOINS DE 5.0 %

5.0-9.9 %

10.0-14.9 %

15.0 % ET PLUS

NATALITÉ 1956-1961

ENFANTS DE MOINS DE 5 ANS EN 1961
EN % DE LA POPULATION DE 5 ANS ET PLUS

MOINS DE 5.0 %

5.0-9.9 %

10.0-14.9 %

15.0 % ET PLUS

CARTES 67-68

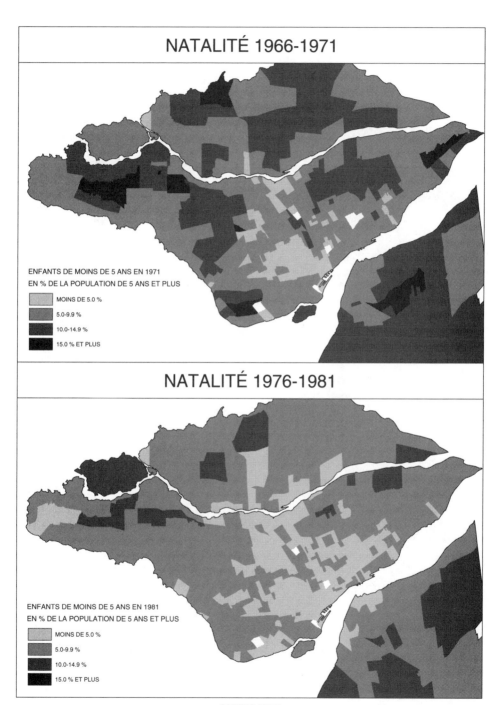

NATALITÉ 1966-1971

ENFANTS DE MOINS DE 5 ANS EN 1971
EN % DE LA POPULATION DE 5 ANS ET PLUS

MOINS DE 5.0 %
5.0-9.9 %
10.0-14.9 %
15.0 % ET PLUS

NATALITÉ 1976-1981

ENFANTS DE MOINS DE 5 ANS EN 1981
EN % DE LA POPULATION DE 5 ANS ET PLUS

MOINS DE 5.0 %
5.0-9.9 %
10.0-14.9 %
15.0 % ET PLUS

CARTES 69-70

68

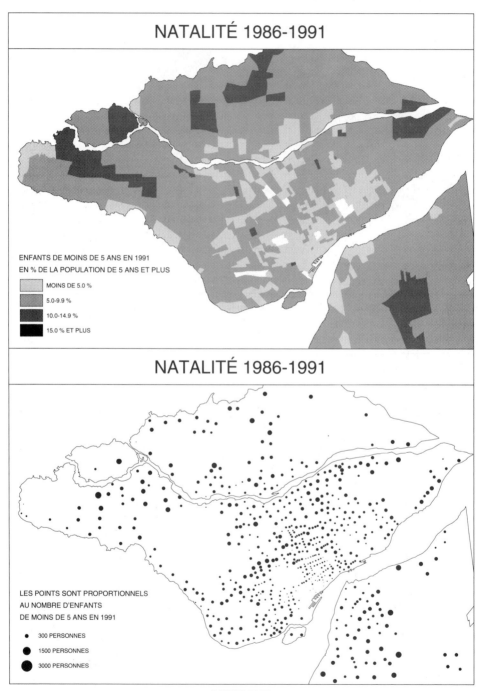

NATALITÉ 1986-1991

ENFANTS DE MOINS DE 5 ANS EN 1991
EN % DE LA POPULATION DE 5 ANS ET PLUS

  MOINS DE 5.0 %
  5.0-9.9 %
  10.0-14.9 %
  15.0 % ET PLUS

NATALITÉ 1986-1991

LES POINTS SONT PROPORTIONNELS
AU NOMBRE D'ENFANTS
DE MOINS DE 5 ANS EN 1991

  • 300 PERSONNES
  ● 1500 PERSONNES
  ● 3000 PERSONNES

CARTES 71-72

14. Une fécondité en chute libre

Le taux brut quinquennal de natalité, présenté dans la section précédente, traduit assez grossièrement la fécondité réelle, car il est calculé par rapport à l'ensemble de la population de 5 ans et plus. Pour cerner la fécondité, et à défaut d'avoir des taux synthétiques de fécondité qui seuls seraient explicites, car ils tiennent compte de la fécondité par groupe d'âge, nous utilisons dans les cartes présentées dans cette section un taux de fécondité brut quinquennal, c'est-à-dire le pourcentage d'enfants de moins de 5 ans calculé par rapport au nombre total de femmes âgées entre 15 et 44 ans (car à l'extérieur de ce groupe d'âge la fécondité est pratiquement négligeable).

Ce taux de fécondité a subi une chute importante entre 1961 et 1981, passant de 50 % en 1961 à 32 % en 1971, puis à 24 % en 1981: il s'est stabilisé en 1991 à 24 % (voir annexe statistique, tableau 2). À l'intérieur de cette baisse générale de la fécondité, une structure concentrique plus nette apparaît, car maintenant la présence des femmes âgées n'est pas prise en compte par l'indice.

Les zones à plus forte fécondité sont clairement les banlieues périphériques, tandis que le centre de l'île de Montréal, et notamment le centre-ville et les quartiers entourant le mont Royal, apparaissent comme des zones à faible fécondité. Les quartiers à forte composante immigrante (Mile-End, Parc-Extension, Saint-Michel) ont des taux de fécondité plus élevés que le reste de la ville de Montréal, tout comme les quartiers défavorisés qui longent le fleuve Saint-Laurent (Verdun, Pointe-Saint-Charles, Saint-Henri, Saint-Jacques, Sainte-Marie, Hochelaga-Maisonneuve).

FÉCONDITÉ 1956-1961

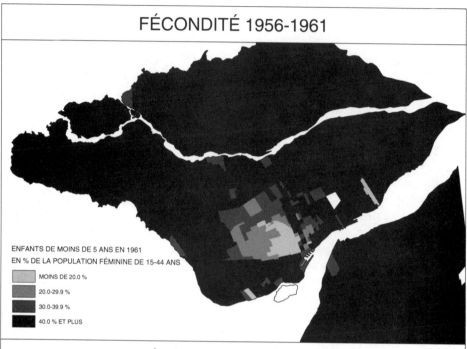

ENFANTS DE MOINS DE 5 ANS EN 1961
EN % DE LA POPULATION FÉMININE DE 15-44 ANS

- MOINS DE 20.0 %
- 20.0-29.9 %
- 30.0-39.9 %
- 40.0 % ET PLUS

FÉCONDITÉ 1966-1971

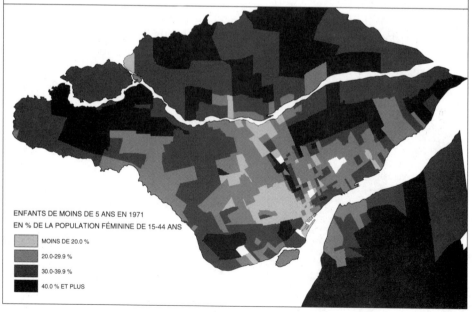

ENFANTS DE MOINS DE 5 ANS EN 1971
EN % DE LA POPULATION FÉMININE DE 15-44 ANS

- MOINS DE 20.0 %
- 20.0-29.9 %
- 30.0-39.9 %
- 40.0 % ET PLUS

CARTES 73-74

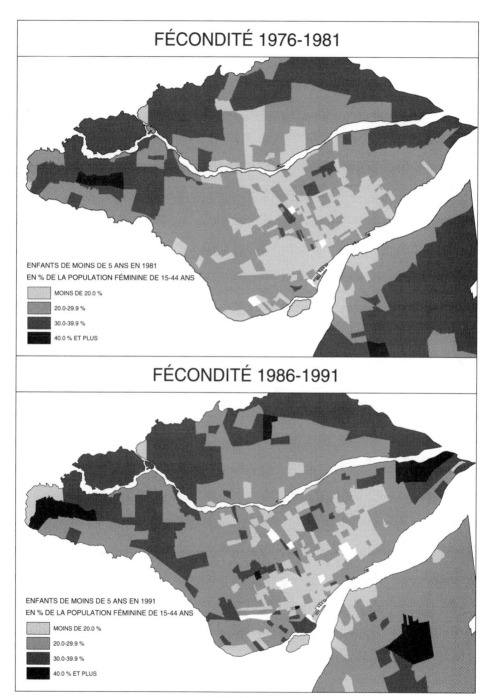

FÉCONDITÉ 1976-1981

ENFANTS DE MOINS DE 5 ANS EN 1981
EN % DE LA POPULATION FÉMININE DE 15-44 ANS

- MOINS DE 20.0 %
- 20.0-29.9 %
- 30.0-39.9 %
- 40.0 % ET PLUS

FÉCONDITÉ 1986-1991

ENFANTS DE MOINS DE 5 ANS EN 1991
EN % DE LA POPULATION FÉMININE DE 15-44 ANS

- MOINS DE 20.0 %
- 20.0-29.9 %
- 30.0-39.9 %
- 40.0 % ET PLUS

CARTES 75-76

15. Des célibataires regroupés au centre-ville...

Contrairement à une idée largement répandue, la proportion de célibataires (jamais mariés) dans la population de 15 ans et plus est restée relativement stable depuis 1951 (voir annexe statistique, tableau 3): elle est demeurée à 31 % entre 1951 et 1981 (avec une légère baisse à 29 % en 1961). Ce n'est que depuis 10 ans qu'elle a connu une légère augmentation, pour se situer à 37 % en 1991 (35 % dans l'ensemble du Québec).

Cette population célibataire se concentre au centre-ville et dans ses abords immédiats, mis à part quelques zones atypiques surtout visibles au début de la période (hôpitaux, congrégations, orphelinats).

Néanmoins, la zone de concentration de la population célibataire fait tache d'huile au cours des décennies. La zone comprenant 40 % et plus de population célibataire s'étend maintenant de Verdun à Maisonneuve, et du fleuve Saint-Laurent jusqu'à la limite nord du Plateau Mont-Royal, avec extensions vers l'Université de Montréal, le long de la rue Saint-Denis jusqu'à la rivière des Prairies, et du côté de la Rive-Sud vers Longueuil: dans une centaine de secteurs de recensement, la population célibataire représente, en 1991, plus de la moitié de la population totale âgée de 15 ans et plus.

Malgré la présence souvent évoquée de jeunes adultes (15 à 24 ans), supposément retenus plus longtemps dans les familles banlieusardes par les mauvaises conditions économiques des années quatre-vingt, c'est encore dans les banlieues que l'on retrouve les plus faibles taux de célibat dans la population de 15 ans et plus.

Si la concentration des célibataires dans la partie centrale de l'agglomération montréalaise peut s'expliquer par un mode de vie différent (plus grande proximité des lieux de vie sociale, théâtres, salles de spectacles, cinémas, restaurants, bars, etc.), elle doit s'expliquer surtout par des conditions économiques: la présence dans la partie centrale de la ville de logements plus petits et moins chers, attire une population célibataire souvent plus jeune et moins riche. Sans compter la plus grande facilité des moyens de transports publics propre au centre de la ville: il est en effet remarquable que la zone de plus grande concentration de population célibataire recouvre presque parfaitement le réseau du métro de Montréal.

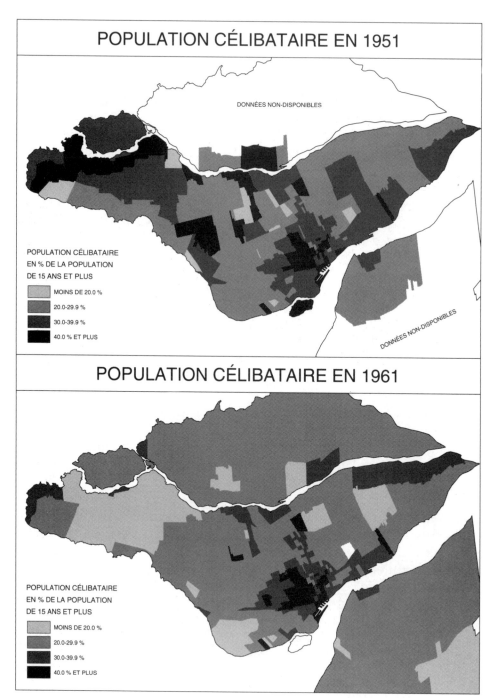

POPULATION CÉLIBATAIRE EN 1951

DONNÉES NON-DISPONIBLES

POPULATION CÉLIBATAIRE
EN % DE LA POPULATION
DE 15 ANS ET PLUS

MOINS DE 20.0 %
20.0-29.9 %
30.0-39.9 %
40.0 % ET PLUS

DONNÉES NON-DISPONIBLES

POPULATION CÉLIBATAIRE EN 1961

POPULATION CÉLIBATAIRE
EN % DE LA POPULATION
DE 15 ANS ET PLUS

MOINS DE 20.0 %
20.0-29.9 %
30.0-39.9 %
40.0 % ET PLUS

CARTES 77-78

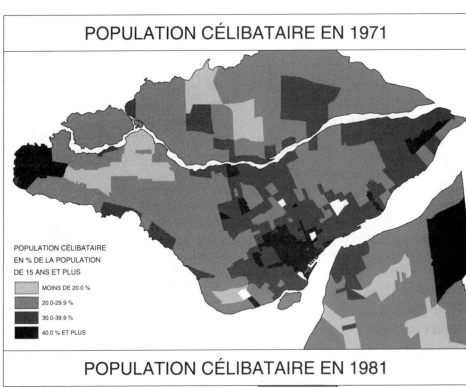

POPULATION CÉLIBATAIRE EN 1971

POPULATION CÉLIBATAIRE
EN % DE LA POPULATION
DE 15 ANS ET PLUS

- MOINS DE 20.0 %
- 20.0-29.9 %
- 30.0-39.9 %
- 40.0 % ET PLUS

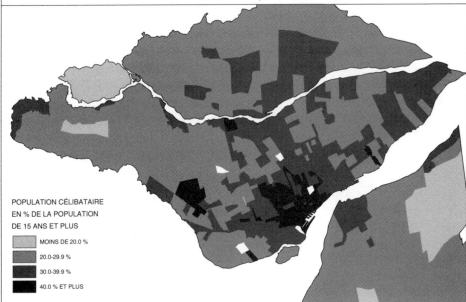

POPULATION CÉLIBATAIRE EN 1981

POPULATION CÉLIBATAIRE
EN % DE LA POPULATION
DE 15 ANS ET PLUS

- MOINS DE 20.0 %
- 20.0-29.9 %
- 30.0-39.9 %
- 40.0 % ET PLUS

CARTES 79-80

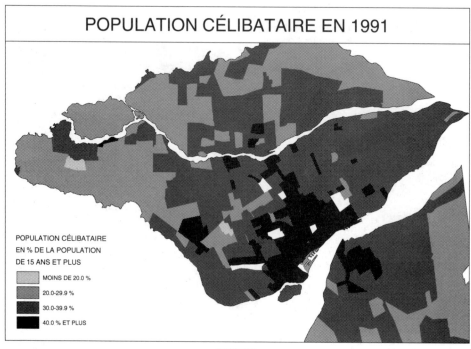

CARTE 81

16. ... et des gens mariés dispersés en périphérie

Si la proportion de célibataires est demeurée à peu près constante à Montréal depuis quarante ans, la proportion de gens mariés (comprenant les personnes en union libre), a subi une chute importante (voir annexe statistique, tableau 3): de 65 % qu'elle était en 1961, la proportion de gens mariés est passée à 62 % en 1971, puis à 59 % en 1981 et enfin à 48 % en 1991 (cette proportion est de 51 % pour l'ensemble du Québec).

Cette baisse de la proportion de personnes mariées s'explique par deux phénomènes concourants. D'une part, l'allongement de l'espérance de vie augmente le nombre de veufs et surtout de veuves dans des générations pour lesquelles le mariage était la norme sociale et, d'autre part, l'augmentation considérable des séparations et des divorces est un phénomène propre aux dernières décennies (il y avait, en 1991, 60 000 personnes légalement mariées et séparées, ainsi que 160 000 personnes divorcées dans la région de Montréal).

Cette baisse se fait par ailleurs dans le cadre d'une structure spatiale qui est l'image inversée de la structure spatiale de la population célibataire: les personnes mariées se concentrent en périphérie de la zone, dans les banlieues notamment. À tel point d'ailleurs que c'est presque exclusivement dans celles-ci qu'on retrouve plus de 50 % de la population de 15 ans et plus qui soit mariée ou en union libre (à ces banlieues il faut ajouter quelques quartiers centraux, à Westmount notamment, ainsi qu'à Montréal-Ouest, Côte-Saint-Luc, Ville Mont-Royal et Ville Saint-Laurent).

Pour la première fois, le recensement de 1991 a fourni des renseignements sur les couples en union libre: ceux-ci, au nombre de 98 000, représentent 18 % des couples (excluant donc les familles monoparentales). Pour l'ensemble du Québec, ils sont 16 %. La carte 87, représentant le pourcentage de couples en union libre, montre qu'il s'agit là en grande partie d'un indicateur de défavorisation sociale. Bien entendu, on retrouve un fort pourcentage de couples en union libre dans des quartiers plutôt favorisés (Île-des-Sœurs, Vieux-Montréal, Habitat 67, les environs de l'Université de Montréal, Outremont), mais pour l'essentiel, l'union libre se retrouve dans des quartiers défavorisés (Verdun, Centre-Sud, Hochelaga-Maisonneuve, Longueuil, Laval-des-Rapides ainsi que sur le Plateau Mont-Royal).

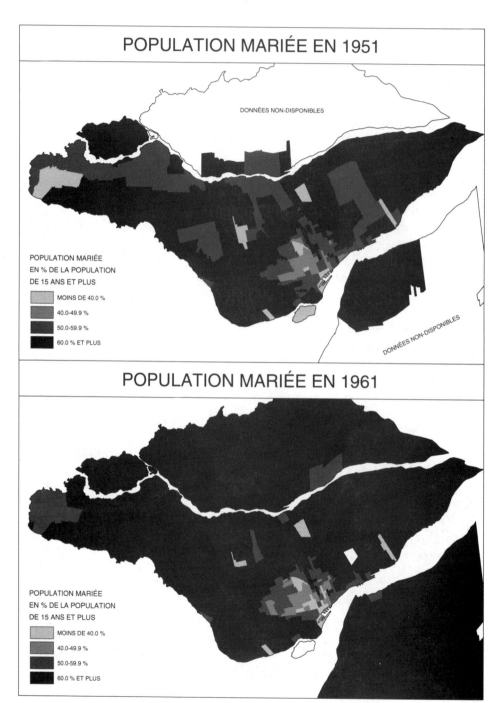

POPULATION MARIÉE EN 1951

DONNÉES NON-DISPONIBLES

POPULATION MARIÉE
EN % DE LA POPULATION
DE 15 ANS ET PLUS

MOINS DE 40.0 %
40.0-49.9 %
50.0-59.9 %
60.0 % ET PLUS

DONNÉES NON-DISPONIBLES

POPULATION MARIÉE EN 1961

POPULATION MARIÉE
EN % DE LA POPULATION
DE 15 ANS ET PLUS

MOINS DE 40.0 %
40.0-49.9 %
50.0-59.9 %
60.0 % ET PLUS

CARTES 82-83

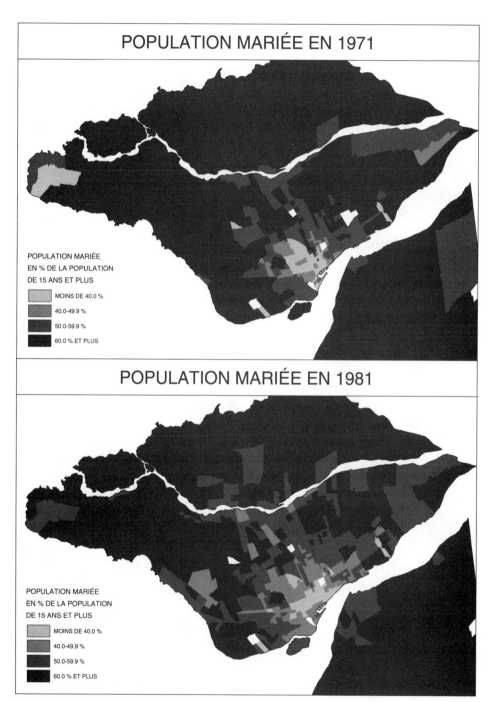

CARTES 84-85

POPULATION MARIÉE EN 1991

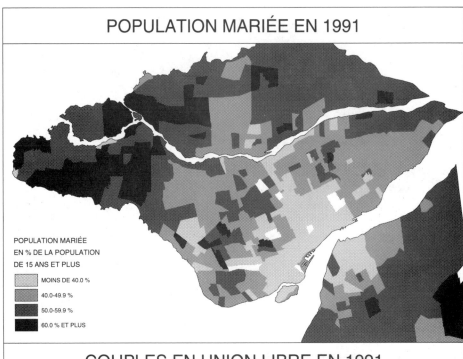

POPULATION MARIÉE
EN % DE LA POPULATION
DE 15 ANS ET PLUS

MOINS DE 40.0 %

40.0-49.9 %

50.0-59.9 %

60.0 % ET PLUS

COUPLES EN UNION LIBRE EN 1991

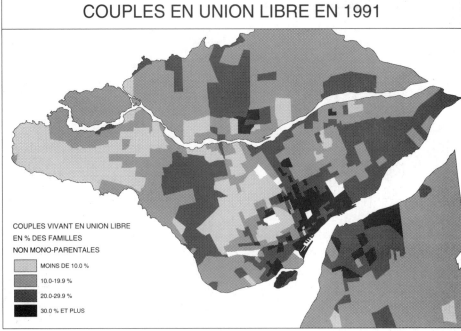

COUPLES VIVANT EN UNION LIBRE
EN % DES FAMILLES
NON MONO-PARENTALES

MOINS DE 10.0 %

10.0-19.9 %

20.0-29.9 %

30.0 % ET PLUS

CARTES 86-87

17. Des familles de plus en plus petites

La taille moyenne de la famille montréalaise n'a cessé de décroître depuis trente ans: après avoir atteint un sommet de 3,7 personnes en 1961, elle est passée à 3,6 personnes en 1971, à 3,2 en 1981 et enfin à 2,9 en 1991 (voir annexe statistique, tableau 3), à peine moins que l'ensemble du Québec pour lequel, en 1991, la taille moyenne des familles se situait à 3,0 personnes.

La taille moyenne des familles a elle aussi une structure concentrique: les petites familles se retrouvent au centre de la région, et à mesure que l'on s'éloigne de ce centre, la taille moyenne de la famille s'accroît régulièrement. À cette structure stable dans le temps, même si partout la taille de la famille décroît, on notera cependant quelques exceptions. Dans certains quartiers aisés, partie hautes d'Outremont et de Westmount notamment, mais aussi Ville Mont-Royal, Hampstead, Côte-Saint-Luc, on note une taille moyenne plus élevée des familles, tout comme dans certains quartiers à forte population immigrante (Mile-End, Parc-Extension, Saint-Michel, Montréal-Nord). Ce phénomène révèle, dans le cas des quartiers d'immigrants en particulier, la survivance encore visible de normes natalistes héritées des sociétés traditionnelles d'origine.

La diminution de la taille moyenne des familles est le résultat, en tout premier lieu, de la baisse de la natalité et de l'établissement d'une norme familiale plus proche d'un enfant ou deux que des familles nombreuses que l'on a connues dans le passé, même en milieu urbain. Mais elle résulte aussi de deux phénomènes qui abaissent le nombre de personnes par famille. D'une part, l'augmentation considérable du nombre de familles monoparentales, qui diminue la taille de la famille d'une unité. Et d'autre part, de l'allongement de la durée de la vie qui augmente le nombre de familles constituées d'un couple âgé, donc sans enfants à la maison. Les sections 19 et suivantes donneront un meilleur aperçu de la diminution du nombre d'enfants dans les familles.

82

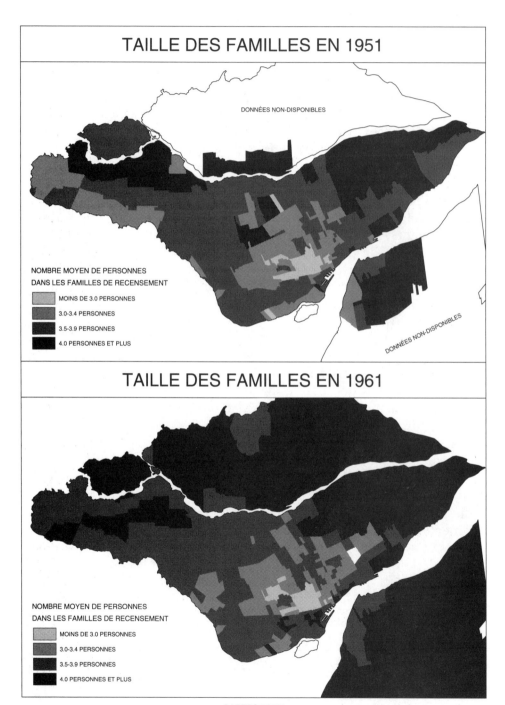

TAILLE DES FAMILLES EN 1951

DONNÉES NON-DISPONIBLES

NOMBRE MOYEN DE PERSONNES
DANS LES FAMILLES DE RECENSEMENT

MOINS DE 3.0 PERSONNES
3.0-3.4 PERSONNES
3.5-3.9 PERSONNES
4.0 PERSONNES ET PLUS

DONNÉES NON-DISPONIBLES

TAILLE DES FAMILLES EN 1961

NOMBRE MOYEN DE PERSONNES
DANS LES FAMILLES DE RECENSEMENT

MOINS DE 3.0 PERSONNES
3.0-3.4 PERSONNES
3.5-3.9 PERSONNES
4.0 PERSONNES ET PLUS

CARTES 88-89

TAILLE DES FAMILLES EN 1971

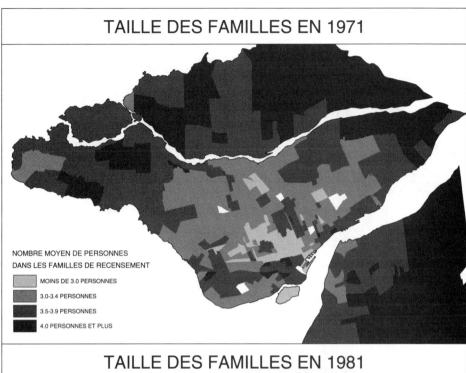

NOMBRE MOYEN DE PERSONNES
DANS LES FAMILLES DE RECENSEMENT

- MOINS DE 3.0 PERSONNES
- 3.0-3.4 PERSONNES
- 3.5-3.9 PERSONNES
- 4.0 PERSONNES ET PLUS

TAILLE DES FAMILLES EN 1981

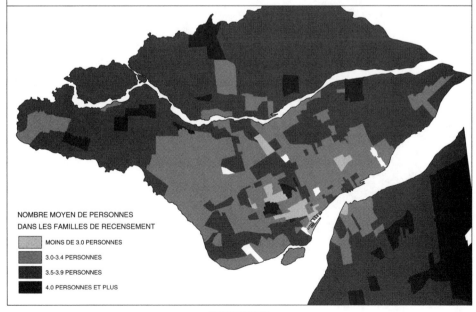

NOMBRE MOYEN DE PERSONNES
DANS LES FAMILLES DE RECENSEMENT

- MOINS DE 3.0 PERSONNES
- 3.0-3.4 PERSONNES
- 3.5-3.9 PERSONNES
- 4.0 PERSONNES ET PLUS

CARTES 90-91

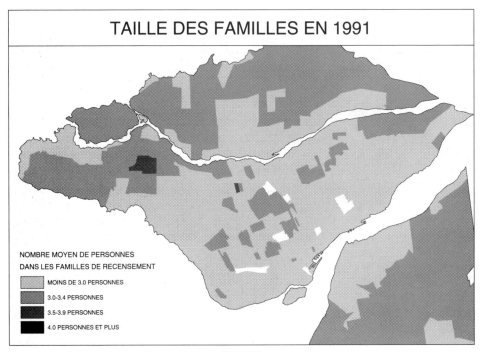

TAILLE DES FAMILLES EN 1991

NOMBRE MOYEN DE PERSONNES
DANS LES FAMILLES DE RECENSEMENT

- MOINS DE 3.0 PERSONNES
- 3.0-3.4 PERSONNES
- 3.5-3.9 PERSONNES
- 4.0 PERSONNES ET PLUS

CARTE 92

18. De plus en plus de personnes vivant seules

Le pourcentage de personnes vivant seules (qu'il ne faut pas confondre avec le pourcentage de ménages constitués d'une seule personne) a connu, depuis quarante ans, une progression phénoménale, qui s'apparente à une véritable révolution dans le mode de vie.

En 1951, la solitude résidentielle était tout à fait exceptionnelle: seulement 1 % de la population vivait seule. Ce pourcentage est passé à 2 % en 1961, à 5 % en 1971, à 10 % en 1981 et à 12 % en 1991, c'est-à-dire qu'il a été multiplié par 12 (voir annexe statistique, tableau 3). En chiffres absolus, le nombre de personnes vivant seules est passé de 17 000 en 1951, à 48 000 en 1961, à 115 000 en 1971, à 228 000 en 1981 et à 305 000 en 1991! Comme il y a aujourd'hui à peine plus d'un million de ménages dans la région de Montréal, cela signifie que 30 % des ménages sont constitués d'une personne vivant seule.

Parmi ces personnes vivant seules, on retrouve bien entendu beaucoup de célibataires, mais aussi beaucoup de veufs et de veuves: l'accroissement du nombre de personnes vivant seules est donc lui aussi une des conséquences du vieillissement de la population.

La structure spatiale de la proportion de personnes vivant seules est donc assez complexe, même si l'on reconnaît l'habituelle structure concentrique des phénomènes liés aux cycles de vie. On peut dire que cette structure est la juxtaposition en quelque sorte de celle de la répartition des célibataires (section 15) et de celle des personnes âgées (section 11): on y reconnaît partiellement les traits de l'une et de l'autre.

La solitude résidentielle est un phénomène plus accentué en milieu urbain, puisque pour l'ensemble du Québec, en 1991, le pourcentage de personnes vivant seules s'établissait à 9 %, et le pourcentage de ménages constitués d'une personne vivant seule s'établissait à 25 %.

86

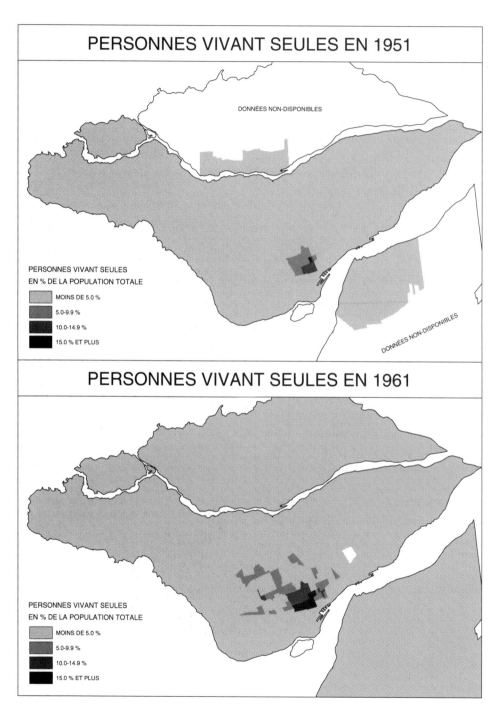

PERSONNES VIVANT SEULES EN 1951

DONNÉES NON-DISPONIBLES

PERSONNES VIVANT SEULES
EN % DE LA POPULATION TOTALE

MOINS DE 5.0 %

5.0-9.9 %

10.0-14.9 %

15.0 % ET PLUS

DONNÉES NON-DISPONIBLES

PERSONNES VIVANT SEULES EN 1961

PERSONNES VIVANT SEULES
EN % DE LA POPULATION TOTALE

MOINS DE 5.0 %

5.0-9.9 %

10.0-14.9 %

15.0 % ET PLUS

CARTES 93-94

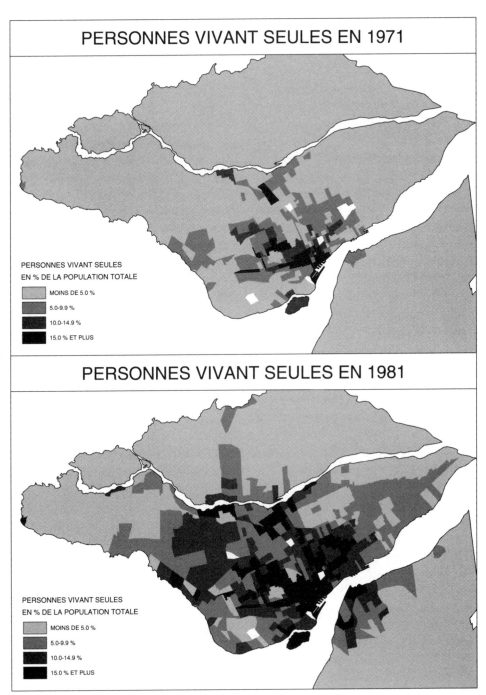

PERSONNES VIVANT SEULES EN 1971

PERSONNES VIVANT SEULES
EN % DE LA POPULATION TOTALE

MOINS DE 5.0 %

5.0-9.9 %

10.0-14.9 %

15.0 % ET PLUS

PERSONNES VIVANT SEULES EN 1981

PERSONNES VIVANT SEULES
EN % DE LA POPULATION TOTALE

MOINS DE 5.0 %

5.0-9.9 %

10.0-14.9 %

15.0 % ET PLUS

CARTES 95-96

88

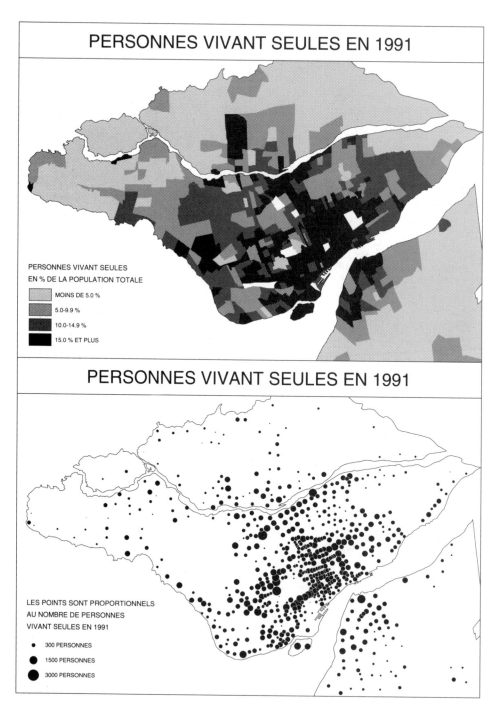

PERSONNES VIVANT SEULES EN 1991

PERSONNES VIVANT SEULES
EN % DE LA POPULATION TOTALE

MOINS DE 5.0 %

5.0-9.9 %

10.0-14.9 %

15.0 % ET PLUS

PERSONNES VIVANT SEULES EN 1991

LES POINTS SONT PROPORTIONNELS
AU NOMBRE DE PERSONNES
VIVANT SEULES EN 1991

300 PERSONNES

1500 PERSONNES

3000 PERSONNES

CARTES 97-98

19. De plus en plus de couples sans enfants

La proportion de familles sans enfants, qui sont donc des couples sans enfants puisqu'il n'y a pas de familles monoparentales sans enfants, a connu une légère augmentation depuis trente ans, passant de 30 % en 1961 à 36 % en 1991 (voir annexe statistique, tableau 3). Leur nombre a doublé depuis 1951, passant de 115 000 à 234 000 en 1991. Rapporté au total des familles comprenant un couple (et donc excluant les familles monoparentales), la proportion de couples sans enfants s'élève à 53 % en 1991: elle est de 39 % parmi les couples mariés (173 000 couples sans enfants parmi 441 000 couples mariés), et de 63 % parmi les couples en union libre (62 000 couples sans enfants parmi 98 000 couples en union libre).

Les familles sans enfants résultent de couples n'ayant pas eu d'enfants, mais aussi de couples qui n'ont pas encore eu d'enfants, ainsi que de couples plus âgés dont tous les enfants ont quitté le domicile familial: l'augmentation de leur nombre résulte donc aussi du vieillissement de la population, tout comme de la diminution de la taille des familles et de l'augmentation du nombre de personnes vivant seules.

C'est pourquoi la répartition spatiale des familles sans enfants est relativement complexe: on y reconnaît une structure concentrique, avec diminution des couples sans enfants vers la périphérie, mais on y reconnaît aussi certains traits de la distribution des personnes âgées. Leur proportion est plus élevée dans l'ouest de l'île de Montréal (Lasalle, Lakeshore), ainsi que dans le nord (Ahuntsic, Sault-aux-Récollets) et dans l'est (Rosemont, Nouveau-Rosemont).

Les jeunes familles avec enfants à la maison se retrouvent en périphérie, mais avec de notables exceptions (carte 103): Westmount, Outremont, Parc-Extension, Saint-Michel ressemblent à ce titre davantage à des banlieues comme Laval, la Rive-Sud ou les extrémités est et ouest de l'île de Montréal.

90

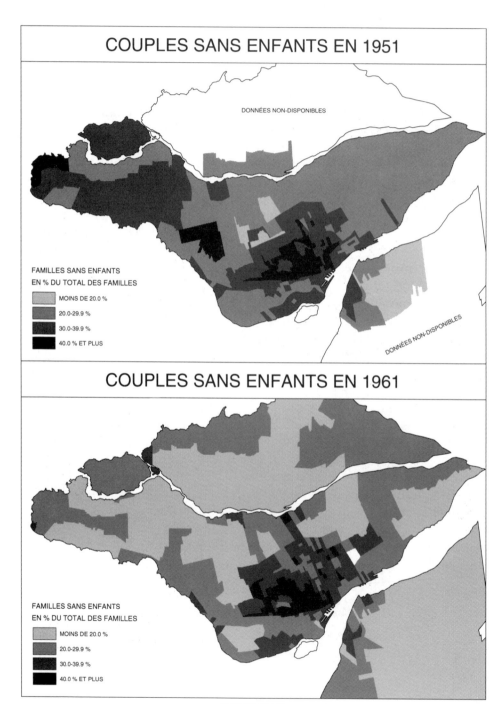

COUPLES SANS ENFANTS EN 1951

DONNÉES NON-DISPONIBLES

FAMILLES SANS ENFANTS
EN % DU TOTAL DES FAMILLES

MOINS DE 20.0 %

20.0-29.9 %

30.0-39.9 %

40.0 % ET PLUS

DONNÉES NON-DISPONIBLES

COUPLES SANS ENFANTS EN 1961

FAMILLES SANS ENFANTS
EN % DU TOTAL DES FAMILLES

MOINS DE 20.0 %

20.0-29.9 %

30.0-39.9 %

40.0 % ET PLUS

CARTES 99-100

91

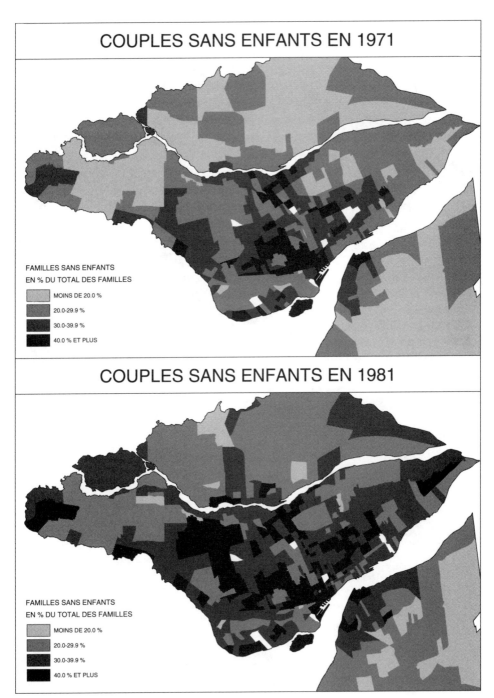

COUPLES SANS ENFANTS EN 1971

FAMILLES SANS ENFANTS
EN % DU TOTAL DES FAMILLES

- MOINS DE 20.0 %
- 20.0-29.9 %
- 30.0-39.9 %
- 40.0 % ET PLUS

COUPLES SANS ENFANTS EN 1981

FAMILLES SANS ENFANTS
EN % DU TOTAL DES FAMILLES

- MOINS DE 20.0 %
- 20.0-29.9 %
- 30.0-39.9 %
- 40.0 % ET PLUS

CARTES 101-102

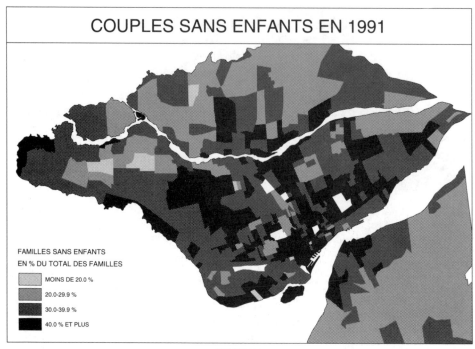

COUPLES SANS ENFANTS EN 1991

FAMILLES SANS ENFANTS
EN % DU TOTAL DES FAMILLES

MOINS DE 20.0 %

20.0-29.9 %

30.0-39.9 %

40.0 % ET PLUS

CARTE 103

20. La quasi-disparition des familles nombreuses

De façon à pouvoir représenter avec une même échelle la répartition des grosses familles sur toute la période couverte, il nous a fallu définir comme grosse famille toute famille comprenant trois enfants ou plus. Leur chiffre absolu a été en croissance jusqu'en 1971 (71 000 familles en 1951, 121 000 en 1961, 139 000 en 1971), et depuis il a décru considérablement (85 000 familles en 1981, 61 000 en 1991). En chiffres relatifs, leur proportion est passée de 26 % du total des familles en 1961 à seulement 9 % en 1991 (voir annexe statistique, tableau 3).

Jusqu'en 1971, la distribution spatiale des familles nombreuses est concentrique: relativement rares au centre, elles deviennent relativement plus nombreuses en périphérie. À cette structure régulière quelques exceptions notables. Les familles nombreuses sont plus fréquentes dans certains secteurs bourgeois (Westmount, Outremont), dans certains secteurs défavorisés (Pointe-Saint-Charles, Saint-Henri, Saint-Jacques, Sainte-Marie, Hochelaga-Maisonneuve), ainsi que dans certains secteurs immigrants (Mile-End, Parc-Extension, Saint-Michel, Saint-Léonard).

À partir de 1981, malgré le faible nombre de familles nombreuses, les grandes lignes de cette structure demeurent inchangées. La série de cartes de cette section est à mettre en relation avec les cartes représentant la taille moyenne des logements (section 4), tant il est vrai que la taille du logement est un facteur déterminant dans le choix de son domicile pour une famille nombreuse. D'ailleurs s'il n'en était pas ainsi, on retrouverait dans le centre de l'île de Montréal un grand nombre de logements surpeuplés (plus d'une personne par pièce), ce qui n'est pas le cas.

94

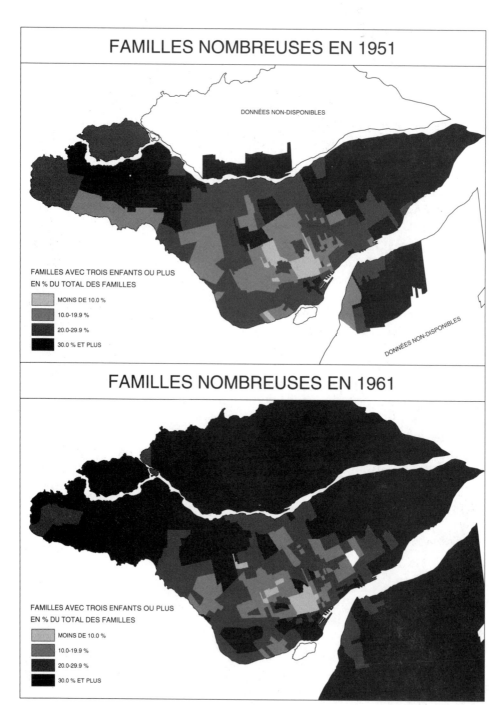

FAMILLES NOMBREUSES EN 1951

DONNÉES NON-DISPONIBLES

FAMILLES AVEC TROIS ENFANTS OU PLUS
EN % DU TOTAL DES FAMILLES

MOINS DE 10.0 %

10.0-19.9 %

20.0-29.9 %

30.0 % ET PLUS

DONNÉES NON-DISPONIBLES

FAMILLES NOMBREUSES EN 1961

FAMILLES AVEC TROIS ENFANTS OU PLUS
EN % DU TOTAL DES FAMILLES

MOINS DE 10.0 %

10.0-19.9 %

20.0-29.9 %

30.0 % ET PLUS

CARTES 104-105

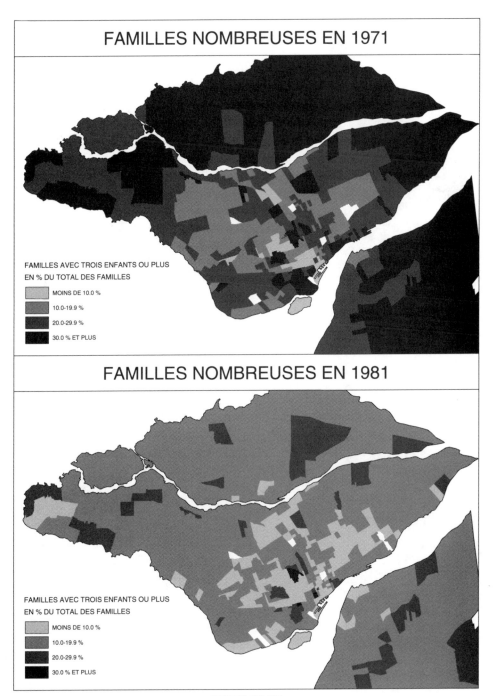

CARTES 106-107

96

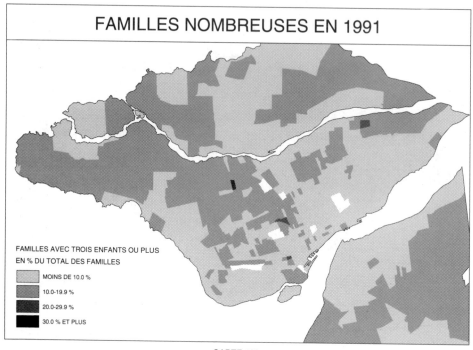

FAMILLES NOMBREUSES EN 1991

FAMILLES AVEC TROIS ENFANTS OU PLUS
EN % DU TOTAL DES FAMILLES

MOINS DE 10.0 %

10.0-19.9 %

20.0-29.9 %

30.0 % ET PLUS

CARTE 108

21. L'opposition spatiale de deux normes familiales

Comme le nombre et la proportion de familles de trois enfants ou plus est très faible en 1991 (9 % des familles), il ne reste plus qu'à distinguer les familles comprenant un seul enfant (30 % du total des familles) et celles comportant deux enfants (24 % du total des familles), les familles sans enfants constituant quant à elles 36 % du total des familles (section 19).

Les cartes qui suivent montrent que l'on est en présence de deux normes opposées: les familles ayant un seul enfant occupent une position plutôt centrale, alors que celles comprenant deux enfants se concentrent en banlieue, tout comme les familles nombreuses.

Encore ici, on notera les exceptions déjà signalées précédemment: les quartiers aisés entourant le mont Royal (et les parties hautes d'Outremont et de Westmount en tout premier lieu, ainsi que Montréal-Ouest) ont un surplus de familles de deux enfants, tout comme certains secteurs défavorisés du Centre-Sud.

Par ailleurs, les familles comprenant un seul enfant occupent un espace qui a d'étonnantes similitudes avec celui où l'on retrouve les plus petits logements (carte 23).

FAMILLES AVEC UN ENFANT EN 1991

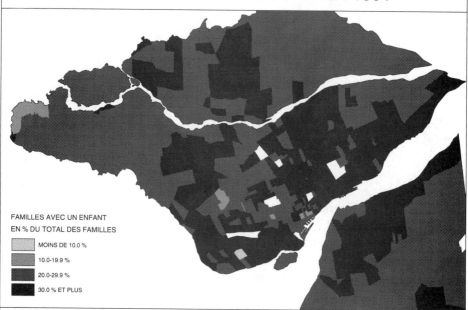

FAMILLES AVEC UN ENFANT
EN % DU TOTAL DES FAMILLES

MOINS DE 10.0 %

10.0-19.9 %

20.0-29.9 %

30.0 % ET PLUS

FAMILLES AVEC DEUX ENFANTS EN 1991

FAMILLES AVEC DEUX ENFANTS
EN % DU TOTAL DES FAMILLES

MOINS DE 10.0 %

10.0-19.9 %

20.0-29.9 %

30.0 % ET PLUS

CARTES 109-110

22. La monoparentalité

La monoparentalité est un concept qui n'a été introduit dans le recensement du Canada que depuis 1981: il y avait alors 15 % de familles monoparentales dans la région de Montréal. Ce chiffre est passé à 17 % en 1986, et il est resté stable en 1991. Pour l'ensemble du Québec, on comptait, en 1991, 14 % de familles monoparentales. En chiffres absolus, le nombre de familles monoparentales est passé, dans la région de Montréal, de 91 000 en 1981, à 108 000 en 1986 et à 111 000 en 1991; dans l'ensemble du Québec on en dénombrait 269 000 en 1991.

La monoparentalité est un des indicateurs les plus forts de la défavorisation: c'est ce que confirme la carte 111. Alors que les banlieues, ainsi que les quartiers aisés entourant le mont Royal (Outremont, Ville Mont-Royal, Hampstead, Côte-Saint-Luc, Montréal-Ouest, Notre-Dame-de-Grâce, avenue des Pins) ont des taux de monoparentalité inférieurs à 10 % (et d'ailleurs souvent inférieurs à 5 %), les plus forts taux de mono-parentalité (20 % et plus, et parfois près de 30 %) se retrouvent dans les quartiers défavorisés. C'est le cas de Lachine, Verdun, Saint-Henri, Pointe-Saint-Charles, Saint-Jacques, Sainte-Marie, Hochelaga-Maisonneuve, ainsi que de certains secteurs de Longueuil. C'est aussi le cas de quartiers comprenant une forte proportion de population immi-grée: Mile-End, Parc-Extension, Saint-Michel, Montréal-Nord, Côte-des-Neiges.

En 1991, 84 % des familles monoparentales sont dirigées par une femme: la carte 112 montre que c'est encore dans la banlieue périphérique que l'on trouve la plus grande proportion de familles monoparentales dirigées par un homme, le terme grande proportion étant d'ailleurs tout relatif puisque cette proportion atteint rarement 30 %.

C'est pourquoi on devrait plutôt dire que la *monoparentalité féminine* est un des indicateurs les plus forts de la défavorisation.

100

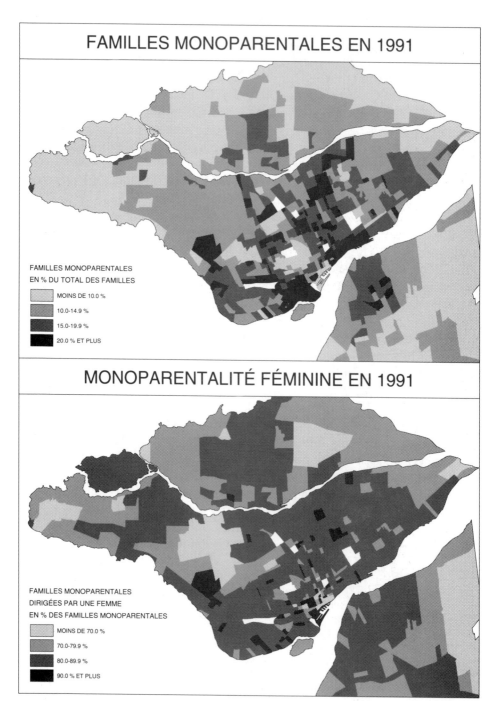

FAMILLES MONOPARENTALES EN 1991

FAMILLES MONOPARENTALES
EN % DU TOTAL DES FAMILLES

MOINS DE 10.0 %

10.0-14.9 %

15.0-19.9 %

20.0 % ET PLUS

MONOPARENTALITÉ FÉMININE EN 1991

FAMILLES MONOPARENTALES
DIRIGÉES PAR UNE FEMME
EN % DES FAMILLES MONOPARENTALES

MOINS DE 70.0 %

70.0-79.9 %

80.0-89.9 %

90.0 % ET PLUS

CARTES 111-112

23. La famille unicellulaire de la banlieue

Jusqu'en 1961, la famille unicellulaire est la norme: plus de 80 % des ménages sont composés d'une famille. La crise du logement, qui obligeait plusieurs familles à partager le même logement avant la Seconde Guerre mondiale, est chose du passé: en 1951 seulement 9 % des ménages sont composés de deux familles ou plus, et cette proportion tombe à 3 % en 1961, à 2 % en 1971 et depuis 1981 elle est inférieure à 1 %.

Depuis trente ans, l'augmentation du nombre de personnes vivant seules, l'augmentation du nombre de personnes vivant en union libre, l'augmentation du nombre de célibataires (vivant souvent comme colocataires), a gonflé les effectifs de ces ménages non familiaux: leur nombre est passé de 34 000 en 1951, à 77 000 en 1961, à 166 000 en 1971, à 275 000 en 1981 et enfin à 365 000 en 1991. Ce qui a eu pour effet de faire baisser la proportion de ménages unifamiliaux: 82 % en 1961, 76 % en 1971, 68 % en 1981 et 63 % en 1991 (voir annexe statistique, tableau 3). Ces ménages unifamiliaux représentent 70 % du total des ménages au Québec en 1991.

Mais cette baisse importante du nombre de ménages unifamiliaux ne s'est pas faite uniformément sur l'ensemble de l'espace social. Les cartes présentées dans cette section montrent que le ménage unifamilial demeure encore largement la norme dans les banlieues, dans lesquelles il représente encore plus de 80 % du total des ménages, alors que dans la ville centrale il est en passe de devenir l'exception (moins de 50 % des ménages).

À cette structure concentrique on ne trouve que quelques exceptions, et notamment les parties hautes de Westmount et d'Outremont.

102

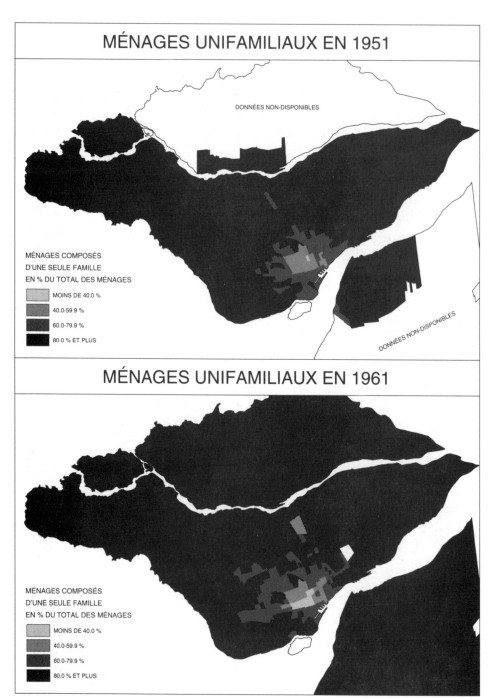

MÉNAGES UNIFAMILIAUX EN 1951

DONNÉES NON-DISPONIBLES

MÉNAGES COMPOSÉS
D'UNE SEULE FAMILLE
EN % DU TOTAL DES MÉNAGES

MOINS DE 40.0 %

40.0-59.9 %

60.0-79.9 %

80.0 % ET PLUS

DONNÉES NON-DISPONIBLES

MÉNAGES UNIFAMILIAUX EN 1961

MÉNAGES COMPOSÉS
D'UNE SEULE FAMILLE
EN % DU TOTAL DES MÉNAGES

MOINS DE 40.0 %

40.0-59.9 %

60.0-79.9 %

80.0 % ET PLUS

CARTES 113-114

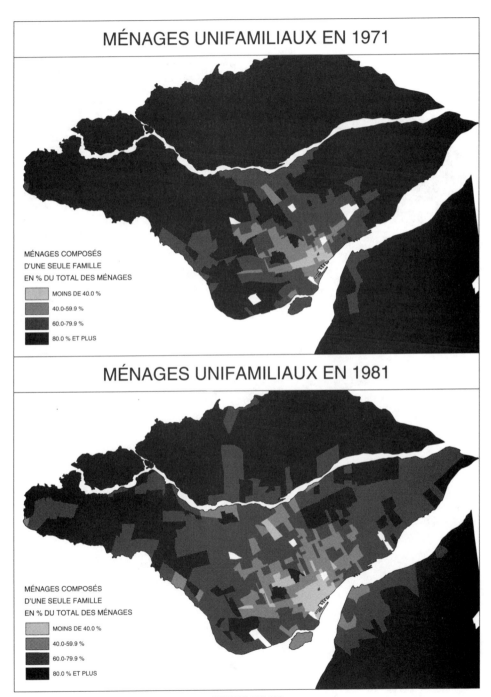

MÉNAGES UNIFAMILIAUX EN 1971

MÉNAGES COMPOSÉS
D'UNE SEULE FAMILLE
EN % DU TOTAL DES MÉNAGES

- MOINS DE 40.0 %
- 40.0-59.9 %
- 60.0-79.9 %
- 80.0 % ET PLUS

MÉNAGES UNIFAMILIAUX EN 1981

MÉNAGES COMPOSÉS
D'UNE SEULE FAMILLE
EN % DU TOTAL DES MÉNAGES

- MOINS DE 40.0 %
- 40.0-59.9 %
- 60.0-79.9 %
- 80.0 % ET PLUS

CARTES 115-116

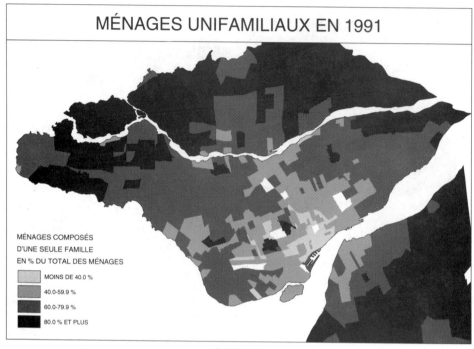

CARTE 117

III

L'espace ethnique

24. Une majorité française stable

Alors que Montréal a déjà été une ville majoritairement anglaise au début du siècle dernier, sa population d'origine française a atteint les 50 % au moment de la Confédération en 1867, pour se stabiliser aux environs des deux tiers au début de notre siècle. Depuis 1951, la proportion de la population qui se déclare d'origine française se situe légèrement en dessous de ce chiffre, avec une tendance à la baisse qui s'amorce dans la dernière décennie (voir annexe statistique, tableau 4). En 1991, notre carte représente 25 % de la population d'origine française totale du Québec, et 71 % de la population d'origine française de la région métropolitaine de recensement de Montréal (carte 122).

Traditionnellement, la répartition ethnique de la population divise la région entre l'est et l'ouest, la population d'origine française se retrouvant majoritairement à l'est du boulevard Saint-Laurent. Mais au-delà de cette simplification quelque peu caricaturale, il faut bien constater que la répartition ethnique est bien plus complexe.

Dans l'immédiat après-guerre, la périphérie de la région est massivement française: c'est alors une région encore rurale (carte 118). L'extension des banlieues va reproduire le clivage ethnique existant au centre de l'île de Montréal: en particulier les parties ouest de l'île de Montréal, de l'île Jésus et de la Rive-Sud vont voir leur pourcentage de population d'origine française décroître sensiblement (carte 119).

La population d'origine française se retrouve principalement à l'est du boulevard Saint-Laurent, avec cependant de notables exceptions. D'une part, on retrouve à l'ouest des îlots de population française (Outremont, Saint-Henri, Lachine, Sainte-Geneviève) et, d'autre part, on retrouve dans l'est et le nord-est de l'île de Montréal de vastes zones avec un faible taux de population d'origine française (Saint-Michel, Saint-Léonard, Montréal-Nord, Rivière-des-Prairies). Les banlieues comme Laval et la Rive-Sud par contre se sont francisées, même si on y retrouve encore le clivage est-ouest (le quartier Chomedey à Laval, Saint-Lambert, Greenfield Park et Brossard sur la Rive-Sud).

Sur l'île de Montréal enfin, les quartiers qui étaient massivement français il y a quelques décennies (Saint-Jacques, Sainte-Marie, Hochelaga-Maisonneuve, Plateau Mont-Royal) voient une légère diminution relative de leur population d'origine française. Par ailleurs, cette population d'origine française représente toujours moins de 10 % de la population totale sur le flanc ouest du mont Royal (Westmount, Hampstead, Côte-Saint-Luc, Montréal-Ouest, Notre-Dame-de-Grâce) ainsi que dans Parc-Extension.

108

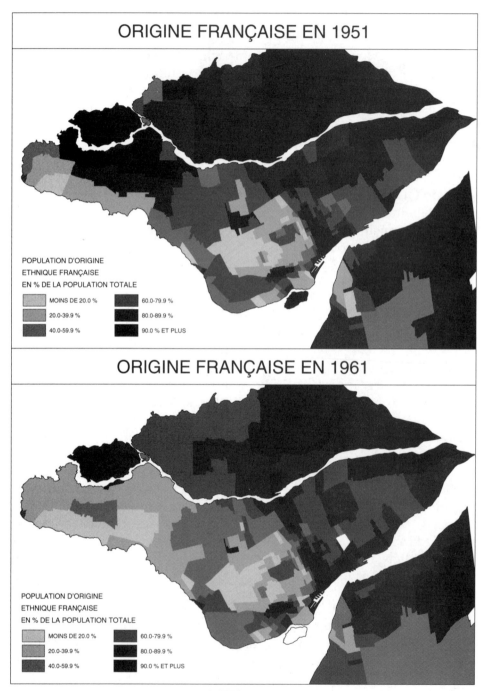

ORIGINE FRANÇAISE EN 1951

POPULATION D'ORIGINE
ETHNIQUE FRANÇAISE
EN % DE LA POPULATION TOTALE

- MOINS DE 20.0 %
- 20.0-39.9 %
- 40.0-59.9 %
- 60.0-79.9 %
- 80.0-89.9 %
- 90.0 % ET PLUS

ORIGINE FRANÇAISE EN 1961

POPULATION D'ORIGINE
ETHNIQUE FRANÇAISE
EN % DE LA POPULATION TOTALE

- MOINS DE 20.0 %
- 20.0-39.9 %
- 40.0-59.9 %
- 60.0-79.9 %
- 80.0-89.9 %
- 90.0 % ET PLUS

CARTES 118-119

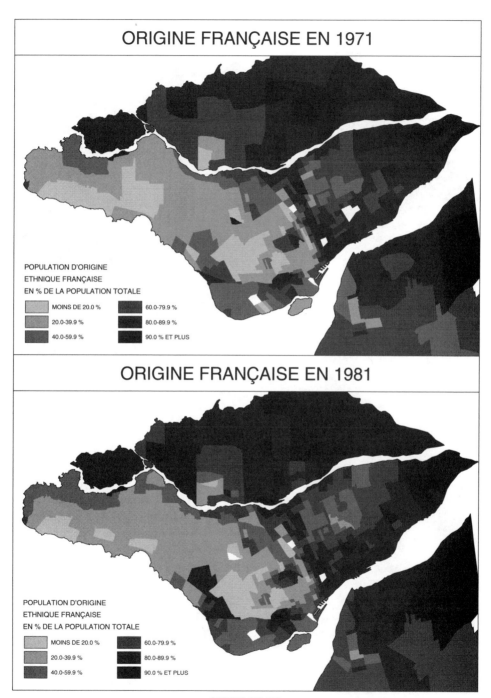

CARTES 120-121

110

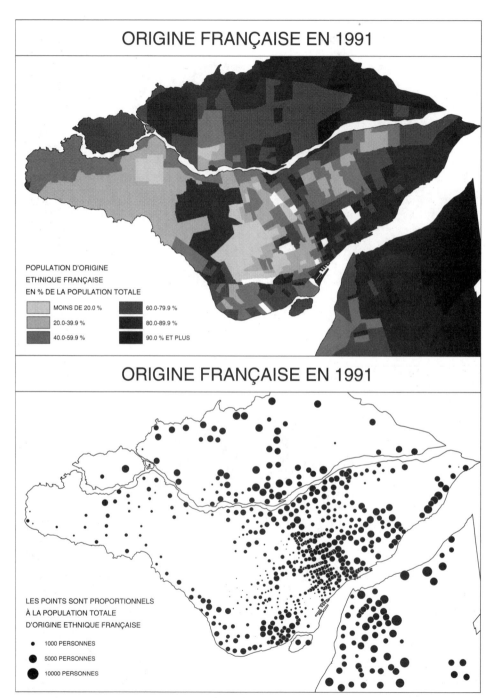

ORIGINE FRANÇAISE EN 1991

POPULATION D'ORIGINE
ETHNIQUE FRANÇAISE
EN % DE LA POPULATION TOTALE

MOINS DE 20.0 %   60.0-79.9 %

20.0-39.9 %   80.0-89.9 %

40.0-59.9 %   90.0 % ET PLUS

ORIGINE FRANÇAISE EN 1991

LES POINTS SONT PROPORTIONNELS
À LA POPULATION TOTALE
D'ORIGINE ETHNIQUE FRANÇAISE

•   1000 PERSONNES

●   5000 PERSONNES

●   10000 PERSONNES

CARTES 122-123

25. Une minorité britannique érodée

Il existe une tendance séculaire à la baisse de la population d'origine britannique à Montréal, comme dans le reste du Québec. Majoritaire avant 1867 dans la ville de Montréal, la population d'origine britannique ne représente plus que le tiers de la population de Montréal au début du siècle, et le quart au recensement de 1941. En 1951, les Britanniques représentent 22 % de la population de la région représentée dans les cartes, 18 % en 1961, 16 % en 1971 (voir annexe statistique, tableau 4). Au cours des années soixante-dix, l'exode de la population d'origine britannique s'accélère, et celle-ci ne représente plus que 12 % en 1981, et 6 % en 1991 (néanmoins depuis 1981 l'apparition de la catégorie «origines multiples» dans les données du recensement, et sa progression très forte puisqu'elle représente près de 13 % du total de la population en 1991, laisse penser que beaucoup de personnes d'origine britannique se retrouvent dans cette catégorie).

Par ailleurs, on doit signaler que la baisse relative de la population d'origine britannique est aussi due à son accroissement moins rapide que celui de l'ensemble de la région: en effet, les personnes d'origine britannique voient leur nombre absolu s'accroître de 1951 à 1971 (il passe de 313 000 à 391 000), et décroître en chiffres absolus seulement dans la décennie soixante-dix (279 000 en 1981). En 1991, il ne reste que 137 000 personnes ayant déclaré des origines uniques britanniques.

En 1951, la population d'origine britannique (carte 124) est concentrée autour du mont Royal (Westmount, Notre-Dame-de-Grâce, Côte-des-Neiges, Ville Mont-Royal, Ville Saint-Laurent), zone à laquelle s'ajoutent les municipalités du Lakeshore (Dorval, Pointe-Claire, Beaconsfield, Baie-d'Urfé), de la Rive-Sud (Saint-Lambert, Greenfield Park, Saint-Hubert), et, sur l'île de Montréal, Verdun ainsi que la Pointe-Saint-Charles (population majoritairement d'origine irlandaise). Au cours des décennies subséquentes, les zones à majorité britannique s'étendent vers l'ouest de l'île de Montréal avec l'extension des banlieues, tandis que la part de cette population d'origine britannique commence à baisser dans les quartiers traditionnellement britanniques (cartes 125 à 127).

Aujourd'hui, plus aucun secteur n'est majoritairement britannique, et la population d'origine britannique est pratiquement absente de la majeure partie de la région (carte 128). Nos cartes représentent, en 1991, 48 % des personnes d'origine britannique du Québec, et 82 % des personnes d'origine britannique de la région métropolitaine de recensement de Montréal.

112

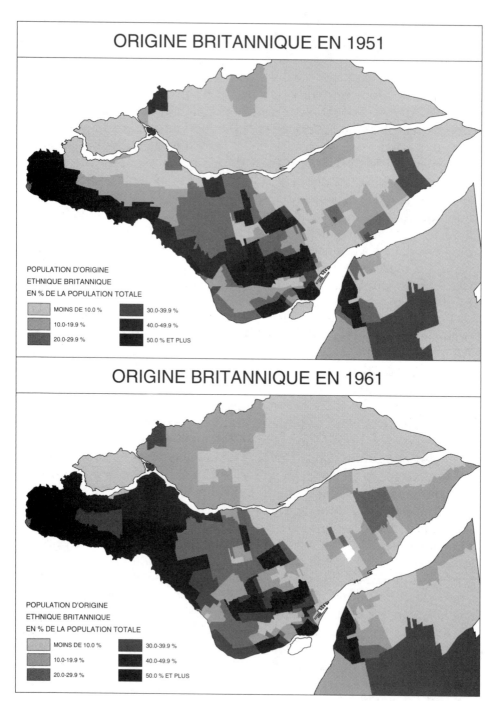

ORIGINE BRITANNIQUE EN 1951

POPULATION D'ORIGINE
ETHNIQUE BRITANNIQUE
EN % DE LA POPULATION TOTALE

MOINS DE 10.0 %
10.0-19.9 %
20.0-29.9 %
30.0-39.9 %
40.0-49.9 %
50.0 % ET PLUS

ORIGINE BRITANNIQUE EN 1961

POPULATION D'ORIGINE
ETHNIQUE BRITANNIQUE
EN % DE LA POPULATION TOTALE

MOINS DE 10.0 %
10.0-19.9 %
20.0-29.9 %
30.0-39.9 %
40.0-49.9 %
50.0 % ET PLUS

CARTES 124-125

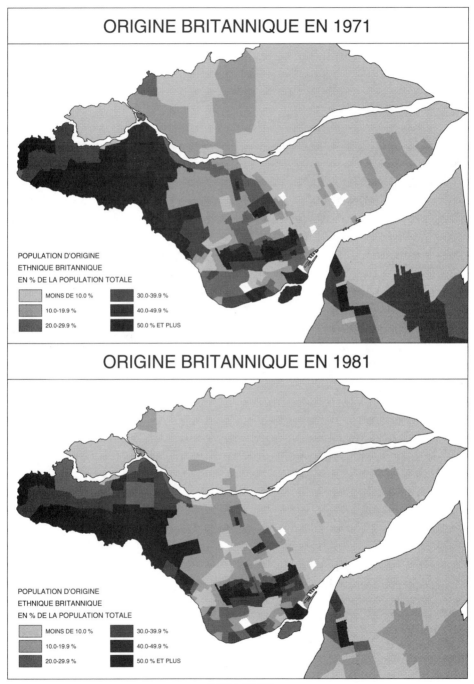

ORIGINE BRITANNIQUE EN 1971

POPULATION D'ORIGINE
ETHNIQUE BRITANNIQUE
EN % DE LA POPULATION TOTALE

MOINS DE 10.0 %   30.0-39.9 %
10.0-19.9 %   40.0-49.9 %
20.0-29.9 %   50.0 % ET PLUS

ORIGINE BRITANNIQUE EN 1981

POPULATION D'ORIGINE
ETHNIQUE BRITANNIQUE
EN % DE LA POPULATION TOTALE

MOINS DE 10.0 %   30.0-39.9 %
10.0-19.9 %   40.0-49.9 %
20.0-29.9 %   50.0 % ET PLUS

CARTES 126-127

114

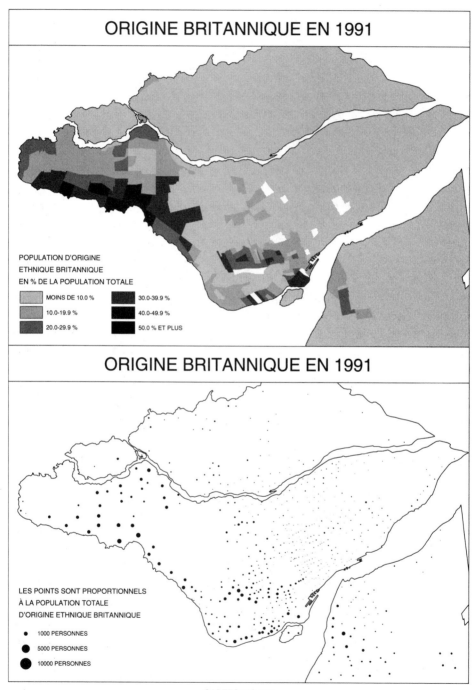

ORIGINE BRITANNIQUE EN 1991

POPULATION D'ORIGINE
ETHNIQUE BRITANNIQUE
EN % DE LA POPULATION TOTALE

MOINS DE 10.0 %

10.0-19.9 %

20.0-29.9 %

30.0-39.9 %

40.0-49.9 %

50.0 % ET PLUS

ORIGINE BRITANNIQUE EN 1991

LES POINTS SONT PROPORTIONNELS
À LA POPULATION TOTALE
D'ORIGINE ETHNIQUE BRITANNIQUE

● 1000 PERSONNES

● 5000 PERSONNES

● 10000 PERSONNES

CARTES 128-129

26. Des communautés ethniques en pleine expansion

L'immigration massive qui a suivi la Seconde Guerre mondiale a eu pour effet, bien entendu, d'accroître de manière spectaculaire la présence de la population d'origine autre que française ou britannique. Celle-ci passe de 189 000 membres en 1951, à 373 000 en 1961, puis à 521 000 en 1971, et cela malgré les départs très nombreux à destination d'autres provinces du Canada ou à destination des États-Unis. Puis les années soixante-dix connaissent un certain ralentissement de l'immigration en provenance d'Europe principalement, ce qui stabilise cette population à 529 000 en 1981. Mais au cours des années quatre-vingt, une nouvelle immigration prend le relais, portant la population d'origine autre que française ou britannique à 693 000 personnes. En quarante ans, cette population a donc plus que triplé, et en pourcentage elle est passée de 13 % à près du tiers de la population totale (voir annexe statistique, tableau 4).

Alors qu'en 1951 cette population d'origine autre que française ou britannique se retrouve principalement concentrée dans le «couloir ethnique» de part et d'autre du boulevard Saint-Laurent (carte 130), dans les années qui suivent elle va se disperser progressivement vers l'ouest, le nord et l'est de l'île de Montréal, pour déborder enfin vers l'île Jésus et la Rive-Sud dans les années quatre-vingt et quatre-vingt-dix.

Jusqu'en 1981, ces diverses communautés ont une répartition spatiale qui est la résultante de celles des trois principales communautés, italienne, juive et grecque, que l'on présentera dans les sections suivantes.

Aujourd'hui, tout en conservant les mêmes grandes lignes, ces diverses communautés occupent un espace en forme de croix qui s'étend de Dollard-des-Ormeaux à Rivière-des-Prairies, et de Chomedey à Brossard, et qui englobe pratiquement tout le centre de l'île de Montréal. Dans certains secteurs, cette population d'origine autre que française ou britannique peut représenter plus de 90 % de la population totale: c'est le cas notamment à Côte-Saint-Luc ou dans Parc-Extension.

Ces communautés sont très concentrées dans la région de Montréal, puisque nos cartes représentent, en 1991, 79 % de toute la population du Québec d'origine autre que française ou britannique, et 94 % de celle de la région métropolitaine de recensement de Montréal.

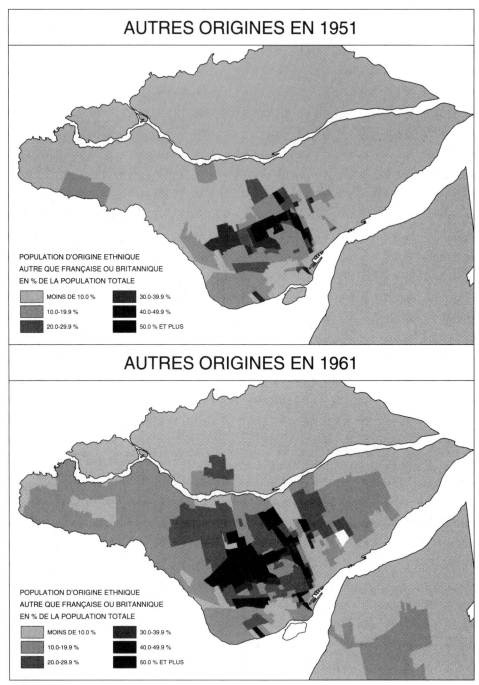

AUTRES ORIGINES EN 1951

POPULATION D'ORIGINE ETHNIQUE
AUTRE QUE FRANÇAISE OU BRITANNIQUE
EN % DE LA POPULATION TOTALE

MOINS DE 10.0 %   30.0-39.9 %
10.0-19.9 %   40.0-49.9 %
20.0-29.9 %   50.0 % ET PLUS

AUTRES ORIGINES EN 1961

POPULATION D'ORIGINE ETHNIQUE
AUTRE QUE FRANÇAISE OU BRITANNIQUE
EN % DE LA POPULATION TOTALE

MOINS DE 10.0 %   30.0-39.9 %
10.0-19.9 %   40.0-49.9 %
20.0-29.9 %   50.0 % ET PLUS

CARTES 130-131

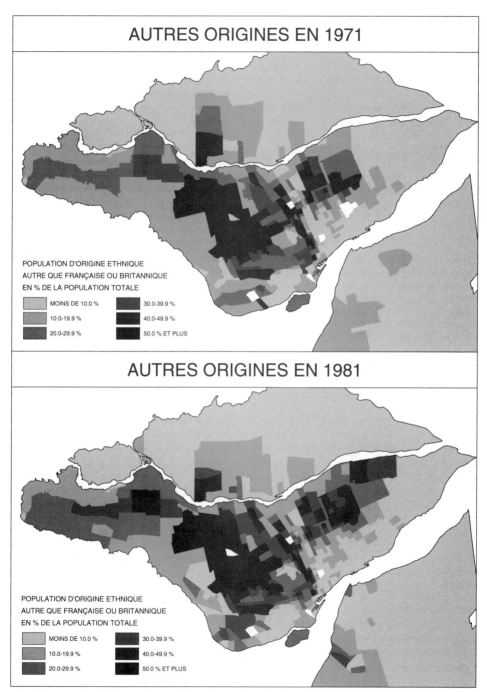

AUTRES ORIGINES EN 1971

POPULATION D'ORIGINE ETHNIQUE
AUTRE QUE FRANÇAISE OU BRITANNIQUE
EN % DE LA POPULATION TOTALE

- MOINS DE 10.0 %
- 10.0-19.9 %
- 20.0-29.9 %
- 30.0-39.9 %
- 40.0-49.9 %
- 50.0 % ET PLUS

AUTRES ORIGINES EN 1981

POPULATION D'ORIGINE ETHNIQUE
AUTRE QUE FRANÇAISE OU BRITANNIQUE
EN % DE LA POPULATION TOTALE

- MOINS DE 10.0 %
- 10.0-19.9 %
- 20.0-29.9 %
- 30.0-39.9 %
- 40.0-49.9 %
- 50.0 % ET PLUS

CARTES 132-133

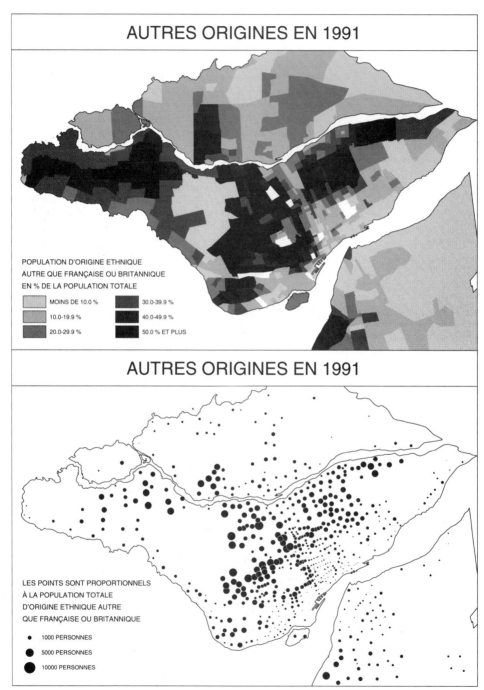

AUTRES ORIGINES EN 1991

POPULATION D'ORIGINE ETHNIQUE
AUTRE QUE FRANÇAISE OU BRITANNIQUE
EN % DE LA POPULATION TOTALE

MOINS DE 10.0 %

10.0-19.9 %

20.0-29.9 %

30.0-39.9 %

40.0-49.9 %

50.0 % ET PLUS

AUTRES ORIGINES EN 1991

LES POINTS SONT PROPORTIONNELS
À LA POPULATION TOTALE
D'ORIGINE ETHNIQUE AUTRE
QUE FRANÇAISE OU BRITANNIQUE

• 1000 PERSONNES

● 5000 PERSONNES

● 10000 PERSONNES

CARTES 134-135

27. La communauté italienne

La communauté d'origine italienne est la plus importante communauté du Québec après les communautés d'origine française et britannique; c'est aussi l'une des plus anciennes, puisque les premières vagues d'immigration italienne remontent au début du siècle. Forte de 30 000 personnes en 1951, la communauté italienne connaît une véritable explosion dans les années cinquante et soixante, pour atteindre 100 000 membres en 1961, et 150 000 depuis 1971.

Si, en 1951, la communauté italienne se concentre principalement dans ce que l'on a appelé «la petite Italie» (boulevard Saint-Laurent et rue Jean-Talon), on note quand même une présence italienne dans le sud-ouest de Montréal (carte 136), dans le quartier de Ville-Émard et au sud de Notre-Dame-de-Grâce (Upper Lachine Road). À partir de ces deux noyaux, la communauté italienne va s'étendre vers le nord-est et vers le sud-ouest.

Vers le sud-ouest, elle s'étendra vers Lasalle principalement, mais aussi Lachine et Notre-Dame-de-Grâce (carte 139). Mais la masse principale de la communauté italienne se retrouvera vers le nord et l'est de l'île de Montréal.

Vers le nord, ce mouvement se fera en direction du quartier Ahuntsic dès le début des années soixante (carte 137), et vers l'est il empruntera la rue Jean-Talon dans les années cinquante, mais débordera rapidement en direction de Saint-Michel d'abord (carte 137), puis Saint-Léonard et Montréal-Nord (carte 138), pour finalement, dans les années quatre-vingt, atteindre le quartier de Rivière-des-Prairies, dans lequel on trouve aujourd'hui une des plus fortes composantes de la communauté italienne (carte 148).

Pas moins de 16 000 Québécois d'origine italienne vivent à Rivière-des-Prairies en 1991, soit bien plus qu'à Lasalle (8000) ou bien qu'à Montréal-Nord (12 000). Évidemment, la plus grosse concentration italienne se retrouve encore à Saint-Léonard (29 000). En 1991, dans les secteurs dans lesquels la présence italienne est la plus forte, les personnes d'origine italienne représentent un peu plus du tiers de la population (c'est le cas notamment à Saint-Léonard et à Rivière-des-Prairies).

Comme toutes les communautés immigrantes, la communauté italienne est fortement concentrée dans la région de Montréal: en 1991, nos cartes représentent 90 % des Italiens du Québec, et 95 % des Italiens de la région métropolitaine de recensement de Montréal (voir section 30, carte 148).

120

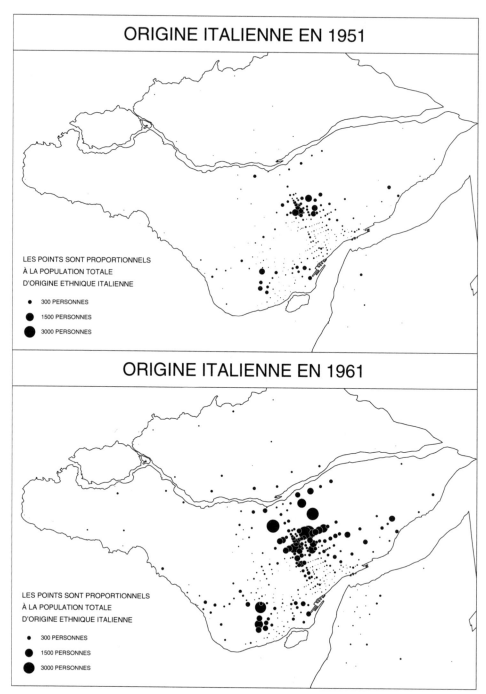

ORIGINE ITALIENNE EN 1951

LES POINTS SONT PROPORTIONNELS
À LA POPULATION TOTALE
D'ORIGINE ETHNIQUE ITALIENNE

• 300 PERSONNES

● 1500 PERSONNES

● 3000 PERSONNES

ORIGINE ITALIENNE EN 1961

LES POINTS SONT PROPORTIONNELS
À LA POPULATION TOTALE
D'ORIGINE ETHNIQUE ITALIENNE

• 300 PERSONNES

● 1500 PERSONNES

● 3000 PERSONNES

CARTES 136-137

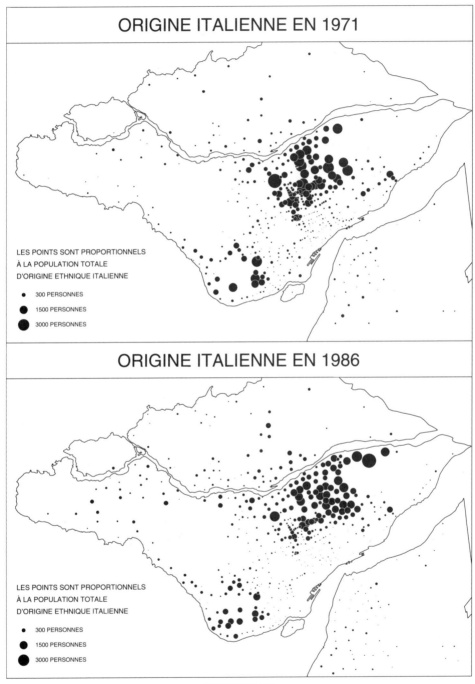

ORIGINE ITALIENNE EN 1971

LES POINTS SONT PROPORTIONNELS
À LA POPULATION TOTALE
D'ORIGINE ETHNIQUE ITALIENNE

- 300 PERSONNES
- 1500 PERSONNES
- 3000 PERSONNES

ORIGINE ITALIENNE EN 1986

LES POINTS SONT PROPORTIONNELS
À LA POPULATION TOTALE
D'ORIGINE ETHNIQUE ITALIENNE

- 300 PERSONNES
- 1500 PERSONNES
- 3000 PERSONNES

CARTES 138-139

28. La communauté juive

Seconde communauté en importance après la communauté italienne, la communauté juive est aussi une des plus anciennes communautés immigrantes du Québec: c'est en tout cas la plus ancienne en implantation massive. Dès le lendemain de la Première Guerre mondiale, le recensement de 1921 dénombre 45 000 Juifs à Montréal: ils seront 64 000 en 1941, 81 000 en 1951, 103 000 en 1961 et la communauté juive atteindra un sommet en 1971, avec 109 000 membres. Depuis les années soixante-dix, elle connaît un léger fléchissement: 100 000 membres en 1981 et 95 000 en 1991.

Ces chiffres concernent les personnes de religion juive, car la catégorie «juif» dans les origines ethniques n'a pas été retenue dans tous les recensements de la population. Mais cela ne pose pas de problèmes particuliers, les Juifs du Québec se reconnaissant davantage comme un groupe religieux que comme un groupe ethnique: du point de vue de l'origine ethnique, le recensement de 1991 a dénombré 76 000 Juifs dans la région représentée (carte 149).

Alors qu'avant 1951 la communauté juive se concentre presque exclusivement dans le «couloir ethnique» autour du boulevard Saint-Laurent, elle connaîtra dans l'après-guerre un mouvement qui l'amènera vers l'ouest de l'île de Montréal. Dans un premier temps, la communauté s'étendra vers Outremont et Côte-des-Neiges (carte 140), mais rapidement elle débordera dans les nouvelles municipalités de Ville Mont-Royal, Hampstead et Côte-Saint-Luc (carte 141), pour finalement, dans les années soixante (carte 142), s'étendre vers le nord (Ville Saint-Laurent, puis le quartier Chomedey à Laval), et vers le nord-ouest dans les années soixante-dix (carte 143) vers Dollard-des-Ormeaux. En 1991, dans les secteurs dans lesquels la présence juive est la plus forte, les personnes d'origine juive représentent un peu plus de 40 % de la population (c'est le cas notamment à Côte-Saint-Luc et Hampstead).

La communauté juive est encore plus concentrée à Montréal que la communauté italienne: nos cartes représentent en 1991 près de 98 % des Juifs du Québec, et près de 99 % de ceux de la région métropolitaine de recensement de Montréal (voir section 30, carte 149).

124

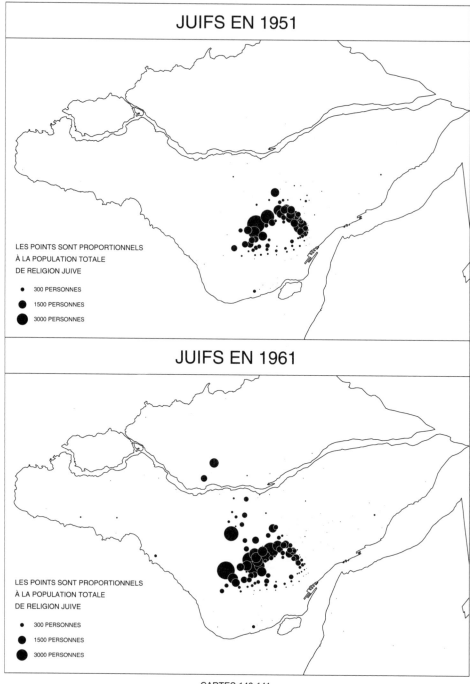

JUIFS EN 1951

LES POINTS SONT PROPORTIONNELS
À LA POPULATION TOTALE
DE RELIGION JUIVE

- 300 PERSONNES
- 1500 PERSONNES
- 3000 PERSONNES

JUIFS EN 1961

LES POINTS SONT PROPORTIONNELS
À LA POPULATION TOTALE
DE RELIGION JUIVE

- 300 PERSONNES
- 1500 PERSONNES
- 3000 PERSONNES

CARTES 140-141

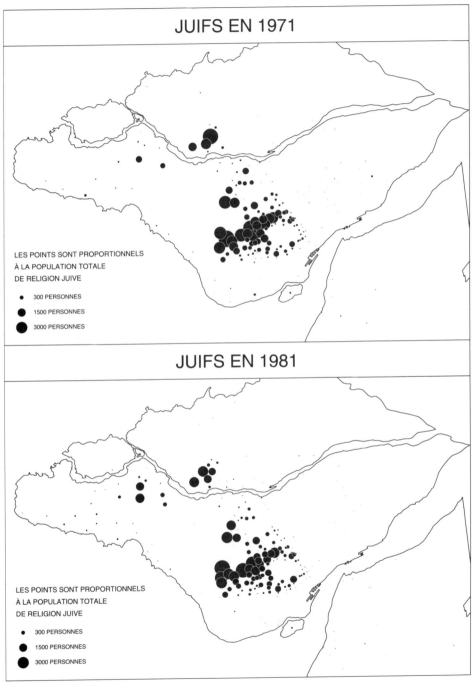

JUIFS EN 1971

LES POINTS SONT PROPORTIONNELS
À LA POPULATION TOTALE
DE RELIGION JUIVE

- 300 PERSONNES
- 1500 PERSONNES
- 3000 PERSONNES

JUIFS EN 1981

LES POINTS SONT PROPORTIONNELS
À LA POPULATION TOTALE
DE RELIGION JUIVE

- 300 PERSONNES
- 1500 PERSONNES
- 3000 PERSONNES

CARTES 142-143

29. La communauté grecque

Troisième communauté en importance après les communautés italienne et juive, la communauté grecque est aussi la plus récente. Comme les recensements de la population ne fournissent pas toujours de données sur la catégorie «origine ethnique grecque», nous utilisons la religion grecque orthodoxe pour repérer la communauté grecque. En 1951, les Grecs orthodoxes ne sont que 11 000 à Montréal: ils passent à 30 000 en 1961, à 57 000 en 1971 et à 69 000 en 1981. Au recensement de 1991, on dénombre 83 000 personnes de religion orthodoxe orientale, mais seulement 47 000 personnes d'origine ethnique grecque à Montréal (carte 150).

Alors qu'en 1951 la communauté grecque n'a pas de distribution territoriale très marquée à cause de sa petite taille (carte 144), dès 1961 elle se concentre dans le «couloir ethnique» qui a vu successivement passer les communautés italienne et juive dans les années quarante et cinquante: ce couloir a pour axes le boulevard Saint-Laurent et l'avenue du Parc. Dans le cas de la communauté grecque, sa zone d'extension se prolonge jusqu'au Mile-End au début des années soixante (carte 145), mais déborde rapidement vers Parc-Extension (carte 146), puis dans le prolongement de cette dorsale, vers Ville Saint-Laurent et le quartier Chomedey à Laval (carte 147) dans les années soixante-dix. En 1991, dans les secteurs dans lesquels la présence grecque est la plus forte, les personnes d'origine grecque représentent un peu plus de 20 % de la population (c'est le cas notamment dans Parc-Extension et dans Chomedey).

Alors que la communauté italienne s'est étendue principalement vers l'est et le nord-est de l'île de Montréal, et que la communauté juive l'a fait vers l'ouest et le nord-ouest, la communauté grecque continue d'occuper une position centrale qui traverse l'île pratiquement du sud au nord, avec prolongements à Laval et à Brossard.

Comme les communautés italienne et juive, la communauté grecque est très concentrée dans la région de Montréal, puisque nos cartes représentent, en 1991, 95 % des Grecs du Québec, et 98 % de ceux de la région métropolitaine de recensement de Montréal (voir section 30, carte 150).

128

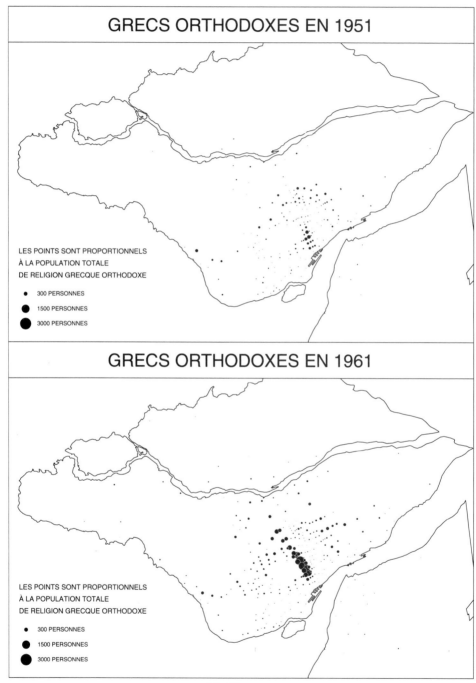

GRECS ORTHODOXES EN 1951

LES POINTS SONT PROPORTIONNELS
À LA POPULATION TOTALE
DE RELIGION GRECQUE ORTHODOXE

● 300 PERSONNES

● 1500 PERSONNES

● 3000 PERSONNES

GRECS ORTHODOXES EN 1961

LES POINTS SONT PROPORTIONNELS
À LA POPULATION TOTALE
DE RELIGION GRECQUE ORTHODOXE

● 300 PERSONNES

● 1500 PERSONNES

● 3000 PERSONNES

CARTES 144-145

129

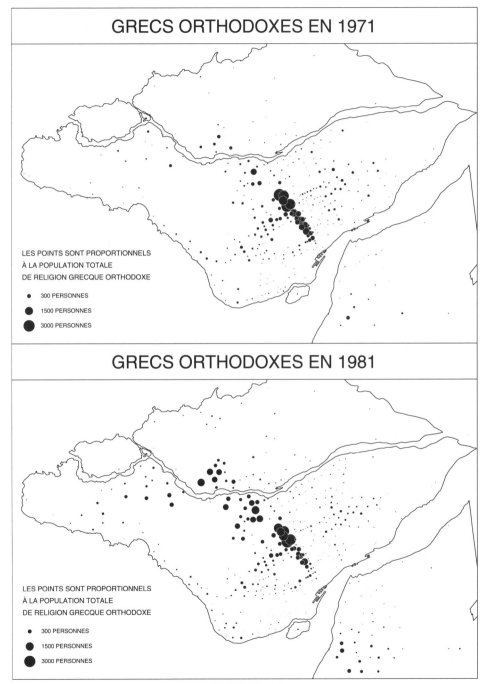

CARTES 146-147

30. Les dix principales communautés en 1991

La série de cartes qui suit représente les dix principales communautés ethniques de Montréal en 1991. Ces dix communautés représentent plus de 450 000 personnes, soit près des deux tiers du total des Québécois d'origine ethnique autre que française ou britannique; les trois premières, c'est-à-dire les communautés italienne, juive et grecque, représentent à elles seules près de 40 % du total.

On retrouve ainsi dans l'ordre: les Italiens (157 000), les Juifs (76 000), les Grecs (47 000), les Noirs (37 000), les Chinois (33 000), les Portugais (29 000), les Libanais (27 000), les Polonais (19 000), les Vietnamiens (17 000) et les Espagnols (17 000). Tous ces effectifs représentent respectivement une fraction très importante de l'effectif total de chaque communauté: nos cartes représentent 90 % des Italiens du Québec, 97 % des Juifs, 95 % des Grecs, 90 % des Noirs, 90 % des Chinois, 79 % des Portugais, 87 % des Libanais, 79 % des Polonais, 87 % des Vietnamiens et 87 % des Espagnols.

Nous ne reviendrons pas sur les distributions dans l'espace des communautés italienne, juive et grecque qui ont été présentées dans les sections précédentes.

Chaque communauté a une répartition spatiale qui lui est propre. Ainsi, les Noirs se répartissent suivant une ligne sud-ouest/nord-est: une analyse plus fine révélerait que vers le sud-ouest (Notre-Dame-de-Grâce et Côte-des-Neiges) on retrouve davantage de Jamaïcains, alors que vers le nord-est (Saint-Michel et Montréal-Nord) on retrouve davantage de Haïtiens. Les Chinois sont concentrés dans Ville Saint-Laurent et à Brossard où se retrouve le plus gros noyau de cette commmunauté. Les Portugais se concentrent encore dans le «couloir ethnique» autour du boulevard Saint-Laurent. La principale concentration de Libanais se retrouve dans Ville Saint-Laurent, tandis que les Polonais, qui sont une vieille communauté, sont très dispersés, ayant néanmoins une certaine concentration dans le quartier Rosemont où se retrouvait le gros de la communauté dans les années cinquante. Les Vietnamiens se retrouvent concentrés dans Côte-des-Neiges, et plus faiblement à Brossard, tandis que les personnes d'origine espagnole (qui sont principalement des Latino-Américains), sont très dispersées, avec néanmoins une légère concentration sur le Plateau Mont-Royal.

132

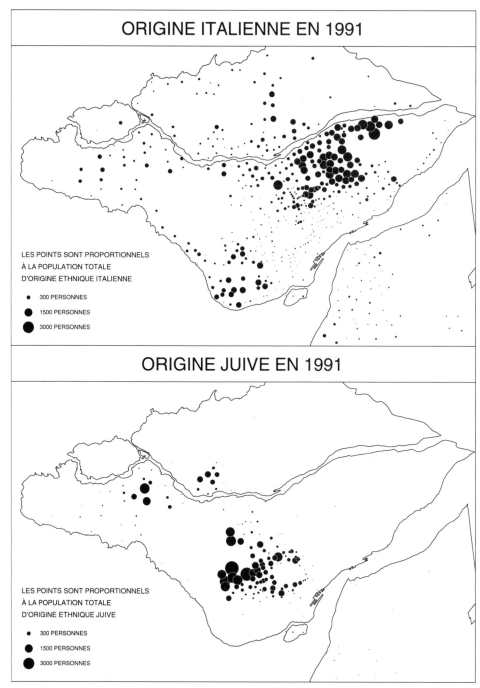

ORIGINE ITALIENNE EN 1991

LES POINTS SONT PROPORTIONNELS
À LA POPULATION TOTALE
D'ORIGINE ETHNIQUE ITALIENNE

- 300 PERSONNES
- 1500 PERSONNES
- 3000 PERSONNES

ORIGINE JUIVE EN 1991

LES POINTS SONT PROPORTIONNELS
À LA POPULATION TOTALE
D'ORIGINE ETHNIQUE JUIVE

- 300 PERSONNES
- 1500 PERSONNES
- 3000 PERSONNES

CARTES 148-149

31. Des immigrants provenant de tous les continents

Les cartes de cette section (cartes 158 à 161) permettent d'apprécier la répartition de la population immigrante, c'est-à-dire née à l'extérieur du Canada: elle se chiffre en 1991 à environ un demi-million de personnes, soit 84 % de la population immigrante de l'ensemble du Québec, et 95 % de la population immigrante de la région métropolitaine de recensement de Montréal.

Malgré les changements d'origine des immigrants depuis quelques années, la majorité de la population immigrante (47 %) est d'origine européenne (carte 158): cette population représente 233 000 personnes, et sa distribution dans l'espace montréalais est la somme des distributions des quatre principales communautés d'origine européenne: Italiens, Juifs, Grecs et Portugais.

Le second groupe d'importance après les Européens est celui des immigrants en provenance d'Asie (119 000 personnes, soit 24 % du total des immigrants). On reconnaît dans la répartition de la population née en Asie, celle des deux principaux groupes d'Extrême-Orient (Chinois et Vietnamiens), mais on y retrouve aussi des immigrants venant du Moyen-Orient (principalement Libanais) ou du sous-continent indo-pakistanais.

La population née dans les Amériques (excluant le Canada), qui se chiffre à 99 000 personnes, c'est-à-dire 20 % du total des immigrants, a une répartition qui n'est pas sans rappeler celle de la population d'origine noire (carte 151): en effet, 53 % de la population née dans les Amériques provient des Caraïbes (Haïtiens, Jamaïcains, etc.).

Quant à la population née en Afrique (40 000 personnes), qui représente 8 % du total des immigrants, elle est aussi d'origines diverses: si l'on y retrouve bien entendu des immigrants nord-africains, et des immigrants d'Afrique noire, leur répartition spatiale montre qu'il s'agit pour une bonne part d'immigrants juifs sépharades nés dans le Maghreb (Maroc, Algérie et Tunisie) ou en Égypte.

138

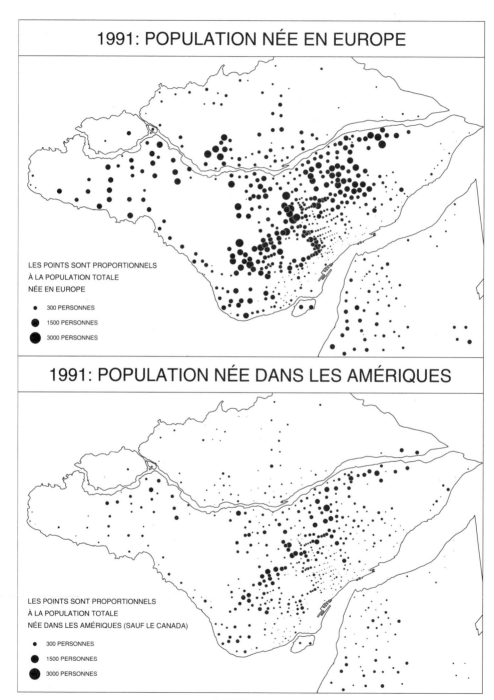

1991: POPULATION NÉE EN EUROPE

LES POINTS SONT PROPORTIONNELS
À LA POPULATION TOTALE
NÉE EN EUROPE

- 300 PERSONNES
- 1500 PERSONNES
- 3000 PERSONNES

1991: POPULATION NÉE DANS LES AMÉRIQUES

LES POINTS SONT PROPORTIONNELS
À LA POPULATION TOTALE
NÉE DANS LES AMÉRIQUES (SAUF LE CANADA)

- 300 PERSONNES
- 1500 PERSONNES
- 3000 PERSONNES

CARTES 158-159

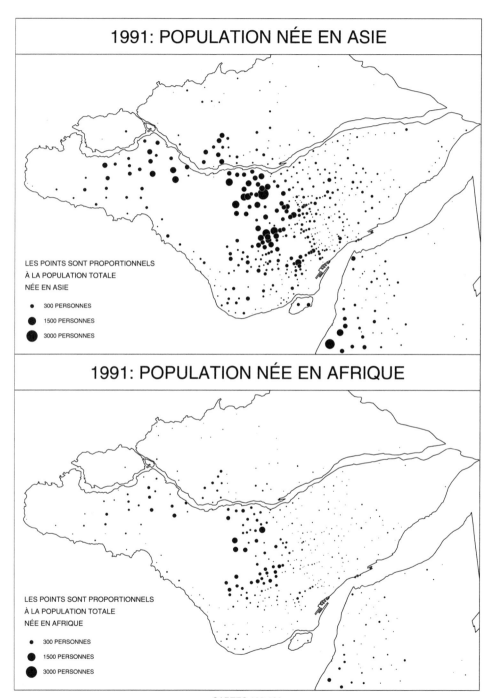

1991: POPULATION NÉE EN ASIE

LES POINTS SONT PROPORTIONNELS
À LA POPULATION TOTALE
NÉE EN ASIE

- 300 PERSONNES
- 1500 PERSONNES
- 3000 PERSONNES

1991: POPULATION NÉE EN AFRIQUE

LES POINTS SONT PROPORTIONNELS
À LA POPULATION TOTALE
NÉE EN AFRIQUE

- 300 PERSONNES
- 1500 PERSONNES
- 3000 PERSONNES

CARTES 160-161

IV

L'espace linguistique

32. Une majorité francophone implantée à l'est

Plus que l'origine ethnique — qui est un concept assez flou puisqu'il fait référence aux origines ancestrales (paternelle et maternelle) qui sont un mélange assez confus de races, de religions, de nationalités, de langues et de cultures — la langue utilisée par un individu, et en particulier sa langue maternelle, est un indicateur plus clair de l'appartenance socioculturelle à un groupe. La langue maternelle est définie par Statistique Canada comme étant la première langue apprise et encore comprise: c'est donc la langue de socialisation de l'individu, et celle par laquelle celui-ci construit ses catégories cognitives.

Au Québec, le français est la langue maternelle de la très grande majorité de la population, les francophones représentant environ 80 % de la population, proportion qui est à peu près stable depuis plus d'un siècle. Dans la région de Montréal, la proportion de francophones a, de tout temps, été moins importante (nos cartes ne représentent que 27 % des francophones de l'ensemble du Québec), puisque c'est ici que se concentre une bonne partie de la population anglophone et la presque totalité de la population immigrante: la proportion de francophones se maintient depuis 1951 à un peu moins des deux tiers (voir annexe statistique, tableau 5). La distribution de cette population est assez stable, et elle se concentre dans la partie est de l'île de Montréal, la frontière linguistique étant traditionnellement fixée au boulevard Saint-Laurent, et ses prolongements sur l'île Jésus et vers la Rive-Sud. Mais cette ligne de démarcation linguistique, qui était celle du Montréal du siècle dernier, est aujourd'hui bien plus complexe.

D'une part, on note vers l'ouest d'importantes exceptions, et des zones très francophones (Saint-Henri, Saint-Pierre, Lachine, Sainte-Geneviève), alors que dans les banlieues nord et sud, la zone majoritairement francophone englobe toute l'île Jésus à l'exception du quartier Chomedey, et toute la Rive-Sud à l'exception de Greenfield Park. D'autre part, on note vers le nord-est la présence d'importants secteurs allophones (Saint-Michel, Saint-Léonard, Montréal-Nord, Rivière-des-Prairies), qui s'étendent continûment depuis quarante ans.

Par ailleurs, la proportion de francophones a légèrement augmenté, depuis vingt ans, dans l'ouest de l'île de Montréal, dans des quartiers traditionnellement anglophones, et elle a légèrement diminué dans les quartiers traditionnellement francophones, notamment dans le Centre-Sud.

144

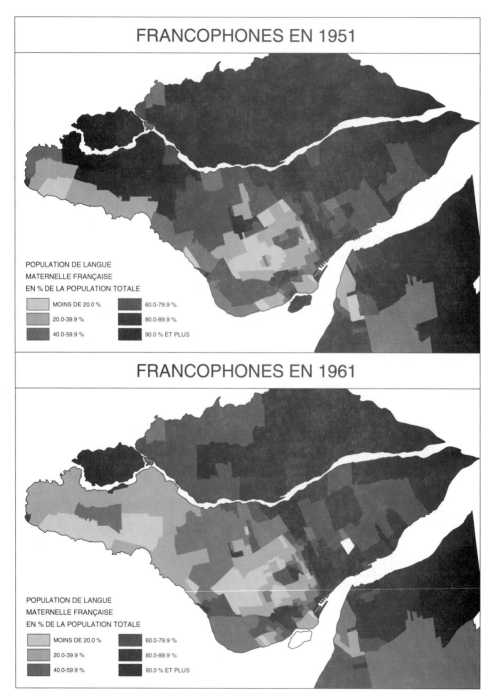

FRANCOPHONES EN 1951

POPULATION DE LANGUE
MATERNELLE FRANÇAISE
EN % DE LA POPULATION TOTALE

MOINS DE 20.0 %   60.0-79.9 %
20.0-39.9 %   80.0-89.9 %
40.0-59.9 %   90.0 % ET PLUS

FRANCOPHONES EN 1961

POPULATION DE LANGUE
MATERNELLE FRANÇAISE
EN % DE LA POPULATION TOTALE

MOINS DE 20.0 %   60.0-79.9 %
20.0-39.9 %   80.0-89.9 %
40.0-59.9 %   90.0 % ET PLUS

CARTES 162-163

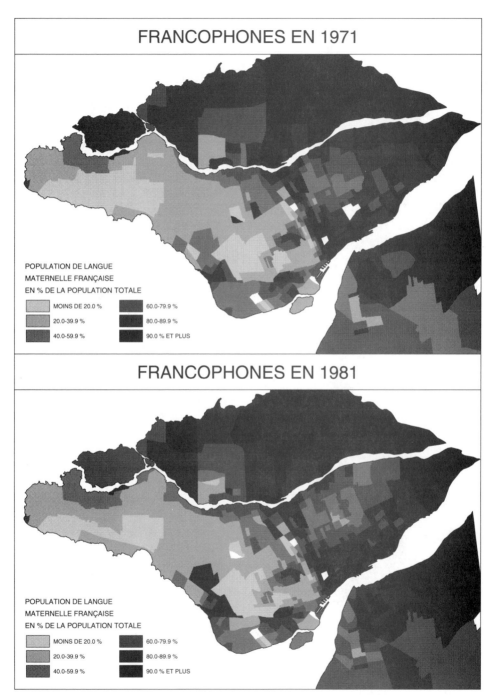

CARTES 164-165

146

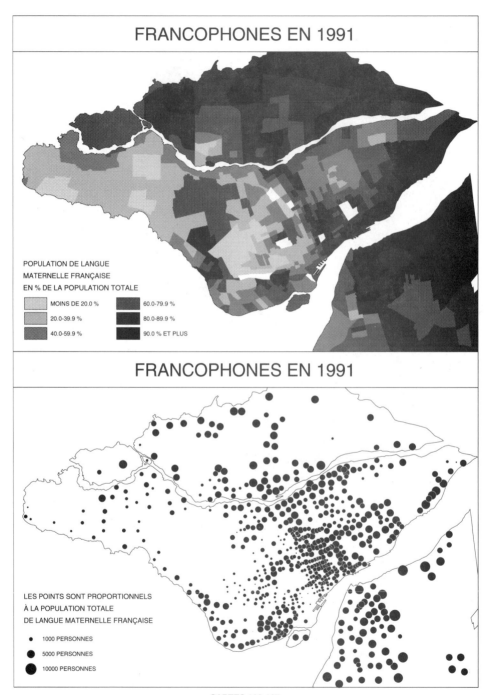

FRANCOPHONES EN 1991

POPULATION DE LANGUE
MATERNELLE FRANÇAISE
EN % DE LA POPULATION TOTALE

MOINS DE 20.0 %
20.0-39.9 %
40.0-59.9 %
60.0-79.9 %
80.0-89.9 %
90.0 % ET PLUS

FRANCOPHONES EN 1991

LES POINTS SONT PROPORTIONNELS
À LA POPULATION TOTALE
DE LANGUE MATERNELLE FRANÇAISE

• 1000 PERSONNES
● 5000 PERSONNES
● 10000 PERSONNES

CARTES 166-167

33. Une minorité anglophone en lent recul

Les anglophones de la région de Montréal, qui ont déjà été majoritaires au milieu du siècle dernier, ont vu leur part relative dans la population totale décroître régulièrement, même si leur nombre absolu a atteint son maximum en 1971 (avec 540 000 personnes). Cette baisse séculaire de la présence anglaise au Québec est pour une bonne part due à une plus forte mobilité géographique, favorisée notamment par la maîtrise de la langue anglaise, largement dominante dans tout le continent nord-américain. La bassin de population rurale anglo-saxonne a toujours été trop étroit pour soutenir, par l'exode rural, la population montréalaise de langue maternelle anglaise. La part de cette population est ainsi passée de 26 % en 1951 à 17 % environ en 1991, perdant en moyenne 2 % par décennie (voir annexe statistique, tableau 5). Malgré cette baisse de leur nombre, les anglophones de Montréal représentent, en 1991, les deux tiers environ des anglophones du Québec.

L'intégration linguistique en faveur de l'anglais de l'immense majorité des immigrants, a tout juste compensé pour les pertes subies, pertes qui se sont amplifiées dans les années soixante-dix et quatre-vingt. Si en 1951 les personnes d'origine britannique représentent plus de 80 % des anglophones, en 1991 elles n'en représentent plus que le tiers.

La minorité anglophone de Montréal se trouve concentrée dans la partie ouest de l'île de Montréal: dans le courant des années cinquante et soixante, elle s'est étendue vers l'extrême ouest de l'île par la création de banlieues éloignées, mais depuis vingt ans la présence anglophone dans cette région stagne et même baisse légèrement.

Le résultat aujourd'hui est que les anglophones ne sont majoritaires (rarement plus que les deux tiers de la population totale) que dans les quartiers du flanc ouest du Mont-Royal (Westmount, Notre-Dame-de-Grâce, Hampstead, Côte-Saint-Luc et Montréal-Ouest) et dans les banlieues du Lakeshore (Dorval, Pointe-Claire, Beaconsfield, Kirkland, Baie-d'Urfé, Senneville), à quoi il faut ajouter le quartier de Pointe-Saint-Charles, noyau historique de la communauté irlandaise de Montréal.

Dans l'île Jésus (Chomedey) et sur la Rive-Sud (Saint-Lambert, Greenfield Park), dans les quartiers jadis majoritairement anglophones, la proportion d'anglophones est passée sous les 50 %. De plus, la présence anglophone, qui était déjà faible dans la partie est de Montréal, de Laval ou de la Rive-Sud, ne cesse de diminuer, et se situe maintenant presque partout à moins de 10 %, et généralement sous les 5 %.

148

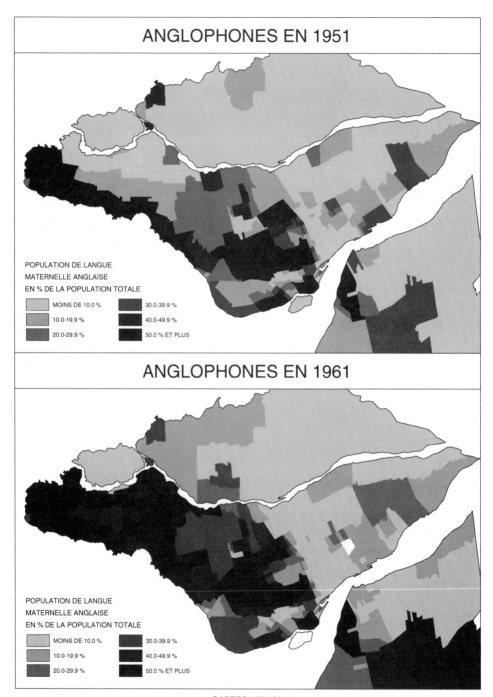

ANGLOPHONES EN 1951

POPULATION DE LANGUE
MATERNELLE ANGLAISE
EN % DE LA POPULATION TOTALE

MOINS DE 10.0 %   30.0-39.9 %

10.0-19.9 %   40.0-49.9 %

20.0-29.9 %   50.0 % ET PLUS

ANGLOPHONES EN 1961

POPULATION DE LANGUE
MATERNELLE ANGLAISE
EN % DE LA POPULATION TOTALE

MOINS DE 10.0 %   30.0-39.9 %

10.0-19.9 %   40.0-49.9 %

20.0-29.9 %   50.0 % ET PLUS

CARTES 168-169

149

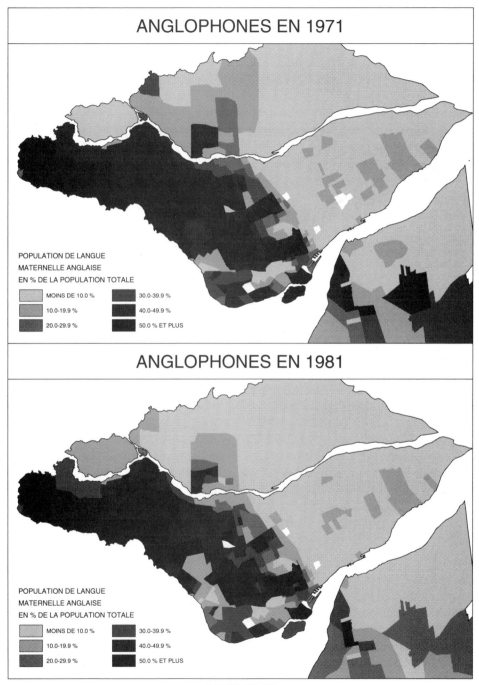

CARTES 170-171

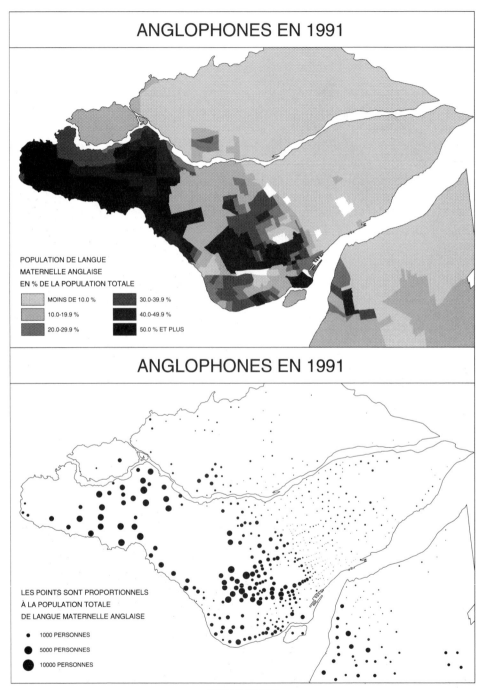

ANGLOPHONES EN 1991

POPULATION DE LANGUE
MATERNELLE ANGLAISE
EN % DE LA POPULATION TOTALE

MOINS DE 10.0 %   30.0-39.9 %
10.0-19.9 %   40.0-49.9 %
20.0-29.9 %   50.0 % ET PLUS

ANGLOPHONES EN 1991

LES POINTS SONT PROPORTIONNELS
À LA POPULATION TOTALE
DE LANGUE MATERNELLE ANGLAISE

• 1000 PERSONNES
● 5000 PERSONNES
● 10000 PERSONNES

CARTES 172-173

34. Une population allophone en croissance continue

L'intégration linguistique des immigrants est très lente lorsqu'on la mesure par la langue maternelle qui, par définition, est une caractéristique pratiquement invariable des individus: ce sont leurs enfants et leurs descendants qui finissent par adopter la langue du pays d'accueil au point de perdre leur langue d'origine et d'avoir une nouvelle langue maternelle. C'est seulement dans les vieilles communautés immigrantes que le phénomène est bien visible, et à Montréal cela se voit notamment parmi les Juifs, qui déclarent très majoritairement l'anglais comme langue maternelle, d'autant qu'il n'existait pas à l'origine de langue maternelle commune à tous les immigrants Juifs.

Le taux élevé de conservation des langues maternelles parmi la population immigrante à Montréal s'explique aussi par la croissance relativement récente de cette population: les allophones (langue maternelle autre que le français ou l'anglais) étaient 122 000 en 1951, mais leur nombre est passé à 245 000 en 1961, à 319 000 en 1971, à 355 000 en 1981 et enfin à 441 000 en 1991, c'est-à-dire que leur nombre a été multiplié par presque quatre. En pourcentage, les allophones sont passés de 9 % de la population de la région de Montréal en 1951 à 19 % en 1991 (voir annexe statistique, tableau 5). Les allophones de Montréal représentent 85 % de tous les allophones du Québec en 1991, et 97 % de ceux de la région métropolitaine de recensement de Montréal.

Jusqu'en 1961, leur répartition spatiale épouse les contours du «couloir ethnique» dont l'épine dorsale est le boulevard Saint-Laurent (cartes 174 et 175) et qui se prolonge vers le nord à travers le Mile-End et Parc-Extension, dans lequel on constate encore aujourd'hui que la population allophone représente les trois quarts de la population totale. Mais dès le début des années soixante-dix apparaît une forme en croix de part et d'autre de ce couloir, à l'ouest vers Côte-des-Neiges et à l'est vers Saint-Michel et Saint-Léonard (communauté italienne surtout).

Cette structure en croix s'est étendue depuis vingt ans, sans perdre sa forme initiale: en fait, elle englobe les principales communautés ethniques de Montréal, hormis les Juifs qui sont très majoritairement de langue maternelle anglaise: ce sont dans l'ordre les Italiens, les Grecs, les Haïtiens, les Chinois, les Portugais, les Libanais, etc.

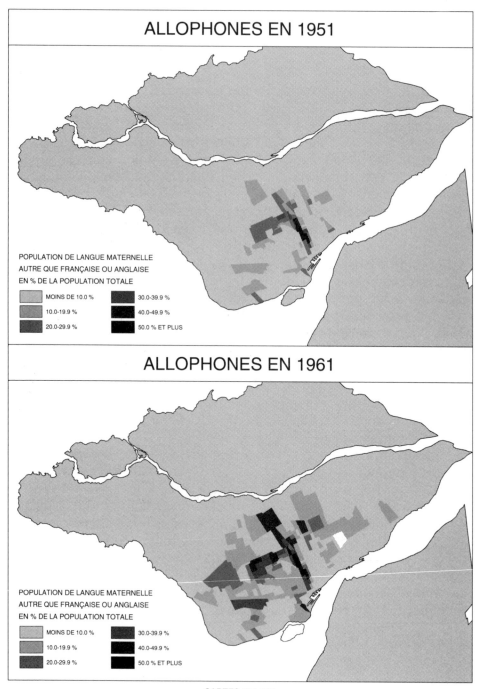

CARTES 174-175

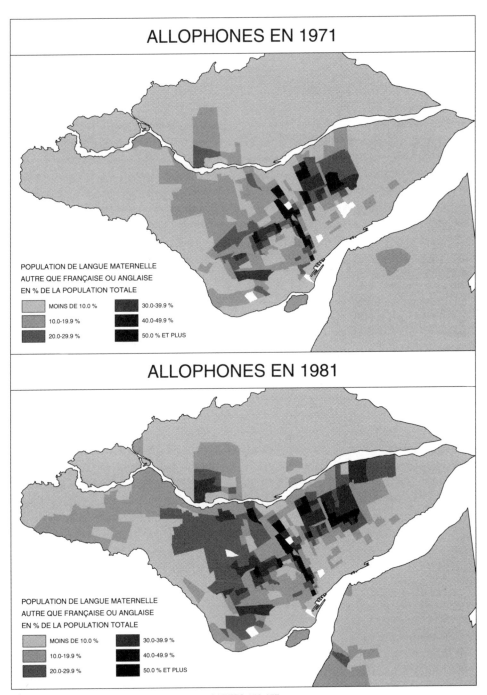

CARTES 176-177

154

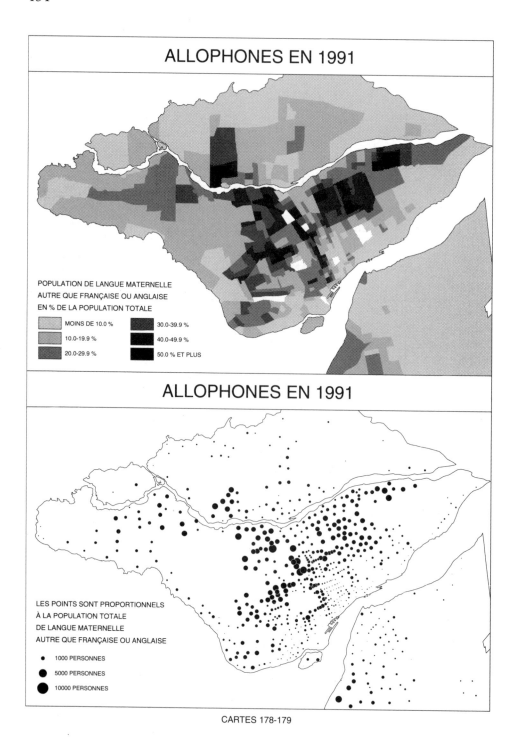

ALLOPHONES EN 1991

POPULATION DE LANGUE MATERNELLE
AUTRE QUE FRANÇAISE OU ANGLAISE
EN % DE LA POPULATION TOTALE

MOINS DE 10.0 %   30.0-39.9 %

10.0-19.9 %   40.0-49.9 %

20.0-29.9 %   50.0 % ET PLUS

ALLOPHONES EN 1991

LES POINTS SONT PROPORTIONNELS
À LA POPULATION TOTALE
DE LANGUE MATERNELLE
AUTRE QUE FRANÇAISE OU ANGLAISE

• 1000 PERSONNES

● 5000 PERSONNES

● 10000 PERSONNES

CARTES 178-179

35. L'usage privé des langues

Alors que par définition la langue maternelle est une caractéristique pratiquement stable de l'individu, sa langue d'usage peut varier rapidement dans le temps selon les pressions intégratrices du milieu social. Il s'agit ici de la langue d'usage privé et domestique, c'est-à-dire de la langue la plus souvent parlée à la maison (à la différence de la langue d'usage public, c'est-à-dire par exemple de la langue de communication de tous les jours ou de la langue de travail, que malheureusement le recensement ne mesure pas). La langue d'usage n'est, quant à elle, mesurée que depuis le recensement de 1971, à la suite des recommandations de la Commission royale d'enquête sur le bilinguisme et le biculturalisme (commission Laurendeau-Dunton).

L'usage du français à la maison semble se limiter pratiquement à la population de langue maternelle française (cartes 180 à 183): la répartition de la population utilisant le français à la maison épouse presque parfaitement la répartition de la population de langue maternelle française (cartes 164 à 166).

Il n'en est pas de même pour l'anglais: en 1971, il y avait 83 000 personnes de plus qui parlaient l'anglais à la maison que de personnes de langue maternelle anglaise, et elles étaient 86 000 en 1981 et 111 000 en 1991. Inversement, en 1971, les personnes qui parlent une autre langue que le français ou l'anglais à la maison ne représentent que 74 % des personnes de langue maternelle autre que le français ou l'anglais: elles ne sont plus que 72 % en 1981, et 71 % en 1991.

C'est pourquoi, même si la répartition de la population qui parle une autre langue que le français ou l'anglais à la maison (cartes 188 à 190) ressemble à celle de la population allophone (cartes 176 à 178), elle en apparaît comme une image délavée. Alors que la répartition de la population qui utile l'anglais à la maison (cartes 184 à 186) apparaît comme une image plus contrastée de la population de langue maternelle anglaise (cartes 170 à 172).

Même si, dans l'ensemble, la région de Montréal se caractérise par une forte survivance des langues autres que le français ou l'anglais (comme on le verra dans la section suivante), la comparaison des répartitions de la langue d'usage et de la langue maternelle révèle le plus grand pouvoir d'attraction de l'anglais sur le français: elle montre aussi que cet avantage semble s'accroître depuis vingt ans.

156

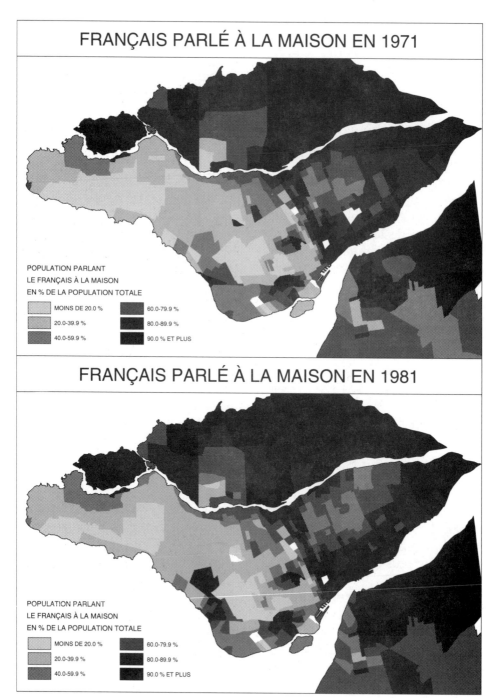

FRANÇAIS PARLÉ À LA MAISON EN 1971

POPULATION PARLANT
LE FRANÇAIS À LA MAISON
EN % DE LA POPULATION TOTALE

MOINS DE 20.0 %   60.0-79.9 %
20.0-39.9 %   80.0-89.9 %
40.0-59.9 %   90.0 % ET PLUS

FRANÇAIS PARLÉ À LA MAISON EN 1981

POPULATION PARLANT
LE FRANÇAIS À LA MAISON
EN % DE LA POPULATION TOTALE

MOINS DE 20.0 %   60.0-79.9 %
20.0-39.9 %   80.0-89.9 %
40.0-59.9 %   90.0 % ET PLUS

CARTES 180-181

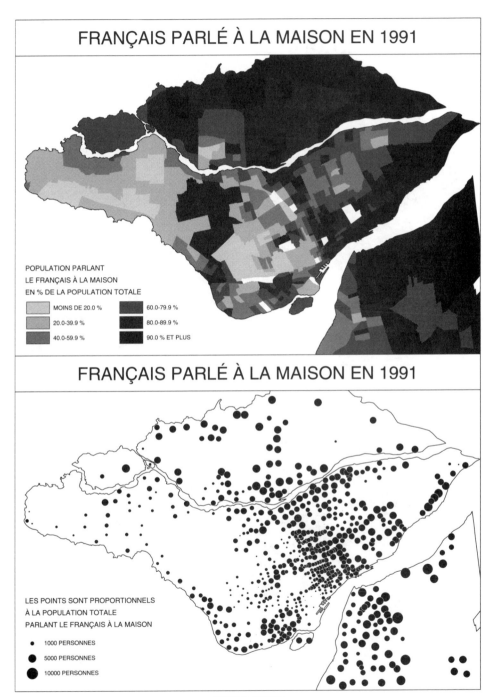

FRANÇAIS PARLÉ À LA MAISON EN 1991

POPULATION PARLANT
LE FRANÇAIS À LA MAISON
EN % DE LA POPULATION TOTALE

- MOINS DE 20.0 %
- 20.0-39.9 %
- 40.0-59.9 %
- 60.0-79.9 %
- 80.0-89.9 %
- 90.0 % ET PLUS

FRANÇAIS PARLÉ À LA MAISON EN 1991

LES POINTS SONT PROPORTIONNELS
À LA POPULATION TOTALE
PARLANT LE FRANÇAIS À LA MAISON

- 1000 PERSONNES
- 5000 PERSONNES
- 10000 PERSONNES

CARTES 182-183

158

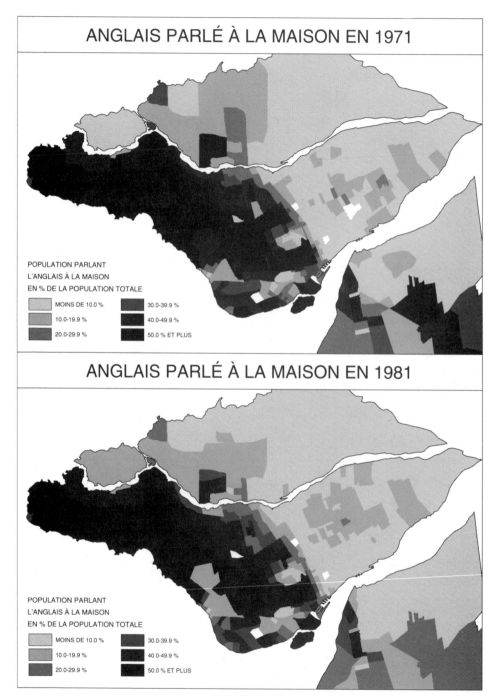

ANGLAIS PARLÉ À LA MAISON EN 1971

POPULATION PARLANT
L'ANGLAIS À LA MAISON
EN % DE LA POPULATION TOTALE

MOINS DE 10.0 %　　30.0-39.9 %

10.0-19.9 %　　40.0-49.9 %

20.0-29.9 %　　50.0 % ET PLUS

ANGLAIS PARLÉ À LA MAISON EN 1981

POPULATION PARLANT
L'ANGLAIS À LA MAISON
EN % DE LA POPULATION TOTALE

MOINS DE 10.0 %　　30.0-39.9 %

10.0-19.9 %　　40.0-49.9 %

20.0-29.9 %　　50.0 % ET PLUS

CARTES 184-185

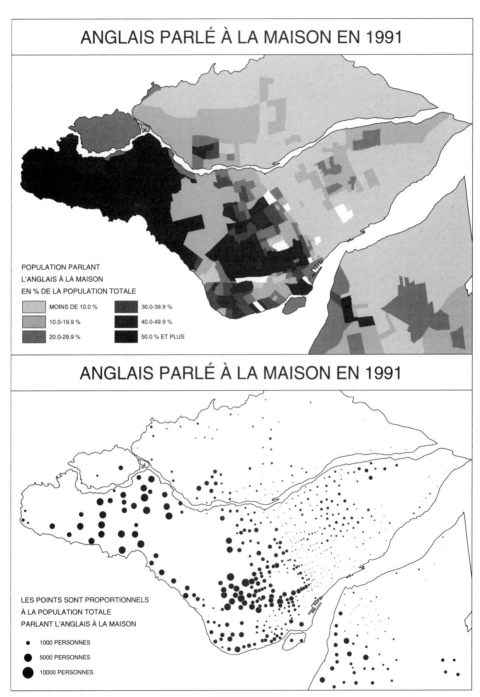

ANGLAIS PARLÉ À LA MAISON EN 1991

POPULATION PARLANT
L'ANGLAIS À LA MAISON
EN % DE LA POPULATION TOTALE

MOINS DE 10.0 %
10.0-19.9 %
20.0-29.9 %
30.0-39.9 %
40.0-49.9 %
50.0 % ET PLUS

ANGLAIS PARLÉ À LA MAISON EN 1991

LES POINTS SONT PROPORTIONNELS
À LA POPULATION TOTALE
PARLANT L'ANGLAIS À LA MAISON

1000 PERSONNES
5000 PERSONNES
10000 PERSONNES

CARTES 186-187

AUTRE LANGUE PARLÉE À LA MAISON EN 1971

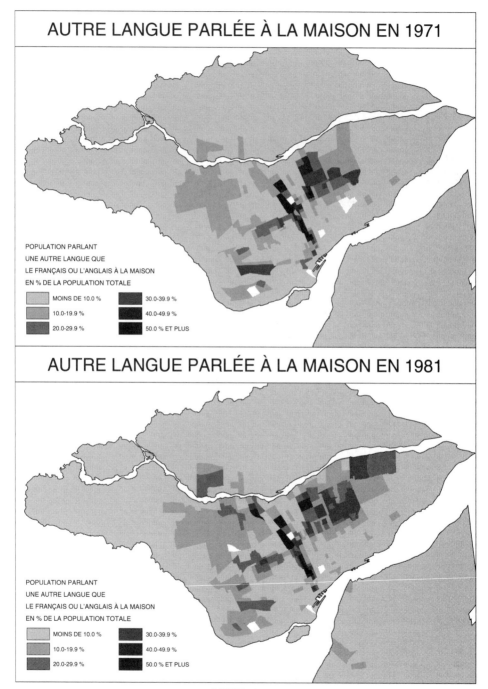

POPULATION PARLANT
UNE AUTRE LANGUE QUE
LE FRANÇAIS OU L'ANGLAIS À LA MAISON
EN % DE LA POPULATION TOTALE

MOINS DE 10.0 %   30.0-39.9 %
10.0-19.9 %   40.0-49.9 %
20.0-29.9 %   50.0 % ET PLUS

AUTRE LANGUE PARLÉE À LA MAISON EN 1981

POPULATION PARLANT
UNE AUTRE LANGUE QUE
LE FRANÇAIS OU L'ANGLAIS À LA MAISON
EN % DE LA POPULATION TOTALE

MOINS DE 10.0 %   30.0-39.9 %
10.0-19.9 %   40.0-49.9 %
20.0-29.9 %   50.0 % ET PLUS

CARTES 188-189

AUTRE LANGUE PARLÉE À LA MAISON EN 1991

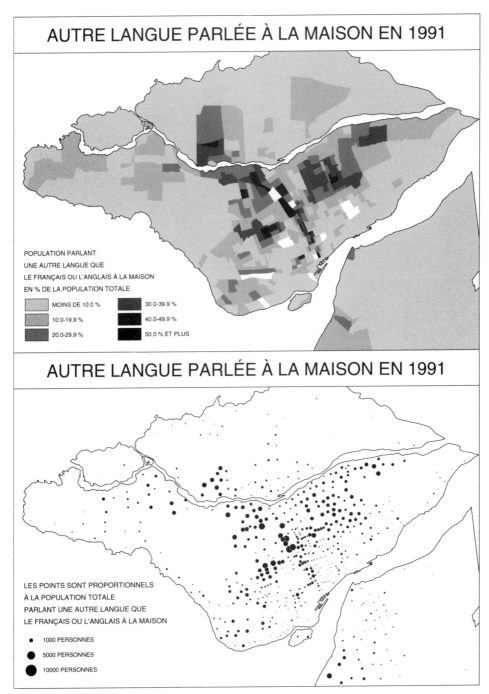

POPULATION PARLANT
UNE AUTRE LANGUE QUE
LE FRANÇAIS OU L'ANGLAIS À LA MAISON
EN % DE LA POPULATION TOTALE

MOINS DE 10.0 %

10.0-19.9 %

20.0-29.9 %

30.0-39.9 %

40.0-49.9 %

50.0 % ET PLUS

AUTRE LANGUE PARLÉE À LA MAISON EN 1991

LES POINTS SONT PROPORTIONNELS
À LA POPULATION TOTALE
PARLANT UNE AUTRE LANGUE QUE
LE FRANÇAIS OU L'ANGLAIS À LA MAISON

• 1000 PERSONNES

● 5000 PERSONNES

● 10000 PERSONNES

CARTES 190-191

36. Des langues maternelles bien vivantes

Dans l'ensemble des sociétés d'immigration, le Québec est l'une de celles où l'on note la plus grande survivance des langues maternelles des groupes immigrants: cela est sans doute l'effet de l'existence d'un bilinguisme de fait à Montréal qui permet aux immigrants de repousser plus longtemps le moment de leur intégration linguistique à l'une ou l'autre des langues en usage, et plus souvent à l'anglais qu'au français.

Les cartes qui suivent présentent, pour chacune des langues maternelles comprenant plus de 2500 représentants dans la région de Montréal, la comparaison spatiale entre langue maternelle et langue d'usage. Le tableau 7 de l'annexe statistique fournit les données pertinentes pour chaque groupe linguistique: effectifs suivant la langue maternelle (1) et suivant la langue parlée à la maison (2), le quotient en pourcentage des effectifs de langue d'usage sur les effectifs de langue maternelle, et enfin le coefficient de corrélation entre ces deux effectifs calculés sur la base des données au niveau des secteurs de recensement.

Alors que le nombre de personnes utilisant le français à la maison est presque identique au nombre de personnes de langue maternelle française (101 %), on voit que le nombre de personnes utilisant l'anglais à la maison excède de 28 % le nombre de personnes de langue maternelle anglaise. Pour tous les autres groupes linguistiques (sauf le vietnamien), ce rapport est inférieur à 100 %, dans des proportions variables mais souvent supérieures à 70 % ou 80 % (espagnol, grec, arabe, chinois, portugais, pendjabi). On notera que seules les langues européennes non méditerranéennes (polonais, allemand, hongrois, ukrainien, russe) sont celles qui ont les taux d'utilisation domestique les plus faibles: c'est parce que ce sont souvent les langues maternelles de personnes d'origine juive, comme leur répartition spatiale le montre (cartes des pages 174, 176, 177, 178 et 180), et que parmi les Juifs du Québec, l'anglais est maintenant devenue la langue commune.

Les cartes de cette section illustrent la parfaite adéquation spatiale entre les deux distributions, celle de la langue maternelle et celle de la langue parlée à la maison, ce que les coefficients de corrélation confirment. On reconnaît aussi à travers les différentes cartes, lorsqu'il y a correspondance entre langue nationale et origine ethnique (italien, grec, chinois, portugais, vietnamien), la parfaite identité entre origine ethnique, langue maternelle et langue d'usage.

164

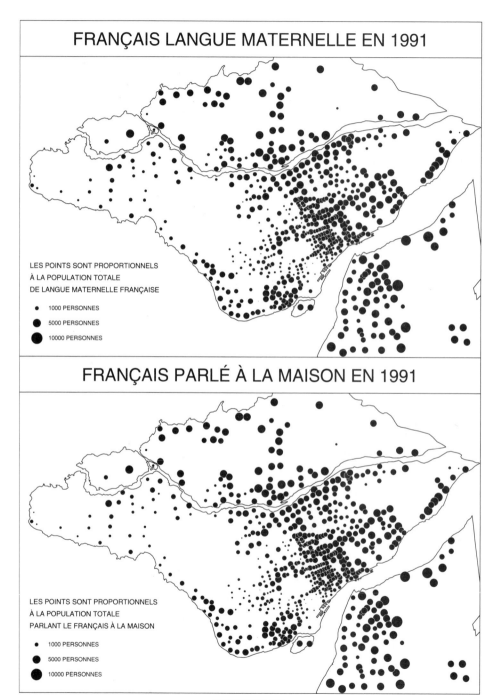

FRANÇAIS LANGUE MATERNELLE EN 1991

LES POINTS SONT PROPORTIONNELS
À LA POPULATION TOTALE
DE LANGUE MATERNELLE FRANÇAISE

- 1000 PERSONNES
- 5000 PERSONNES
- 10000 PERSONNES

FRANÇAIS PARLÉ À LA MAISON EN 1991

LES POINTS SONT PROPORTIONNELS
À LA POPULATION TOTALE
PARLANT LE FRANÇAIS À LA MAISON

- 1000 PERSONNES
- 5000 PERSONNES
- 10000 PERSONNES

CARTES 192-193

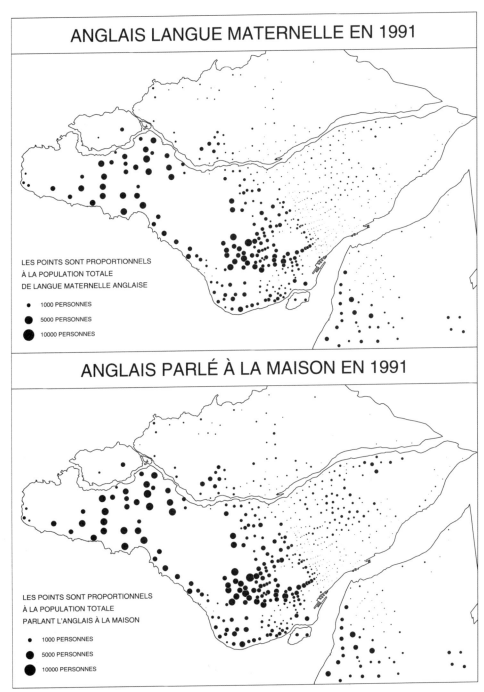

ANGLAIS LANGUE MATERNELLE EN 1991

LES POINTS SONT PROPORTIONNELS
À LA POPULATION TOTALE
DE LANGUE MATERNELLE ANGLAISE

- • 1000 PERSONNES
- ● 5000 PERSONNES
- ● 10000 PERSONNES

ANGLAIS PARLÉ À LA MAISON EN 1991

LES POINTS SONT PROPORTIONNELS
À LA POPULATION TOTALE
PARLANT L'ANGLAIS À LA MAISON

- • 1000 PERSONNES
- ● 5000 PERSONNES
- ● 10000 PERSONNES

CARTES 194-195

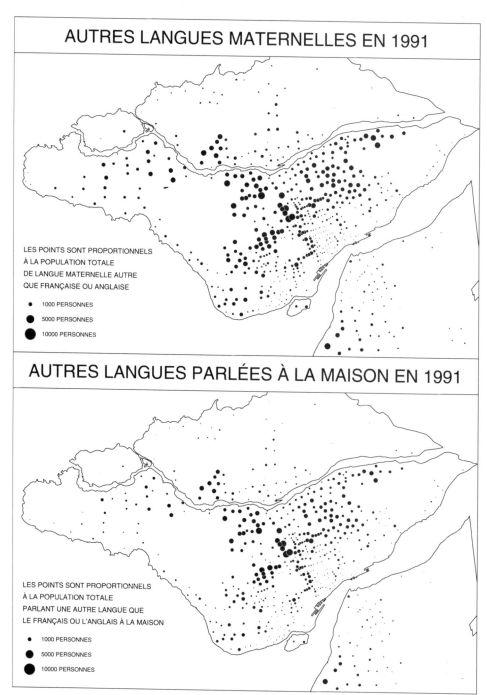

AUTRES LANGUES MATERNELLES EN 1991

LES POINTS SONT PROPORTIONNELS
À LA POPULATION TOTALE
DE LANGUE MATERNELLE AUTRE
QUE FRANÇAISE OU ANGLAISE

- 1000 PERSONNES
- 5000 PERSONNES
- 10000 PERSONNES

AUTRES LANGUES PARLÉES À LA MAISON EN 1991

LES POINTS SONT PROPORTIONNELS
À LA POPULATION TOTALE
PARLANT UNE AUTRE LANGUE QUE
LE FRANÇAIS OU L'ANGLAIS À LA MAISON

- 1000 PERSONNES
- 5000 PERSONNES
- 10000 PERSONNES

CARTES 196-197

PLUSIEURS LANGUES MATERNELLES EN 1991

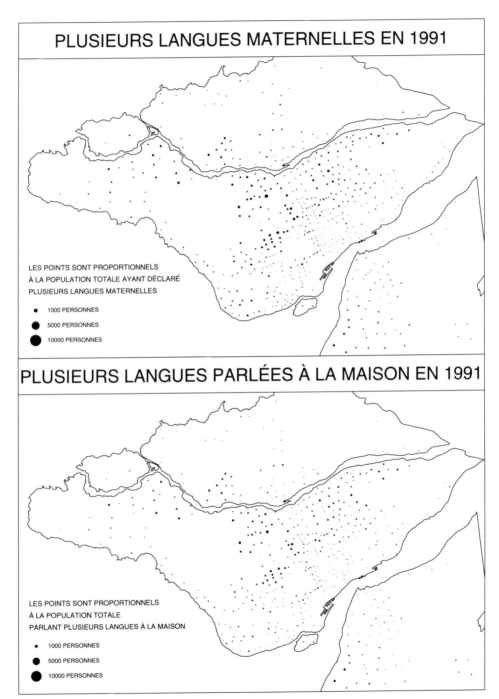

LES POINTS SONT PROPORTIONNELS
À LA POPULATION TOTALE AYANT DÉCLARÉ
PLUSIEURS LANGUES MATERNELLES

- 1000 PERSONNES
- 5000 PERSONNES
- 10000 PERSONNES

PLUSIEURS LANGUES PARLÉES À LA MAISON EN 1991

LES POINTS SONT PROPORTIONNELS
À LA POPULATION TOTALE
PARLANT PLUSIEURS LANGUES À LA MAISON

- 1000 PERSONNES
- 5000 PERSONNES
- 10000 PERSONNES

CARTES 198-199

168

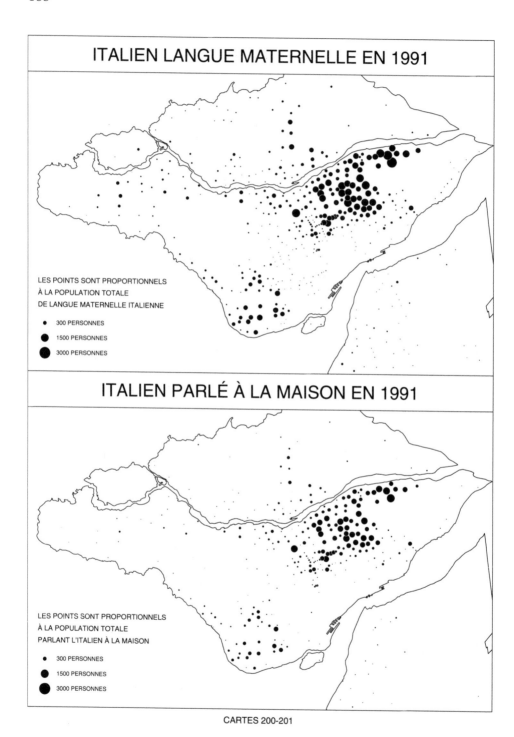

ITALIEN LANGUE MATERNELLE EN 1991

LES POINTS SONT PROPORTIONNELS
À LA POPULATION TOTALE
DE LANGUE MATERNELLE ITALIENNE

- 300 PERSONNES
- 1500 PERSONNES
- 3000 PERSONNES

ITALIEN PARLÉ À LA MAISON EN 1991

LES POINTS SONT PROPORTIONNELS
À LA POPULATION TOTALE
PARLANT L'ITALIEN À LA MAISON

- 300 PERSONNES
- 1500 PERSONNES
- 3000 PERSONNES

CARTES 200-201

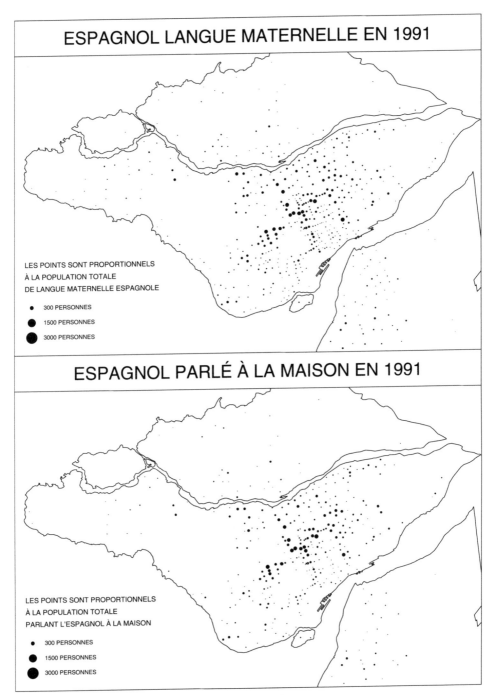

ESPAGNOL LANGUE MATERNELLE EN 1991

LES POINTS SONT PROPORTIONNELS
À LA POPULATION TOTALE
DE LANGUE MATERNELLE ESPAGNOLE

•   300 PERSONNES

●   1500 PERSONNES

⬤   3000 PERSONNES

ESPAGNOL PARLÉ À LA MAISON EN 1991

LES POINTS SONT PROPORTIONNELS
À LA POPULATION TOTALE
PARLANT L'ESPAGNOL À LA MAISON

•   300 PERSONNES

●   1500 PERSONNES

⬤   3000 PERSONNES

CARTES 202-203

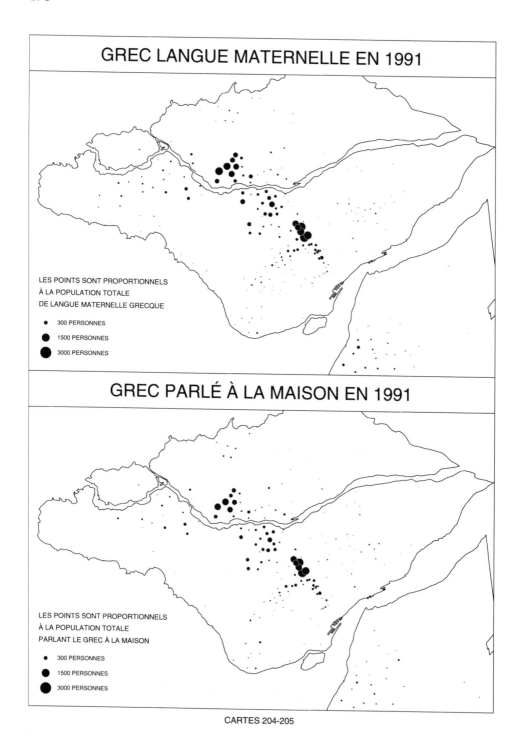

GREC LANGUE MATERNELLE EN 1991

LES POINTS SONT PROPORTIONNELS
À LA POPULATION TOTALE
DE LANGUE MATERNELLE GRECQUE

- 300 PERSONNES
- 1500 PERSONNES
- 3000 PERSONNES

GREC PARLÉ À LA MAISON EN 1991

LES POINTS SONT PROPORTIONNELS
À LA POPULATION TOTALE
PARLANT LE GREC À LA MAISON

- 300 PERSONNES
- 1500 PERSONNES
- 3000 PERSONNES

CARTES 204-205

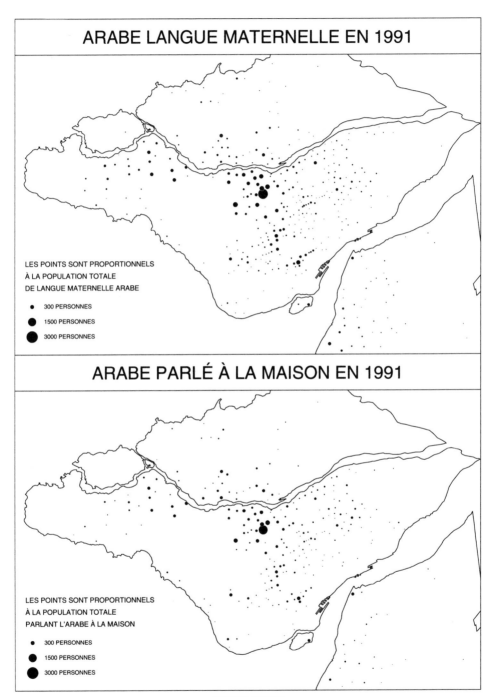

ARABE LANGUE MATERNELLE EN 1991

LES POINTS SONT PROPORTIONNELS
À LA POPULATION TOTALE
DE LANGUE MATERNELLE ARABE

- 300 PERSONNES
- 1500 PERSONNES
- 3000 PERSONNES

ARABE PARLÉ À LA MAISON EN 1991

LES POINTS SONT PROPORTIONNELS
À LA POPULATION TOTALE
PARLANT L'ARABE À LA MAISON

- 300 PERSONNES
- 1500 PERSONNES
- 3000 PERSONNES

CARTES 206-207

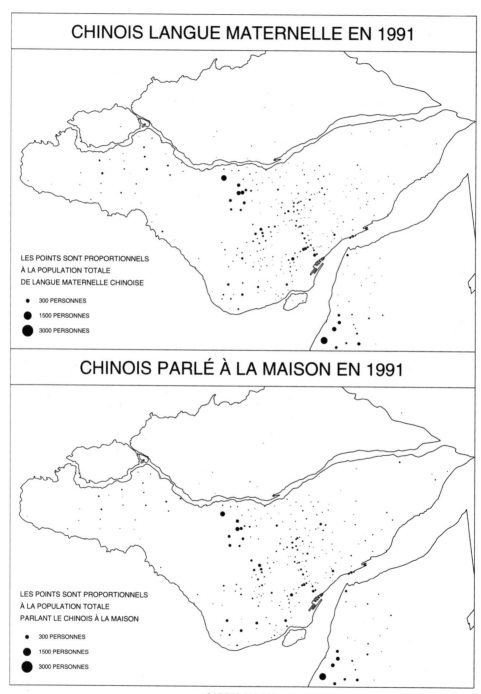

CHINOIS LANGUE MATERNELLE EN 1991

LES POINTS SONT PROPORTIONNELS
À LA POPULATION TOTALE
DE LANGUE MATERNELLE CHINOISE

- 300 PERSONNES
- 1500 PERSONNES
- 3000 PERSONNES

CHINOIS PARLÉ À LA MAISON EN 1991

LES POINTS SONT PROPORTIONNELS
À LA POPULATION TOTALE
PARLANT LE CHINOIS À LA MAISON

- 300 PERSONNES
- 1500 PERSONNES
- 3000 PERSONNES

CARTES 208-209

PORTUGAIS LANGUE MATERNELLE EN 1991

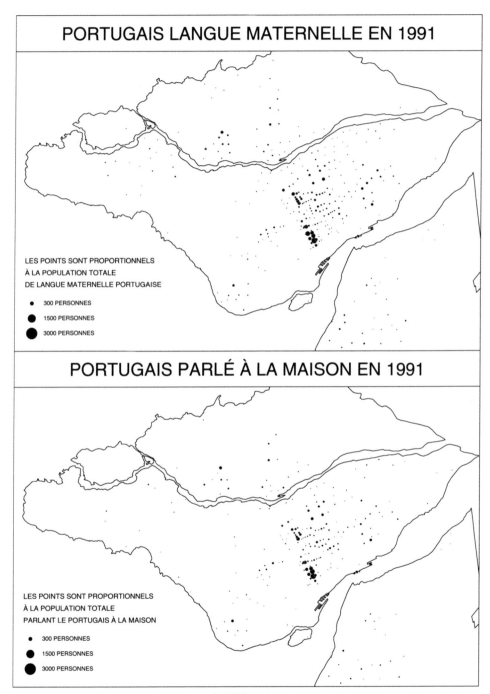

LES POINTS SONT PROPORTIONNELS
À LA POPULATION TOTALE
DE LANGUE MATERNELLE PORTUGAISE

- 300 PERSONNES
- 1500 PERSONNES
- 3000 PERSONNES

PORTUGAIS PARLÉ À LA MAISON EN 1991

LES POINTS SONT PROPORTIONNELS
À LA POPULATION TOTALE
PARLANT LE PORTUGAIS À LA MAISON

- 300 PERSONNES
- 1500 PERSONNES
- 3000 PERSONNES

CARTES 210-211

174

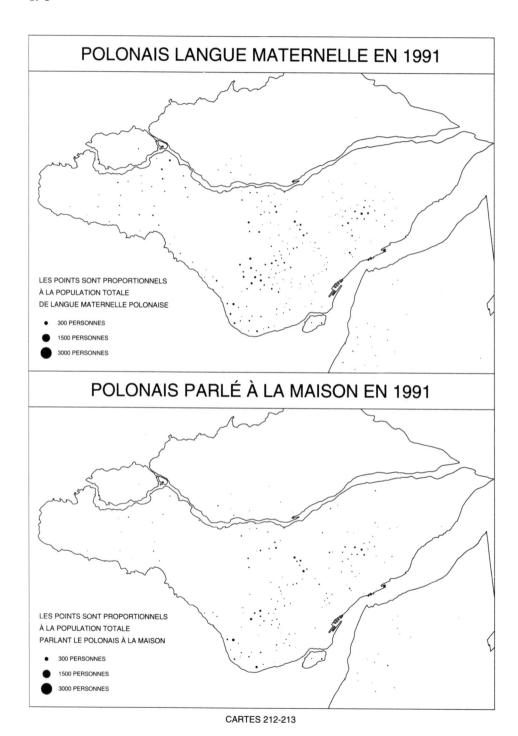

POLONAIS LANGUE MATERNELLE EN 1991

LES POINTS SONT PROPORTIONNELS
À LA POPULATION TOTALE
DE LANGUE MATERNELLE POLONAISE

- 300 PERSONNES
- 1500 PERSONNES
- 3000 PERSONNES

POLONAIS PARLÉ À LA MAISON EN 1991

LES POINTS SONT PROPORTIONNELS
À LA POPULATION TOTALE
PARLANT LE POLONAIS À LA MAISON

- 300 PERSONNES
- 1500 PERSONNES
- 3000 PERSONNES

CARTES 212-213

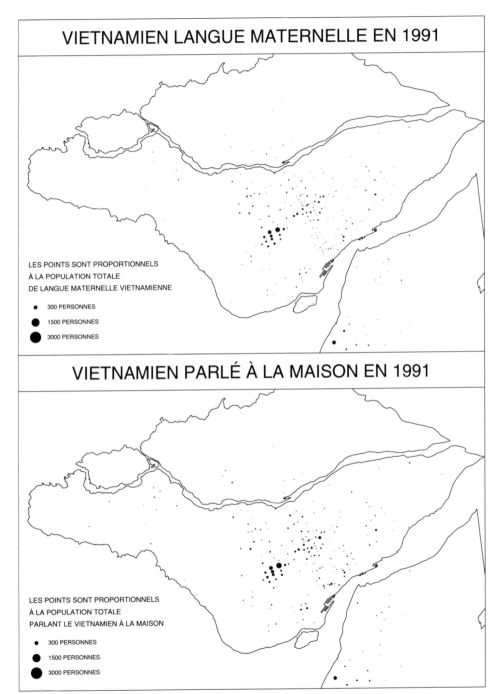

VIETNAMIEN LANGUE MATERNELLE EN 1991

LES POINTS SONT PROPORTIONNELS
À LA POPULATION TOTALE
DE LANGUE MATERNELLE VIETNAMIENNE

- 300 PERSONNES
- 1500 PERSONNES
- 3000 PERSONNES

VIETNAMIEN PARLÉ À LA MAISON EN 1991

LES POINTS SONT PROPORTIONNELS
À LA POPULATION TOTALE
PARLANT LE VIETNAMIEN À LA MAISON

- 300 PERSONNES
- 1500 PERSONNES
- 3000 PERSONNES

CARTES 214-215

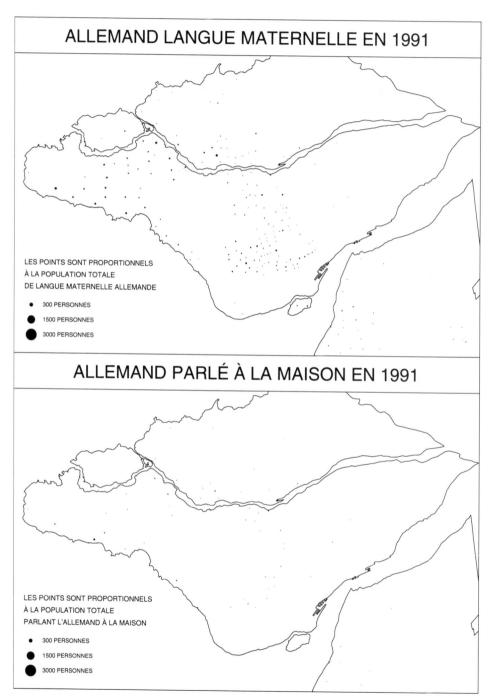

ALLEMAND LANGUE MATERNELLE EN 1991

LES POINTS SONT PROPORTIONNELS
À LA POPULATION TOTALE
DE LANGUE MATERNELLE ALLEMANDE

- 300 PERSONNES
- 1500 PERSONNES
- 3000 PERSONNES

ALLEMAND PARLÉ À LA MAISON EN 1991

LES POINTS SONT PROPORTIONNELS
À LA POPULATION TOTALE
PARLANT L'ALLEMAND À LA MAISON

- 300 PERSONNES
- 1500 PERSONNES
- 3000 PERSONNES

CARTES 216-217

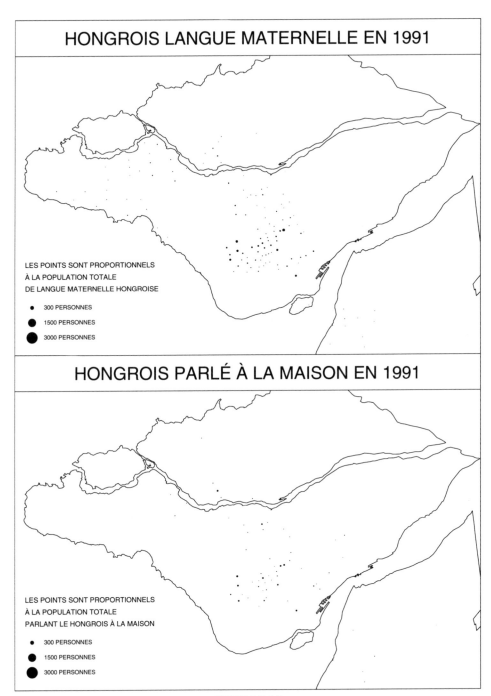

HONGROIS LANGUE MATERNELLE EN 1991

LES POINTS SONT PROPORTIONNELS
À LA POPULATION TOTALE
DE LANGUE MATERNELLE HONGROISE

- 300 PERSONNES
- 1500 PERSONNES
- 3000 PERSONNES

HONGROIS PARLÉ À LA MAISON EN 1991

LES POINTS SONT PROPORTIONNELS
À LA POPULATION TOTALE
PARLANT LE HONGROIS À LA MAISON

- 300 PERSONNES
- 1500 PERSONNES
- 3000 PERSONNES

CARTES 218-219

178

UKRAINIEN LANGUE MATERNELLE EN 1991

LES POINTS SONT PROPORTIONNELS
À LA POPULATION TOTALE
DE LANGUE MATERNELLE UKRAINIENNE

- 300 PERSONNES
- 1500 PERSONNES
- 3000 PERSONNES

UKRAINIEN PARLÉ À LA MAISON EN 1991

LES POINTS SONT PROPORTIONNELS
À LA POPULATION TOTALE
PARLANT L'UKRAINIEN À LA MAISON

- 300 PERSONNES
- 1500 PERSONNES
- 3000 PERSONNES

CARTES 220-221

PENDJABI LANGUE MATERNELLE EN 1991

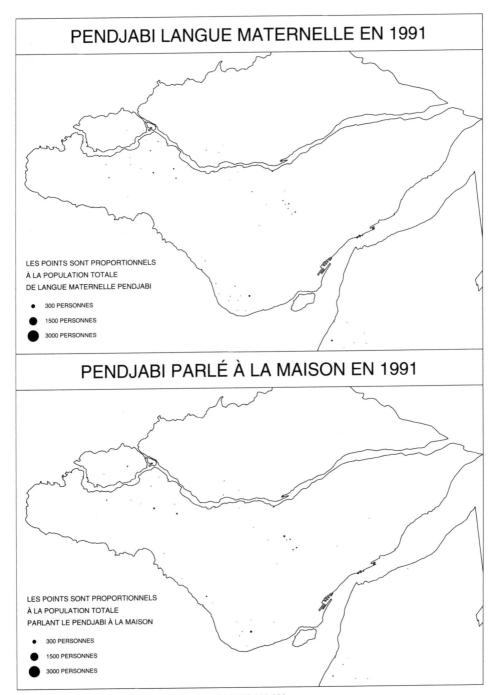

LES POINTS SONT PROPORTIONNELS
À LA POPULATION TOTALE
DE LANGUE MATERNELLE PENDJABI

- 300 PERSONNES
- 1500 PERSONNES
- 3000 PERSONNES

PENDJABI PARLÉ À LA MAISON EN 1991

LES POINTS SONT PROPORTIONNELS
À LA POPULATION TOTALE
PARLANT LE PENDJABI À LA MAISON

- 300 PERSONNES
- 1500 PERSONNES
- 3000 PERSONNES

CARTES 222-223

180

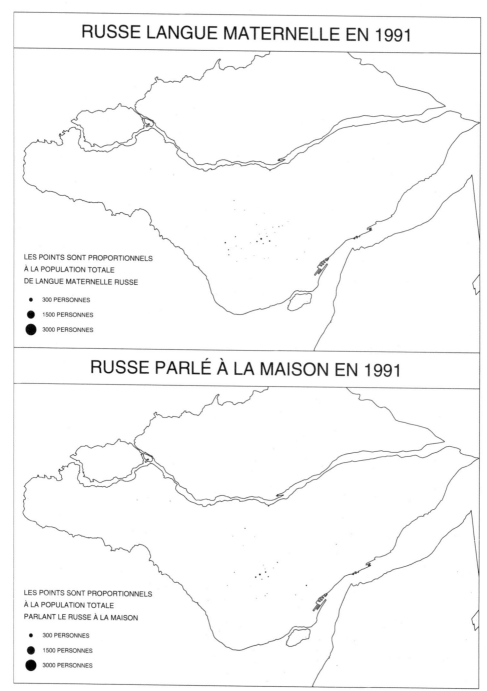

RUSSE LANGUE MATERNELLE EN 1991

LES POINTS SONT PROPORTIONNELS
À LA POPULATION TOTALE
DE LANGUE MATERNELLE RUSSE

● 300 PERSONNES

● 1500 PERSONNES

● 3000 PERSONNES

RUSSE PARLÉ À LA MAISON EN 1991

LES POINTS SONT PROPORTIONNELS
À LA POPULATION TOTALE
PARLANT LE RUSSE À LA MAISON

● 300 PERSONNES

● 1500 PERSONNES

● 3000 PERSONNES

CARTES 224-225

37. Les effets de l'immersion linguistique

Le recensement de 1981 a fourni des données intéressantes sur la langue parlée à la maison selon la langue maternelle pour chaque secteur de recensement. Ces données permettent, dans leur distribution spatiale, de mesurer les pratiques linguistiques selon l'immersion linguistique.

On constate que l'immense majorité (95 %) des personnes de langue maternelle française parlent le français à la maison (carte 226): seulement 4 % d'entre elles parlent l'anglais à la maison, et elles se trouvent concentrées dans les zones à majorité anglophone de l'ouest de l'île de Montréal, dans lesquelles leur proportion dépasse parfois les 25 %.

Symétriquement, 90 % des personnes de langue maternelle anglaise parlent l'anglais à la maison (carte 277): celles qui parlent le français à la maison se trouvent concentrées dans des zones à majorité francophone dans l'est de l'île de Montréal, dans lesquelles leur proportion dépasse régulièrement les 25 %, et parfois même les 50 %. Contrairement à ce que l'on aurait pu s'attendre, même si leur nombre absolu est beaucoup plus faible, la proportion de personnes de langue maternelle anglaise qui parlent le français à la maison est plus forte que la proportion de personnes de langue maternelle française qui parlent l'anglais à la maison.

L'utilisation du français ou de l'anglais à la maison, par les personnes qui ont une autre langue maternelle, a la même structure (cartes 228 et 229): selon que l'on vit dans un secteur majoritairement francophone ou anglophone, on utilise plus souvent le français ou l'anglais à la maison, même si l'utilisation de l'anglais par les allophones dans l'ouest de la région est relativement plus fort que leur utilisation du français dans l'est. Globalement, 25 % des personnes de langue maternelle autre que le français ou l'anglais utilisent l'anglais à la maison, et 10 % utilisent le français.

Bien entendu, la très grande majorité des allophones (66 %) utilisent leur langue maternelle à la maison (carte 230), et cette proportion est d'autant plus forte qu'ils habitent dans un secteur majoritairement allophone (Mile-End, Parc-Extension, Saint-Michel, Saint-Léonard, Montréal-Nord, Rivière-des-Prairies): le taux de retention linguistique dépasse alors les 75 %. On retrouve là le même phénomène observé pour chaque langue maternelle prise séparément (section 36).

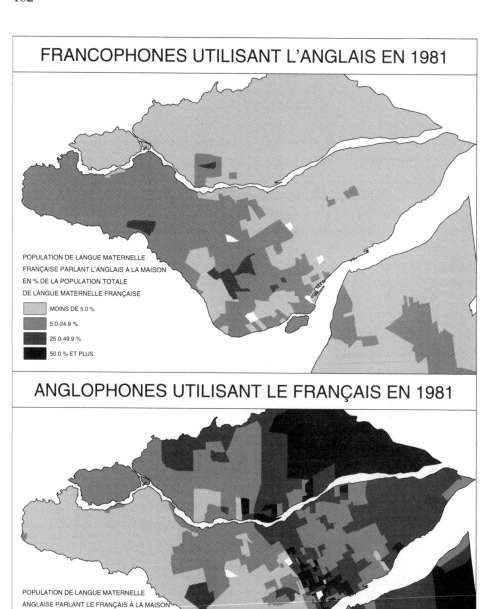

FRANCOPHONES UTILISANT L'ANGLAIS EN 1981

POPULATION DE LANGUE MATERNELLE
FRANÇAISE PARLANT L'ANGLAIS À LA MAISON
EN % DE LA POPULATION TOTALE
DE LANGUE MATERNELLE FRANÇAISE

- MOINS DE 5.0 %
- 5.0-24.9 %
- 25.0-49.9 %
- 50.0 % ET PLUS

ANGLOPHONES UTILISANT LE FRANÇAIS EN 1981

POPULATION DE LANGUE MATERNELLE
ANGLAISE PARLANT LE FRANÇAIS À LA MAISON
EN % DE LA POPULATION TOTALE
DE LANGUE MATERNELLE ANGLAISE

- MOINS DE 5.0 %
- 5.0-24.9 %
- 25.0-49.9 %
- 50.0 % ET PLUS

CARTES 226-227

ALLOPHONES UTILISANT L'ANGLAIS EN 1981

POPULATION DE LANGUE MATERNELLE
AUTRE QUE FRANÇAISE OU ANGLAISE
PARLANT L'ANGLAIS À LA MAISON EN % DE
LA POPULATION TOTALE DE LANGUE MATERNELLE
AUTRE QUE FRANÇAISE OU ANGLAISE

- MOINS DE 5.0 %
- 5.0-24.9 %
- 25.0-49.9 %
- 50.0 % ET PLUS

ALLOPHONES UTILISANT LE FRANÇAIS EN 1981

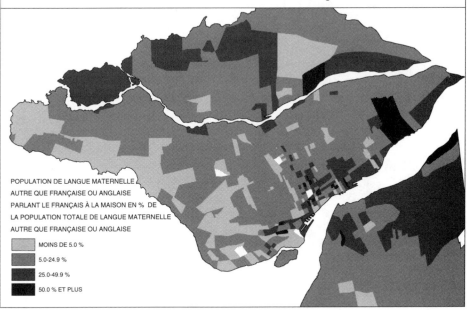

POPULATION DE LANGUE MATERNELLE
AUTRE QUE FRANÇAISE OU ANGLAISE
PARLANT LE FRANÇAIS À LA MAISON EN % DE
LA POPULATION TOTALE DE LANGUE MATERNELLE
AUTRE QUE FRANÇAISE OU ANGLAISE

- MOINS DE 5.0 %
- 5.0-24.9 %
- 25.0-49.9 %
- 50.0 % ET PLUS

CARTES 228-229

184

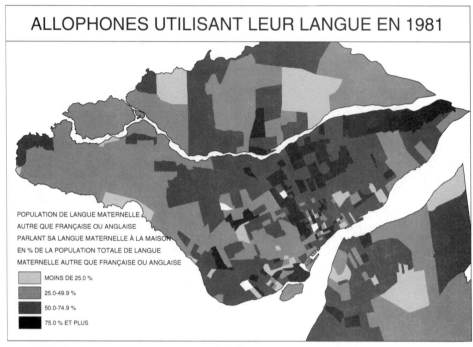

ALLOPHONES UTILISANT LEUR LANGUE EN 1981

POPULATION DE LANGUE MATERNELLE
AUTRE QUE FRANÇAISE OU ANGLAISE
PARLANT SA LANGUE MATERNELLE À LA MAISON
EN % DE LA POPULATION TOTALE DE LANGUE
MATERNELLE AUTRE QUE FRANÇAISE OU ANGLAISE

MOINS DE 25.0 %

25.0-49.9 %

50.0-74.9 %

75.0 % ET PLUS

CARTE 230

38. La stabilité de l'unilinguisme français

Dans les sections qui suivent (sections 38 à 40), nous considérons l'unilinguisme français et anglais, ainsi que le bilinguisme au sens des langues officielles du Canada: il ne s'agit pas du véritable unilinguisme ou bilinguisme de la population, mais seulement de celui qui concerne la connaissance du français et de l'anglais.

La proportion de la population unilingue française est demeurée à peu près stable depuis 1951, à un peu plus du tiers de la population totale, après avoir connu un maximum à 41 % en 1971 (voir annexe statistique, tableau 8).

Cette population unilingue française se concentre dans les zones majoritairement francophones de l'est de la région, à l'exception des quelques quartiers populaires francophones situés à l'ouest (notamment Saint-Henri, Saint-Pierre, Lachine et Sainte-Geneviève). Dans la partie est de la région, on remarque que le taux d'unilinguisme français est toutefois un peu moins élevé dans les quartiers à forte composante allophone (comme Saint-Léonard ou Rivière-des-Prairies), mais aussi dans les quartiers francophones plus favorisés (comme Outremont, les Jardins du Tricentenaire à Rosemont, certains secteurs d'Ahuntsic, Saint-Bruno-de-Montarville, Laval-Ouest, Îles-Laval, etc.), tant il est vrai que ce sont les catégories les plus privilégiées de la population francophone qui ont le meilleur accès au bilinguisme officiel.

Dans l'ensemble de la région métropolitaine de recensement de Montréal en 1991, 54 % des personnes de langue maternelle française sont unilingues françaises, alors que 46 % sont bilingues français-anglais. Par ailleurs, seulement 20 % des personnes de langue maternelle autre que française ou anglaise ne connaissent que le français, alors que 48 % d'entre elles sont bilingues français-anglais (et en fait trilingues si l'on compte leur langue maternelle). Le taux de bilinguisme officiel est donc légèrement plus élevé parmi les allophones que parmi les francophones.

186

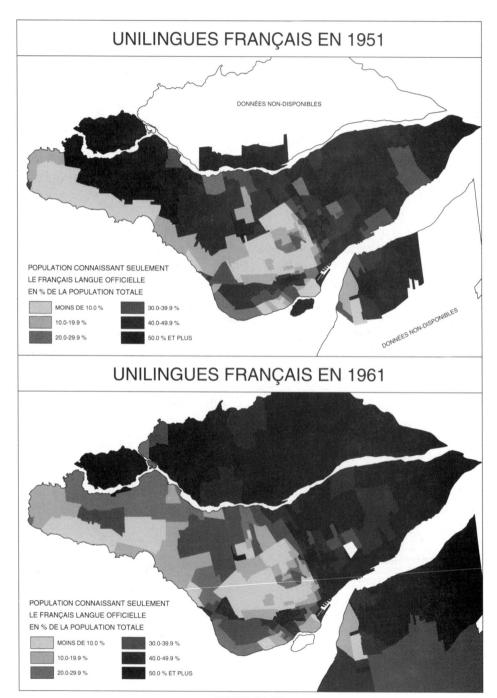

CARTES 231-232

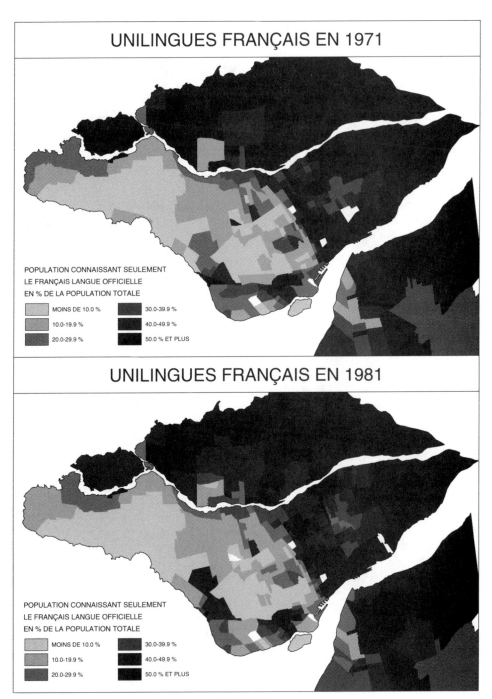

UNILINGUES FRANÇAIS EN 1971

POPULATION CONNAISSANT SEULEMENT
LE FRANÇAIS LANGUE OFFICIELLE
EN % DE LA POPULATION TOTALE

MOINS DE 10.0 %   30.0-39.9 %
10.0-19.9 %   40.0-49.9 %
20.0-29.9 %   50.0 % ET PLUS

UNILINGUES FRANÇAIS EN 1981

POPULATION CONNAISSANT SEULEMENT
LE FRANÇAIS LANGUE OFFICIELLE
EN % DE LA POPULATION TOTALE

MOINS DE 10.0 %   30.0-39.9 %
10.0-19.9 %   40.0-49.9 %
20.0-29.9 %   50.0 % ET PLUS

CARTES 233-234

188

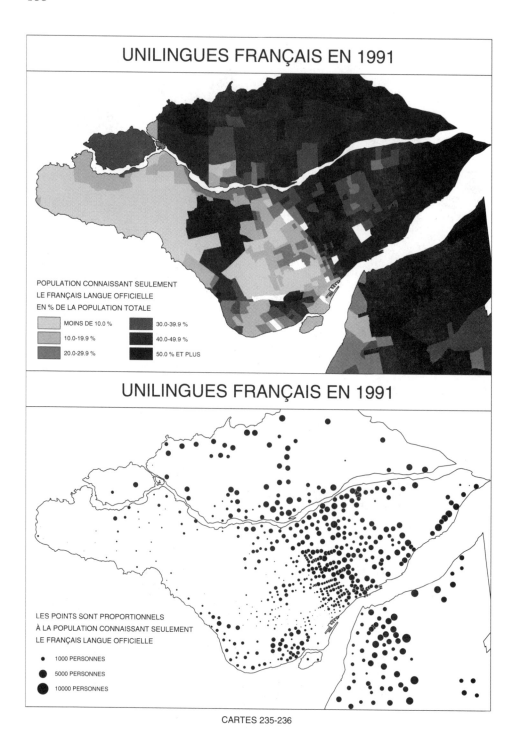

UNILINGUES FRANÇAIS EN 1991

POPULATION CONNAISSANT SEULEMENT
LE FRANÇAIS LANGUE OFFICIELLE
EN % DE LA POPULATION TOTALE

MOINS DE 10.0 %   30.0-39.9 %
10.0-19.9 %   40.0-49.9 %
20.0-29.9 %   50.0 % ET PLUS

UNILINGUES FRANÇAIS EN 1991

LES POINTS SONT PROPORTIONNELS
À LA POPULATION CONNAISSANT SEULEMENT
LE FRANÇAIS LANGUE OFFICIELLE

•   1000 PERSONNES
●   5000 PERSONNES
● 10000 PERSONNES

CARTES 235-236

39. Le recul de l'unilinguisme anglais

La proportion de la population unilingue anglaise a considérablement diminué depuis une vingtaine d'années, même si en chiffres absolus le nombre de personnes ne connaissant que l'anglais comme langue officielle se maintient tout de même à 272 000 (voir annexe statistique, tableau 8), c'est-à-dire à peine 50 000 de moins qu'en 1951, après être passé par un maximum de 467 000. En pourcentage, cette proportion qui se maintenait aux alentours de 20 % (23 % en 1951, 22 % en 1961 et 19 % en 1971), a soudainement chuté à 13 % en 1981 et à 11 % en 1991.

Avant 1991, la répartition géographique de ces unilingues anglais montre qu'il s'agissait principalement de la population de langue maternelle anglaise. En 1991 encore, seulement 21 % des allophones ne connaissent que l'anglais (soit autant que ceux qui ne connaissent que le français), alors que 41 % des personnes de langue maternelle anglaise sont unilingues anglaises, et 59 % d'entre elles connaissent le français.

Alors que, jusqu'en 1971, la proportion d'anglophones unilingues s'élevait à environ 80-85 %, elle est tombée aujourd'hui à un taux de 41 %, c'est-à-dire un taux plus faible que celui des francophones unilingues (54 %). Il s'agit là d'un progrès indéniable, mais il montre malgré tout que l'on peut parfaitement vivre en ne connaissant que l'anglais dans la métropole montréalaise, qui est supposée être l'une des grandes métropoles françaises du monde, la plus grande en dehors de la France.

190

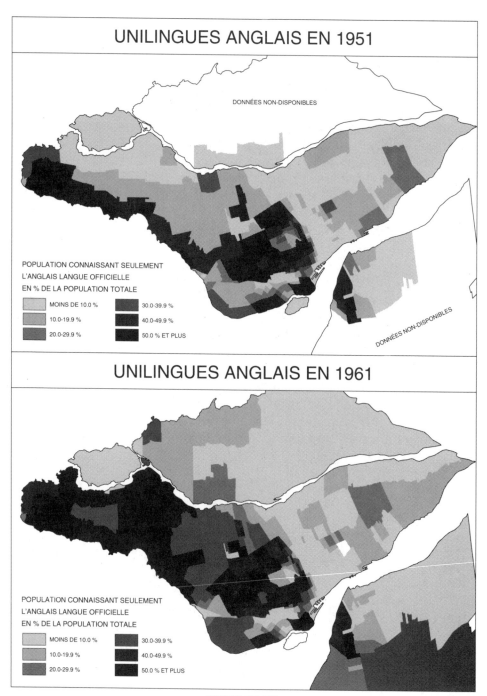

UNILINGUES ANGLAIS EN 1951

DONNÉES NON-DISPONIBLES

POPULATION CONNAISSANT SEULEMENT
L'ANGLAIS LANGUE OFFICIELLE
EN % DE LA POPULATION TOTALE

MOINS DE 10.0 %   30.0-39.9 %

10.0-19.9 %   40.0-49.9 %

20.0-29.9 %   50.0 % ET PLUS

DONNÉES NON-DISPONIBLES

UNILINGUES ANGLAIS EN 1961

POPULATION CONNAISSANT SEULEMENT
L'ANGLAIS LANGUE OFFICIELLE
EN % DE LA POPULATION TOTALE

MOINS DE 10.0 %   30.0-39.9 %

10.0-19.9 %   40.0-49.9 %

20.0-29.9 %   50.0 % ET PLUS

CARTES 237-238

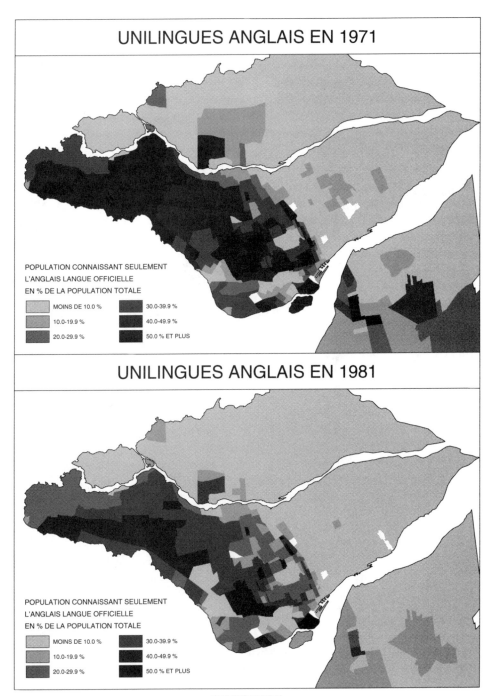

UNILINGUES ANGLAIS EN 1971

POPULATION CONNAISSANT SEULEMENT
L'ANGLAIS LANGUE OFFICIELLE
EN % DE LA POPULATION TOTALE

MOINS DE 10.0 %
10.0-19.9 %
20.0-29.9 %
30.0-39.9 %
40.0-49.9 %
50.0 % ET PLUS

UNILINGUES ANGLAIS EN 1981

POPULATION CONNAISSANT SEULEMENT
L'ANGLAIS LANGUE OFFICIELLE
EN % DE LA POPULATION TOTALE

MOINS DE 10.0 %
10.0-19.9 %
20.0-29.9 %
30.0-39.9 %
40.0-49.9 %
50.0 % ET PLUS

CARTES 239-240

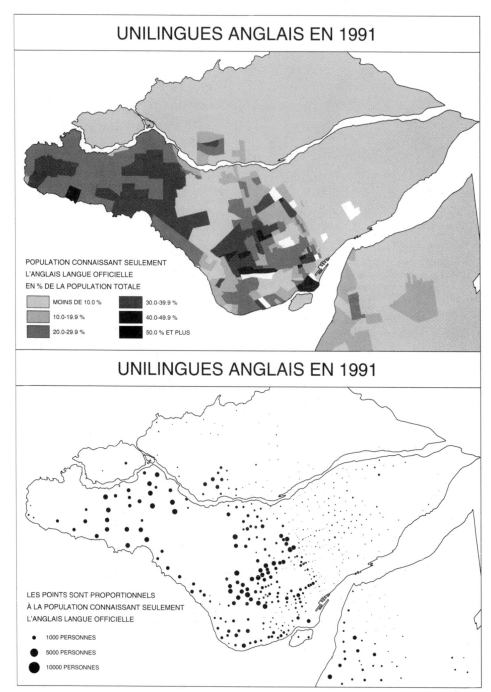

UNILINGUES ANGLAIS EN 1991

POPULATION CONNAISSANT SEULEMENT
L'ANGLAIS LANGUE OFFICIELLE
EN % DE LA POPULATION TOTALE

MOINS DE 10.0 %

10.0-19.9 %

20.0-29.9 %

30.0-39.9 %

40.0-49.9 %

50.0 % ET PLUS

UNILINGUES ANGLAIS EN 1991

LES POINTS SONT PROPORTIONNELS
À LA POPULATION CONNAISSANT SEULEMENT
L'ANGLAIS LANGUE OFFICIELLE

• 1000 PERSONNES

● 5000 PERSONNES

● 10000 PERSONNES

CARTES 241-242

40. Les progrès modérés du bilinguisme

Le maintien de la proportion d'unilingues français et le recul de l'unilinguisme anglais ont provoqué un progrès modéré du bilinguisme français-anglais. La proportion de bilingues est passée de 40 % en 1951 à 50 % en 1991 (voir annexe statistique, tableau 8).

La répartition spatiale de la population bilingue était relativement indifférenciée jusqu'en 1971, car le bilinguisme était relativement faible autant chez les anglophones que parmi les couches populaires francophones: en effet, jusqu'en 1971, ce sont les secteurs francophones les plus favorisés qui sont les plus bilingues (Outremont, Côte-des-Neiges, Ahuntsic, Bordeaux), confirmant le fait que le bilinguisme est davantage recherché par les catégories sociales dominantes.

Depuis 1971, le bilinguisme s'est étendu vers l'ouest de l'île de Montréal, ainsi que vers les banlieues francophones périphériques (Laval, Rive-Sud), ou vers les quartiers allophones les plus favorisés (Saint-Léonard, Rivière-des-Prairies).

Le facteur le plus déterminant pour expliquer un faible taux de bilinguisme en 1991 (carte 247) semble être la présence d'une population faiblement scolarisée (carte 258): cela se voit clairement dans le Centre-Sud (Verdun, Saint-Henri, Pointe-Saint-Charles, Saint-Jacques, Sainte-Marie, Hochelaga-Maisonneuve), dans les quartiers à forte composante allophone (Côte-des-Neiges, Mile-End, Parc-Extension, Saint-Michel), mais aussi dans certains secteurs de la banlieue (Longueuil, Saint-Hubert).

Pour l'ensemble de la région métropolitaine de recensement de Montréal, 46 % des francophones sont bilingues, 48 % des allophones et 59 % des anglophones.

194

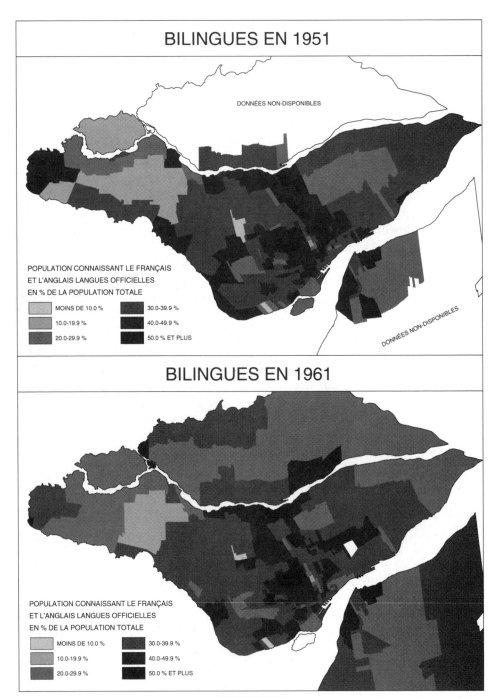

BILINGUES EN 1951

DONNÉES NON-DISPONIBLES

POPULATION CONNAISSANT LE FRANÇAIS
ET L'ANGLAIS LANGUES OFFICIELLES
EN % DE LA POPULATION TOTALE

MOINS DE 10.0 %   30.0-39.9 %
10.0-19.9 %   40.0-49.9 %
20.0-29.9 %   50.0 % ET PLUS

DONNÉES NON-DISPONIBLES

BILINGUES EN 1961

POPULATION CONNAISSANT LE FRANÇAIS
ET L'ANGLAIS LANGUES OFFICIELLES
EN % DE LA POPULATION TOTALE

MOINS DE 10.0 %   30.0-39.9 %
10.0-19.9 %   40.0-49.9 %
20.0-29.9 %   50.0 % ET PLUS

CARTES 243-244

195

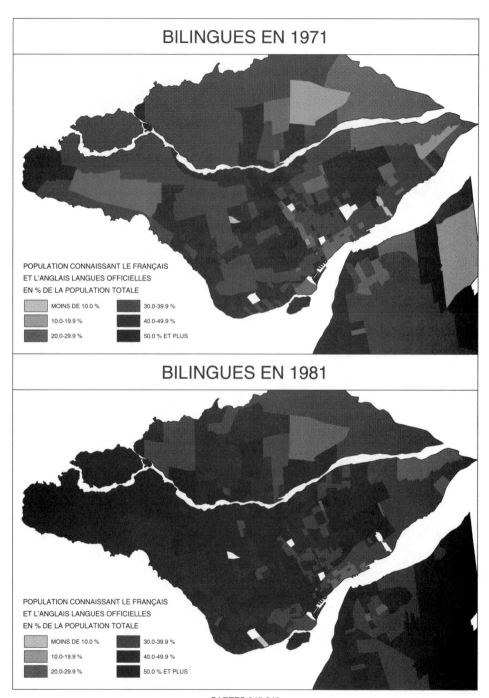

BILINGUES EN 1971

POPULATION CONNAISSANT LE FRANÇAIS
ET L'ANGLAIS LANGUES OFFICIELLES
EN % DE LA POPULATION TOTALE

MOINS DE 10.0 %
10.0-19.9 %
20.0-29.9 %
30.0-39.9 %
40.0-49.9 %
50.0 % ET PLUS

BILINGUES EN 1981

POPULATION CONNAISSANT LE FRANÇAIS
ET L'ANGLAIS LANGUES OFFICIELLES
EN % DE LA POPULATION TOTALE

MOINS DE 10.0 %
10.0-19.9 %
20.0-29.9 %
30.0-39.9 %
40.0-49.9 %
50.0 % ET PLUS

CARTES 245-246

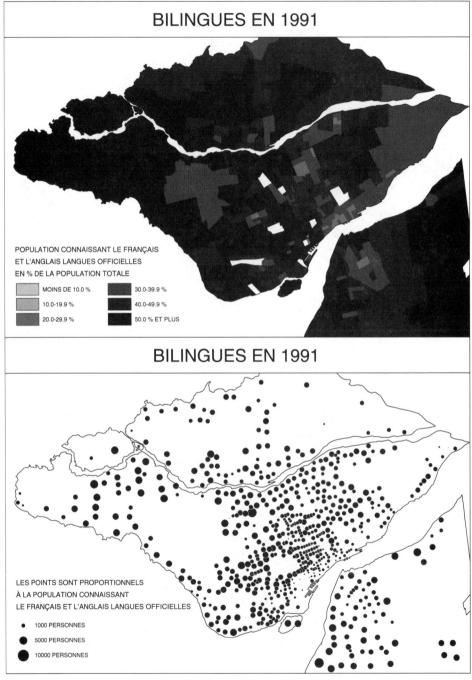

BILINGUES EN 1991

POPULATION CONNAISSANT LE FRANÇAIS
ET L'ANGLAIS LANGUES OFFICIELLES
EN % DE LA POPULATION TOTALE

MOINS DE 10.0 %   30.0-39.9 %
10.0-19.9 %   40.0-49.9 %
20.0-29.9 %   50.0 % ET PLUS

BILINGUES EN 1991

LES POINTS SONT PROPORTIONNELS
À LA POPULATION CONNAISSANT
LE FRANÇAIS ET L'ANGLAIS LANGUES OFFICIELLES

· 1000 PERSONNES
● 5000 PERSONNES
● 10000 PERSONNES

CARTES 247-248

41. L'intégration linguistique toujours lente des nouveaux immigrants

La proportion de personnes ne connaissant ni le français ni l'anglais est évidemment très faible: inférieure à 1 % en 1951, elle se maintient depuis 1961 aux alentours de 2 % (voir annexe statistique, tableau 8). Cela représente tout de même 54 000 personnes en 1991, et 12 % de la population de langue maternelle autre que le français ou l'anglais.

Il s'agit pour l'essentiel de jeunes enfants de parents immigrants et d'âge préscolaire, d'immigrants très âgés pour qui l'apprentissage d'une langue nouvelle est difficile et aussi d'immigrants récents.

La répartition spatiale de ces personnes qui ne connaissent ni le français ni l'anglais épouse parfaitement la répartition spatiale des communautés immigrantes, et notamment des nouvelles vagues d'immigrants. En 1951, on les retrouve essentiellement dans le «couloir ethnique» (autour du boulevard Saint-Laurent), alors qu'en 1961 et 1971 leur distribution ressemble pour l'essentiel à celle des communautés italienne, grecque et portugaise. Dès les années soixante, la communauté juive est absente de cette distribution, puisque les immigrants juifs ont très tôt adopté l'anglais comme langue commune.

À partir des années quatre-vingt, les personnes ne connaissant ni le français ni l'anglais apparaissent de plus en plus dispersées (il en existe des concentrations importantes à Ville Saint-Laurent, dans Côte-des-Neiges, à Brossard), car les nouvelles vagues d'immigrants (venant d'ailleurs que de l'Europe) ont un habitat plus dispersé.

198

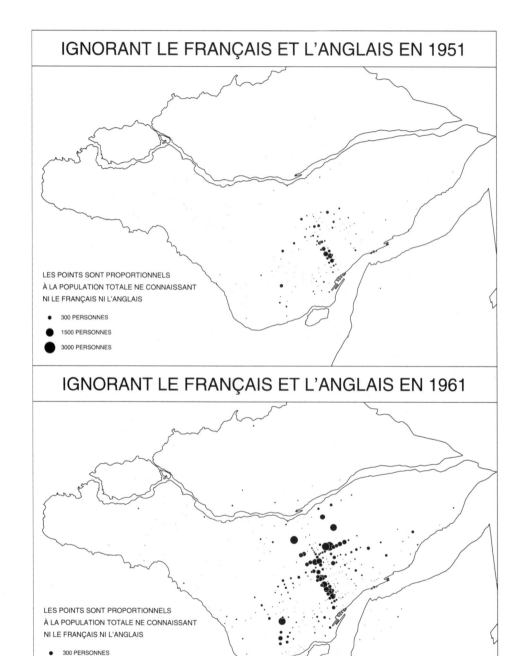

CARTES 249-250

199

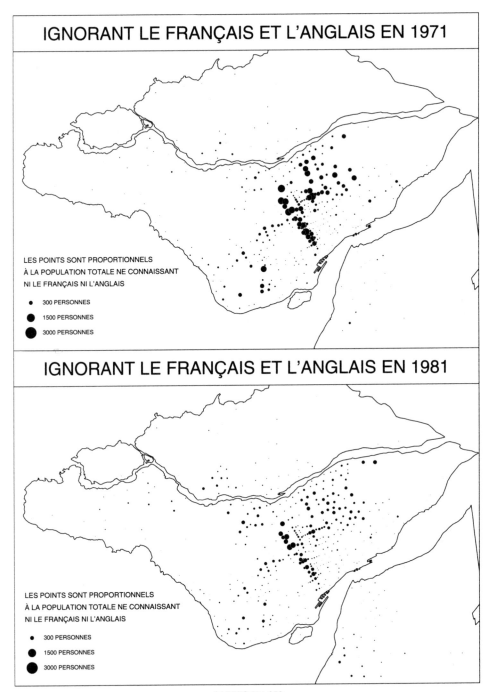

IGNORANT LE FRANÇAIS ET L'ANGLAIS EN 1971

LES POINTS SONT PROPORTIONNELS
À LA POPULATION TOTALE NE CONNAISSANT
NI LE FRANÇAIS NI L'ANGLAIS

- 300 PERSONNES
- 1500 PERSONNES
- 3000 PERSONNES

IGNORANT LE FRANÇAIS ET L'ANGLAIS EN 1981

LES POINTS SONT PROPORTIONNELS
À LA POPULATION TOTALE NE CONNAISSANT
NI LE FRANÇAIS NI L'ANGLAIS

- 300 PERSONNES
- 1500 PERSONNES
- 3000 PERSONNES

CARTES 251-252

200

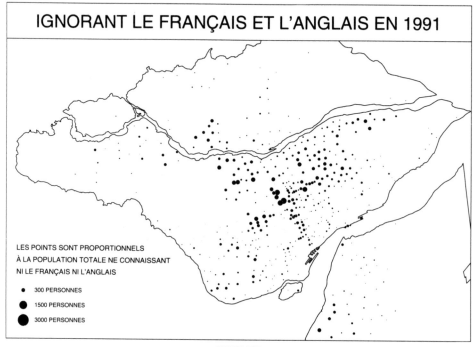

IGNORANT LE FRANÇAIS ET L'ANGLAIS EN 1991

LES POINTS SONT PROPORTIONNELS
À LA POPULATION TOTALE NE CONNAISSANT
NI LE FRANÇAIS NI L'ANGLAIS

• 300 PERSONNES

● 1500 PERSONNES

● 3000 PERSONNES

CARTE 253

V

La force de travail

42. Recul de la sous-scolarisation...

L'effet le plus visible des politiques d'éducation dans les dernières décennies a été de faire reculer la sous-scolarisation et de faire disparaître l'analphabétisme encore présent chez une fraction importante de la population au lendemain de la Seconde Guerre mondiale. Si l'on prend comme critère de sous-scolarisation le pourcentage de la population totale qui ne fréquente plus l'école et qui a moins de neuf ans de scolarité, on constate que cette proportion est passée, dans la région de Montréal, de 57 % en 1951 à seulement 18 % en 1991. La baisse de cette proportion s'est surtout produite à partir des années soixante (voir annexe statistique, tableau 9).

Jusqu'en 1961, la sous-scolarisation est le fait de plus de la moitié de la population, sauf dans les quartiers privilégiés qui entourent le mont Royal (Outremont, Ville Mont-Royal, Côte-des-Neiges, Notre-Dame-de-Grâce, avenue des Pins), ainsi que dans les banlieues favorisées (Lakeshore, Ville Saint-Laurent, Laval-Ouest, Îles-Laval, Saint-Lambert), dans lesquels le taux de population sous-scolarisée est inférieur à 30 % (cartes 254 et 255).

À partir de 1971 (carte 256), nous avons dû changer d'échelle, car le taux de population sous-scolarisée n'est plus que de 36 % pour l'ensemble de la région. Depuis 1971, la zone de taux élevés de sous-scolarisation, qui continue de rétrécir, se retrouve essentiellement dans les quartiers défavorisés du Centre-Sud de l'île de Montréal (de Verdun à Hochelaga-Maisonneuve, y compris Saint-Henri, Pointe-Saint-Charles, Saint-Jacques et Sainte-Marie), auxquels s'ajoutent des îlots de sous-scolarisation (Lachine, Longueuil). Cette zone de sous-scolarisation comprend aussi des quartiers à forte présence immigrante, surtout lorsque celle-ci est plus récente (Parc-Extension, Saint-Michel, Montréal-Nord).

Pour l'ensemble du Québec, en 1991, la proportion de personnes ayant moins de neuf ans de scolarité était de 20 %.

204

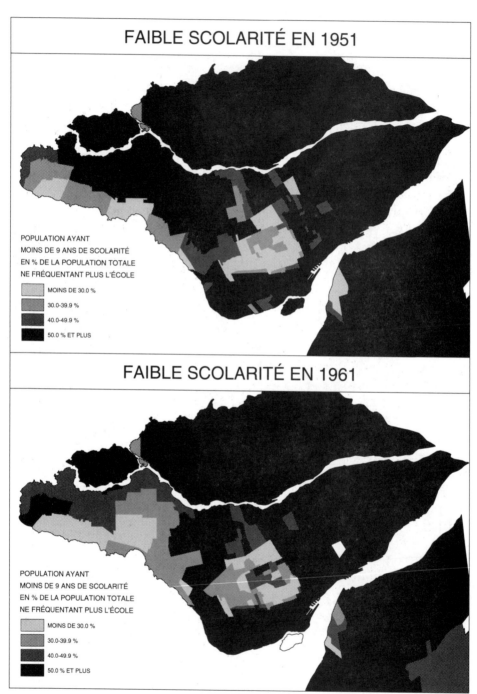

FAIBLE SCOLARITÉ EN 1951

POPULATION AYANT
MOINS DE 9 ANS DE SCOLARITÉ
EN % DE LA POPULATION TOTALE
NE FRÉQUENTANT PLUS L'ÉCOLE

MOINS DE 30.0 %

30.0-39.9 %

40.0-49.9 %

50.0 % ET PLUS

FAIBLE SCOLARITÉ EN 1961

POPULATION AYANT
MOINS DE 9 ANS DE SCOLARITÉ
EN % DE LA POPULATION TOTALE
NE FRÉQUENTANT PLUS L'ÉCOLE

MOINS DE 30.0 %

30.0-39.9 %

40.0-49.9 %

50.0 % ET PLUS

CARTES 254-255

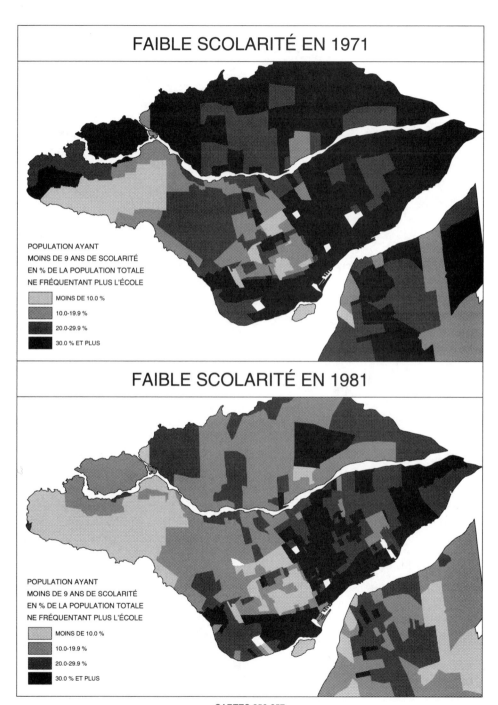

FAIBLE SCOLARITÉ EN 1971

POPULATION AYANT
MOINS DE 9 ANS DE SCOLARITÉ
EN % DE LA POPULATION TOTALE
NE FRÉQUENTANT PLUS L'ÉCOLE

- MOINS DE 10.0 %
- 10.0-19.9 %
- 20.0-29.9 %
- 30.0 % ET PLUS

FAIBLE SCOLARITÉ EN 1981

POPULATION AYANT
MOINS DE 9 ANS DE SCOLARITÉ
EN % DE LA POPULATION TOTALE
NE FRÉQUENTANT PLUS L'ÉCOLE

- MOINS DE 10.0 %
- 10.0-19.9 %
- 20.0-29.9 %
- 30.0 % ET PLUS

CARTES 256-257

206

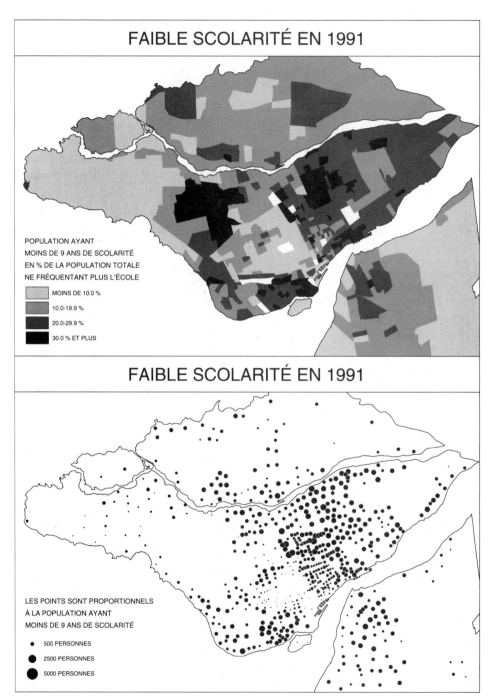

FAIBLE SCOLARITÉ EN 1991

POPULATION AYANT
MOINS DE 9 ANS DE SCOLARITÉ
EN % DE LA POPULATION TOTALE
NE FRÉQUENTANT PLUS L'ÉCOLE

MOINS DE 10.0 %

10.0-19.9 %

20.0-29.9 %

30.0 % ET PLUS

FAIBLE SCOLARITÉ EN 1991

LES POINTS SONT PROPORTIONNELS
À LA POPULATION AYANT
MOINS DE 9 ANS DE SCOLARITÉ

• 500 PERSONNES

● 2500 PERSONNES

● 5000 PERSONNES

CARTES 258-259

43. ... mais accès inégal à l'université

Le recul de la sous-scolarisation et l'élimination de l'analphabétisme n'impliquent pas une démocratisation du système d'enseignement: ils assurent un minimum de qualifications, mais ils ne garantissent pas l'égalité des chances, notamment des chances d'accès aux études supérieures et à la haute qualification.

Même si le pourcentage de personnes ayant fréquenté l'université a triplé dans la région de Montréal depuis 1951 (voir annexe statistique, tableau 9), passsant de 8 % en 1951-1961 à 25 % en 1991, cette progression s'est faite de manière très inégale, même si globalement la région de Montréal apparaît comme beaucoup plus scolarisée que le reste du Québec, puisque dans l'ensemble du Québec, en 1991, la proportion de personnes ayant fréquenté l'université n'est que de 18 %.

Jusqu'en 1961, seuls les quartiers favorisés ont une proportion de personnes ayant fréquenté l'université supérieure à la moyenne (cartes 260 et 261): ce sont aussi des quartiers majoritairement anglophones, et la zone de scolarisation universitaire épouse presque parfaitement la zone anglophone de Montréal (section 33). Dans les années soixante-dix et quatre-vingt, cette zone s'agrandit, mais toujours dans les limites de la zone anglophone (cartes 262 et 263), à laquelle s'ajoutent des quartiers plus francophones, mais aussi plus favorisés (Outremont, Laval-Ouest, Côte-des-Neiges et les environs de l'Université de Montréal).

En 1991, la zone de plus forte concentration de la population ayant fréquenté l'université demeure encore largement identique à la zone anglophone, à laquelle s'ajoutent des banlieues plus francophones (à Laval, Brossard, Boucherville, Saint-Bruno-de-Montarville) et mieux nanties, ainsi que les zones de rénovation urbaine et de développement domiciliaire plus luxueux (Île-des-Sœurs, Habitat 67, Vieux-Montréal, Métro-Longueuil, Domaine Saint-Sulpice, Pyramides olympiques, etc.): dans ces secteurs, la proportion de personnes ayant fréquenté l'université dépasse les 50 %.

La carte de la population possédant un diplôme universitaire (carte 265) est encore plus claire à cet égard: on remarque la très grande concentration spatiale des diplômés universitaires sur le flanc ouest du mont Royal, ainsi que dans les parties ouest de l'île de Montréal, de Laval et de la Rive-Sud.

208

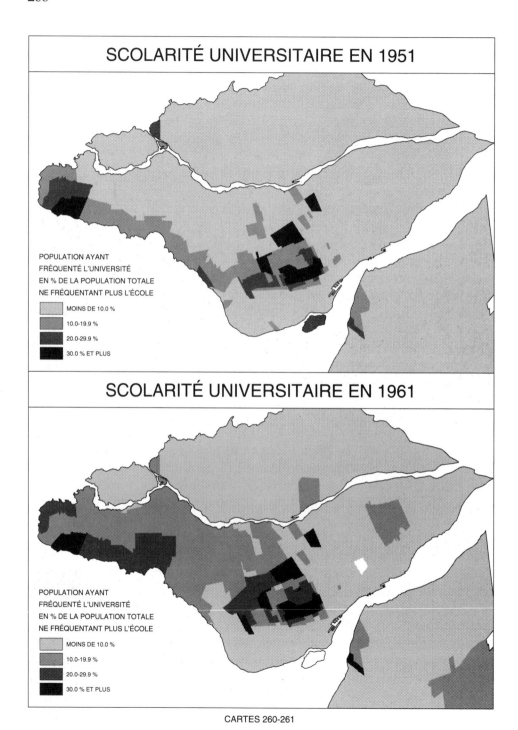

SCOLARITÉ UNIVERSITAIRE EN 1951

POPULATION AYANT
FRÉQUENTÉ L'UNIVERSITÉ
EN % DE LA POPULATION TOTALE
NE FRÉQUENTANT PLUS L'ÉCOLE

MOINS DE 10.0 %
10.0-19.9 %
20.0-29.9 %
30.0 % ET PLUS

SCOLARITÉ UNIVERSITAIRE EN 1961

POPULATION AYANT
FRÉQUENTÉ L'UNIVERSITÉ
EN % DE LA POPULATION TOTALE
NE FRÉQUENTANT PLUS L'ÉCOLE

MOINS DE 10.0 %
10.0-19.9 %
20.0-29.9 %
30.0 % ET PLUS

CARTES 260-261

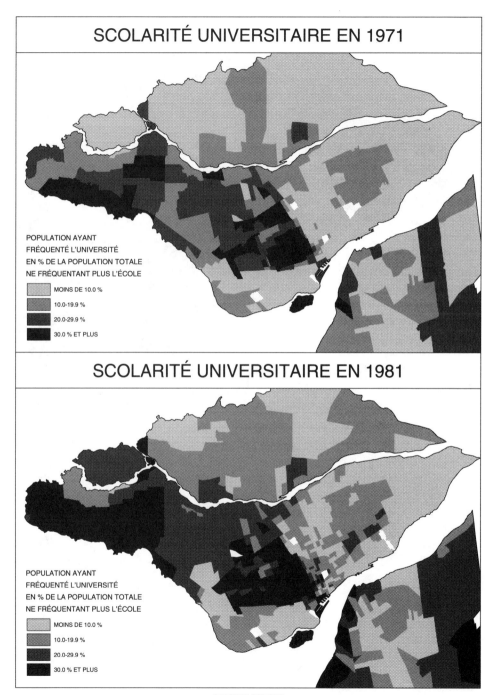

SCOLARITÉ UNIVERSITAIRE EN 1971

POPULATION AYANT
FRÉQUENTÉ L'UNIVERSITÉ
EN % DE LA POPULATION TOTALE
NE FRÉQUENTANT PLUS L'ÉCOLE

MOINS DE 10.0 %

10.0-19.9 %

20.0-29.9 %

30.0 % ET PLUS

SCOLARITÉ UNIVERSITAIRE EN 1981

POPULATION AYANT
FRÉQUENTÉ L'UNIVERSITÉ
EN % DE LA POPULATION TOTALE
NE FRÉQUENTANT PLUS L'ÉCOLE

MOINS DE 10.0 %

10.0-19.9 %

20.0-29.9 %

30.0 % ET PLUS

CARTES 262-263

210

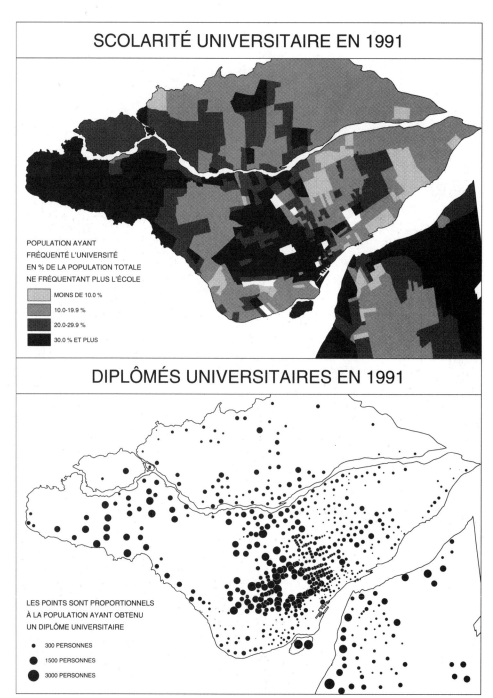

SCOLARITÉ UNIVERSITAIRE EN 1991

POPULATION AYANT
FRÉQUENTÉ L'UNIVERSITÉ
EN % DE LA POPULATION TOTALE
NE FRÉQUENTANT PLUS L'ÉCOLE

MOINS DE 10.0 %

10.0-19.9 %

20.0-29.9 %

30.0 % ET PLUS

DIPLÔMÉS UNIVERSITAIRES EN 1991

LES POINTS SONT PROPORTIONNELS
À LA POPULATION AYANT OBTENU
UN DIPLÔME UNIVERSITAIRE

● 300 PERSONNES

● 1500 PERSONNES

● 3000 PERSONNES

CARTES 264-265

44. Baisse séculaire de l'activité masculine sur le marché du travail

On classe comme actives les personnes qui sont sur le marché du travail: elles y sont soit au travail, soit en quête de travail. Les inactifs comprennent donc toutes les personnes qui ne sont pas disponibles au travail: on y retrouve principalement des étudiants, des inaptes au travail (personnes lourdement handicapées), des retraités et des personnes à la maison parmi lesquelles l'importante catégorie des assistés sociaux. Bien entendu, ces différentes catégories n'ont pas de contours très précis, mais l'ensemble des inactifs comprend les personnes qui déclarent ne pas être au travail ni en quête de travail. Évidemment, le taux d'activité est calculé par rapport aux personnes qui ont 15 ans ou plus (14 ans ou plus en 1951).

Le taux d'activité des hommes est en baisse depuis que l'on dispose de données sur le marché du travail, c'est-à-dire depuis le début du siècle: ce taux est passé dans la région de Montréal de 84 % en 1951 à 75 % en 1991 (voir annexe statistique, tableau 9). Cette baisse séculaire du taux d'activité masculin s'explique par plusieurs facteurs concourants.

En premier lieu, l'allongement de l'espérance de vie augmente le nombre de personnes âgées, et donc le nombre de retraités. De plus, l'âge de la retraite s'est abaissé, augmentant encore le nombre de retraités. En second lieu, l'augmentation générale de la scolarisation, au-delà de quinze ans, diminue aussi le nombre d'actifs. Enfin, la détérioration des conditions générales du marché de l'emploi augmente le nombre de chômeurs de longue durée dont certains finissent par sortir ou être exclus de ce marché, et viennent grossir les rangs de ceux qui vivent du secours direct de l'État (les assistés sociaux).

La répartition spatiale du taux d'activité masculin reflète ces différents facteurs (structure d'âge, scolarité, conditions économiques). L'activité masculine est plus forte (75 % et plus) en périphérie (population plus jeune et plus scolarisée), tandis que des taux plus faibles (65-75 %) se retrouvent dans la partie centrale de l'île de Montréal (population plus vieille). Les taux d'activité masculine les plus faibles (inférieurs à 65 %) se retrouvent dans le Centre-Sud de l'île de Montréal, qui constitue la zone la plus défavorisée: Verdun, Saint-Henri, Pointe-Saint-Charles, Saint-Jacques, Sainte-Marie, Hochelaga-Maisonneuve.

212

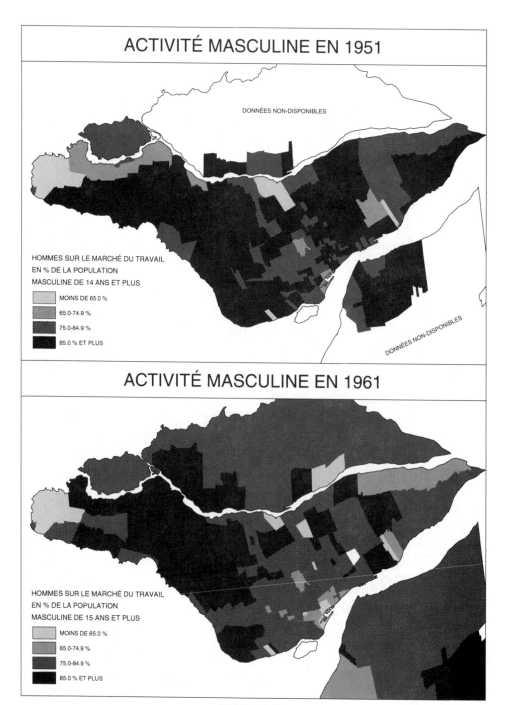

ACTIVITÉ MASCULINE EN 1951

DONNÉES NON-DISPONIBLES

HOMMES SUR LE MARCHÉ DU TRAVAIL
EN % DE LA POPULATION
MASCULINE DE 14 ANS ET PLUS

MOINS DE 65.0 %

65.0-74.9 %

75.0-84.9 %

85.0 % ET PLUS

DONNÉES NON-DISPONIBLES

ACTIVITÉ MASCULINE EN 1961

HOMMES SUR LE MARCHÉ DU TRAVAIL
EN % DE LA POPULATION
MASCULINE DE 15 ANS ET PLUS

MOINS DE 65.0 %

65.0-74.9 %

75.0-84.9 %

85.0 % ET PLUS

CARTES 266-267

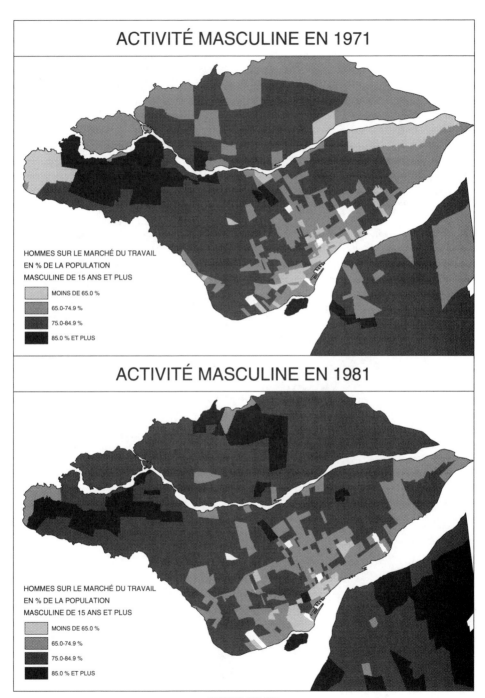

ACTIVITÉ MASCULINE EN 1971

HOMMES SUR LE MARCHÉ DU TRAVAIL
EN % DE LA POPULATION
MASCULINE DE 15 ANS ET PLUS

MOINS DE 65.0 %

65.0-74.9 %

75.0-84.9 %

85.0 % ET PLUS

ACTIVITÉ MASCULINE EN 1981

HOMMES SUR LE MARCHÉ DU TRAVAIL
EN % DE LA POPULATION
MASCULINE DE 15 ANS ET PLUS

MOINS DE 65.0 %

65.0-74.9 %

75.0-84.9 %

85.0 % ET PLUS

CARTES 268-269

214

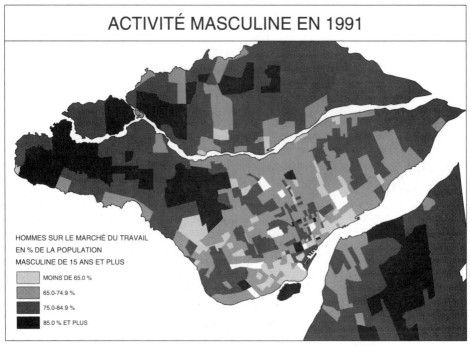

ACTIVITÉ MASCULINE EN 1991

HOMMES SUR LE MARCHÉ DU TRAVAIL
EN % DE LA POPULATION
MASCULINE DE 15 ANS ET PLUS

MOINS DE 65.0 %

65.0-74.9 %

75.0-84.9 %

85.0 % ET PLUS

CARTE 270

45. L'entrée massive des femmes sur le marché du travail

La participation des femmes au marché du travail a suivi un mouvement exactement inverse de celui de la participation des hommes: l'accroissement du taux d'activité féminin est continu depuis le début du siècle. Alors que ce taux s'établissait à 31 % en 1951 et à 32 % en 1961, il passe à 39 % en 1971, à 52 % en 1981 et à 57 % en 1991, toujours pour la région étudiée (voir annexe statistique, tableau 9). Mais ici encore, cette hausse continue s'est faite de façon inégale.

Jusqu'en 1961, seules les femmes habitant le centre de l'île de Montréal ont des taux d'activité élevés (plus de 40 %), mises à part les deux exceptions de Saint-Anne-du-Bout-de-l'Île et de Notre-Dame-de-Liesse (unités atypiques car il s'agit du personnel féminin d'un hôpital de vétérans et d'un orphelinat). Dans ce noyau central, on retrouve bien une main-d'œuvre féminine plus qualifiée (carte 261) et composée de travailleuses intellectuelles (carte 337).

À partir de 1971 (cartes 273 et 274), ce noyau va s'étendre à l'ensemble de la région, à l'exception de quelques zones défavorisées (Centre-Sud et certains quartiers à forte composante immigrante comme Parc-Extension ou Saint-Michel). Mais, dans l'ensemble, il semble y avoir une structure indifférenciée du taux d'activité féminin, aujourd'hui partout supérieur à 50 % (carte 275).

Pour faire apparaître la structure spatiale du taux d'activité des femmes en 1991, il faut changer d'échelle (carte 276), pour avoir une image plus contrastée. On voit alors que ce sont les femmes des banlieues périphériques qui sont les plus actives (taux supérieurs à 55 % et souvent même à 65 %). Il en est de même dans les quartiers autour du mont Royal (Plateau Mont-Royal, Outremont, les environs de l'Université de Montréal, Notre-Dame-de-Grâce par exemple), ainsi que dans les nouveaux développements de luxe (Île-des-Sœurs, Habitat 67, Vieux-Montréal). Tout comme pour les hommes, les quartiers de plus faible activité féminine (moins de 45 %) se retrouvent dans le Centre-Sud de l'île de Montréal.

Pour l'ensemble du Québec, le taux d'activité féminin se situait, en 1991, légèrement en dessous de celui de la région de Montréal, soit à 56 %.

216

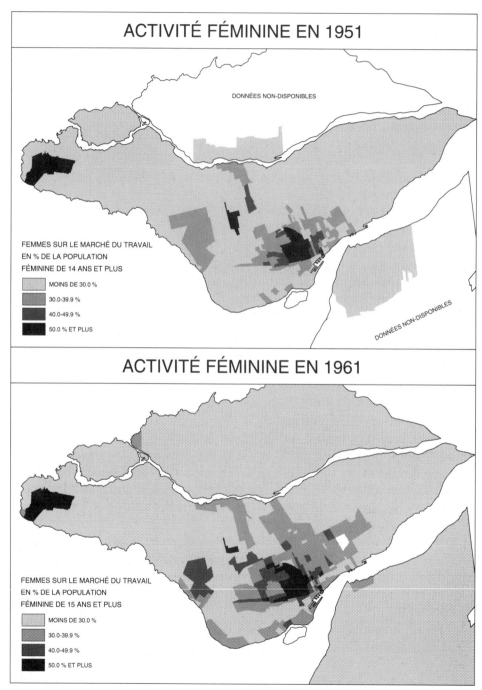

ACTIVITÉ FÉMININE EN 1951

DONNÉES NON-DISPONIBLES

FEMMES SUR LE MARCHÉ DU TRAVAIL
EN % DE LA POPULATION
FÉMININE DE 14 ANS ET PLUS

MOINS DE 30.0 %
30.0-39.9 %
40.0-49.9 %
50.0 % ET PLUS

DONNÉES NON-DISPONIBLES

ACTIVITÉ FÉMININE EN 1961

FEMMES SUR LE MARCHÉ DU TRAVAIL
EN % DE LA POPULATION
FÉMININE DE 15 ANS ET PLUS

MOINS DE 30.0 %
30.0-39.9 %
40.0-49.9 %
50.0 % ET PLUS

CARTES 271-272

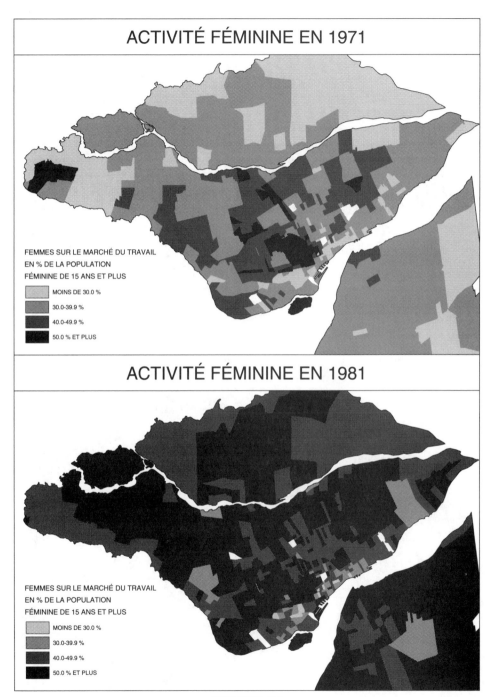

ACTIVITÉ FÉMININE EN 1971

FEMMES SUR LE MARCHÉ DU TRAVAIL
EN % DE LA POPULATION
FÉMININE DE 15 ANS ET PLUS

MOINS DE 30.0 %
30.0-39.9 %
40.0-49.9 %
50.0 % ET PLUS

ACTIVITÉ FÉMININE EN 1981

FEMMES SUR LE MARCHÉ DU TRAVAIL
EN % DE LA POPULATION
FÉMININE DE 15 ANS ET PLUS

MOINS DE 30.0 %
30.0-39.9 %
40.0-49.9 %
50.0 % ET PLUS

CARTES 273-274

218

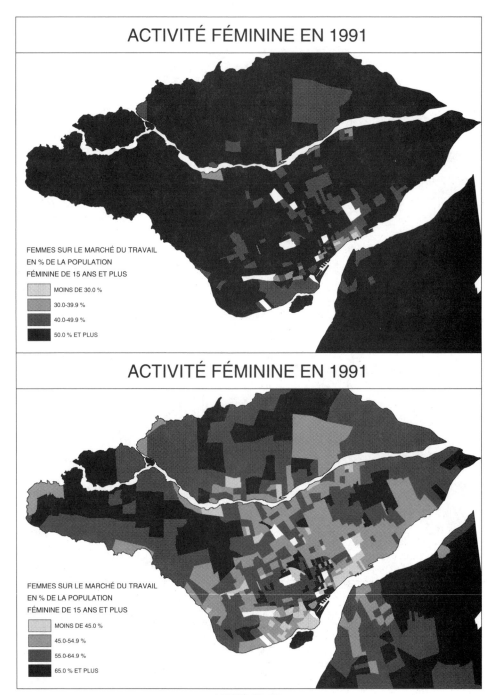

ACTIVITÉ FÉMININE EN 1991

FEMMES SUR LE MARCHÉ DU TRAVAIL
EN % DE LA POPULATION
FÉMININE DE 15 ANS ET PLUS

MOINS DE 30.0 %

30.0-39.9 %

40.0-49.9 %

50.0 % ET PLUS

ACTIVITÉ FÉMININE EN 1991

FEMMES SUR LE MARCHÉ DU TRAVAIL
EN % DE LA POPULATION
FÉMININE DE 15 ANS ET PLUS

MOINS DE 45.0 %

45.0-54.9 %

55.0-64.9 %

65.0 % ET PLUS

CARTES 275-276

46. La participation féminine à la main-d'œuvre

On définit la participation féminine à la main-d'œuvre comme étant le pourcentage de femmes dans la main-d'œuvre totale. Les cartes présentées dans cette section sont donc en quelque sorte le quotient des cartes présentées dans les deux sections précédentes.

Étant donné que les femmes sont plus nombreuses que les hommes dans la population totale, s'il y avait parfaite égalité d'accès des femmes et des hommes au marché du travail, le taux de participation féminine devrait être supérieur à 50 %. Tel n'est évidemment pas le cas puisque les femmes sont traditionnellement relativement moins présentes que les hommes sur le marché du travail. Néanmoins, ce taux de participation augmente régulièrement en raison, d'une part, de l'augmentation du taux d'activité des femmes, mais aussi en raison, d'autre part, de la diminution du taux d'activité des hommes.

Le taux de participation féminine à la main-d'œuvre, qui était inférieur à 30 % jusqu'en 1961, est passé à 36 % en 1971, à 42 % en 1981 et enfin à 46 % en 1991 (voir annexe statistique, tableau 9) pour l'ensemble de la région étudiée. Pour l'ensemble du Québec, ce taux s'élevait à 44 % en 1991.

La distribution spatiale de ce taux de participation épouse, jusqu'en 1971, la distribution spatiale du taux d'activité féminin. Dans le centre de l'île de Montréal, autour du mont Royal, la main-d'œuvre féminine représente plus de 40 % de la main-d'œuvre totale, et cette proportion baisse régulièrement à mesure que l'on s'éloigne vers la périphérie. À partir de 1981, pratiquement toute l'île de Montréal, et une bonne partie de Laval et de la Rive-Sud sont dans cette situation (carte 280).

C'est pourquoi, pour 1991, nous avons dû changer d'échelle (carte 281). Malgré cela, à peu près partout dans la région de Montréal, les femmes représentent plus que 40 % de la main-d'œuvre totale, et dans certains secteurs, le nombre de femmes actives est supérieur au nombre d'hommes actifs. Seule une petite zone au sud de la rue Sherbrooke (centre-ville, Saint-Jacques et Sainte-Marie) connaît une proportion de femmes dans la main-d'œuvre totale inférieure à 40 %.

220

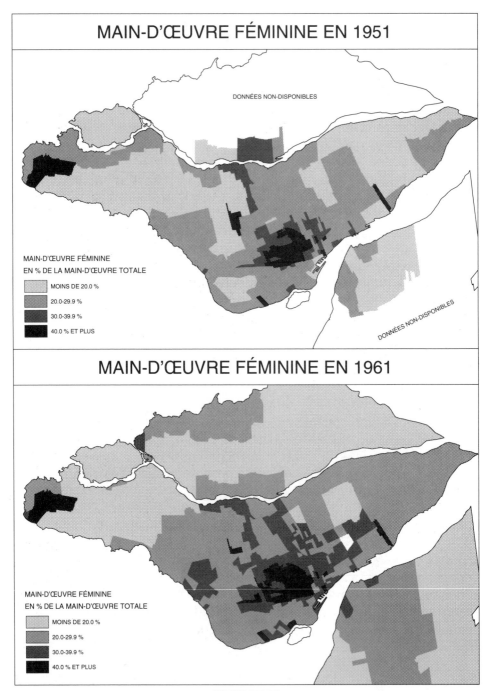

MAIN-D'ŒUVRE FÉMININE EN 1951

DONNÉES NON-DISPONIBLES

MAIN-D'ŒUVRE FÉMININE
EN % DE LA MAIN-D'ŒUVRE TOTALE

MOINS DE 20.0 %
20.0-29.9 %
30.0-39.9 %
40.0 % ET PLUS

DONNÉES NON-DISPONIBLES

MAIN-D'ŒUVRE FÉMININE EN 1961

MAIN-D'ŒUVRE FÉMININE
EN % DE LA MAIN-D'ŒUVRE TOTALE

MOINS DE 20.0 %
20.0-29.9 %
30.0-39.9 %
40.0 % ET PLUS

CARTES 277-278

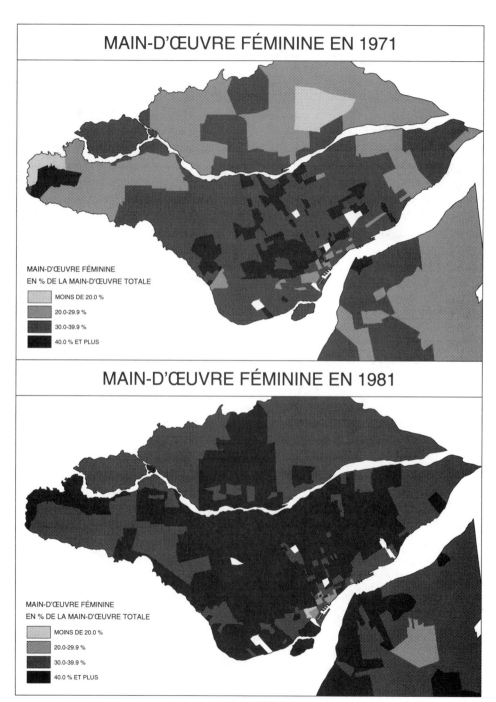

MAIN-D'ŒUVRE FÉMININE EN 1971

MAIN-D'ŒUVRE FÉMININE
EN % DE LA MAIN-D'ŒUVRE TOTALE

MOINS DE 20.0 %
20.0-29.9 %
30.0-39.9 %
40.0 % ET PLUS

MAIN-D'ŒUVRE FÉMININE EN 1981

MAIN-D'ŒUVRE FÉMININE
EN % DE LA MAIN-D'ŒUVRE TOTALE

MOINS DE 20.0 %
20.0-29.9 %
30.0-39.9 %
40.0 % ET PLUS

CARTES 279-280

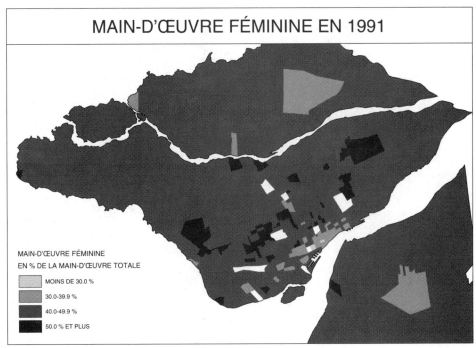

MAIN-D'ŒUVRE FÉMININE EN 1991

MAIN-D'ŒUVRE FÉMININE
EN % DE LA MAIN-D'ŒUVRE TOTALE

- MOINS DE 30.0 %
- 30.0-39.9 %
- 40.0-49.9 %
- 50.0 % ET PLUS

CARTE 281

47. L'extension du salariat

L'extension du salariat est une autre des tendances lourdes du marché de l'emploi: elle se traduit par la diminution constante, depuis plusieurs décennies, de la proportion de la main-d'œuvre qui travaille à son propre compte. C'est cette proportion que nous avons représentée dans les cartes de cette section, en nous limitant à la main-d'œuvre masculine, car le marché de l'emploi pour les femmes s'est pratiquement limité jusqu'à tout récemment aux seuls emplois salariés.

La proportion de travailleurs autonomes est passée de 11 % en 1951 à 6 % en 1981 (voir annexe statistique, tableau 9): mais les changements économiques profonds de la dernière décennie, et notamment la stagnation de l'emploi, ont poussé de plus en plus de personnes à redevenir travailleurs autonomes, avec pour résultat que leur proportion est remontée, en 1991, à 11 % de la main-d'œuvre masculine totale.

Traditionnellement, ces travailleurs autonomes se retrouvent dans des catégories élevées d'emploi: commerçants, hommes d'affaires, professions libérales (avocats, notaires, médecins, etc.). Mais même dans ces catégories, la tendance générale a été depuis longtemps de recevoir un salaire de sa propre entreprise (magasin, bureau d'avocat, cabinet de médecin, etc.), souvent pour des raisons fiscales. L'appartenance des travailleurs autonomes aux catégories élevées de l'emploi est attestée par leur répartition spatiale.

En 1951, on retrouve les travailleurs autonomes concentrés surtout autour du mont Royal et dans l'ouest de l'île de Montréal (carte 282), puis à partir de 1961 dans certains secteurs de la banlieue, notamment à Laval et sur la Rive-Sud (carte 283). Leur diminution relative jusqu'en 1981 n'affecte pas leur répartition spatiale.

En 1991, on retrouve les travailleurs autonomes dans les secteurs favorisés (quartiers autour du mont Royal, Lakeshore, Chomedey, Laval-Ouest, Brossard, Saint-Lambert, Île-des-Sœurs, Vieux-Montréal), mais aussi en nombre croissant dans l'ensemble des banlieues périphériques (Brossard, Boucherville, Saint-Bruno-de-Montarville, Laval), ainsi que dans certaines banlieues de l'île de Montréal (Dollard-des-Ormeaux, Saint-Léonard, Anjou, Rivière-des-Prairies). Dans ces quartiers, les travailleurs autonomes représentent généralement plus de 30 % de la main-d'œuvre masculine.

224

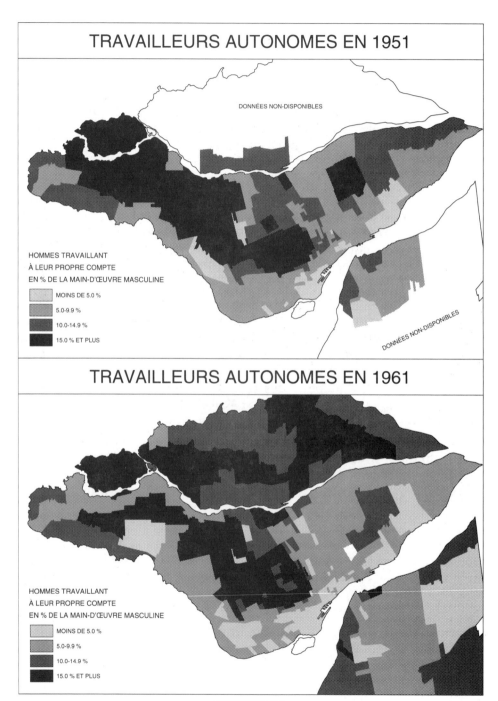

TRAVAILLEURS AUTONOMES EN 1951

DONNÉES NON-DISPONIBLES

HOMMES TRAVAILLANT
À LEUR PROPRE COMPTE
EN % DE LA MAIN-D'ŒUVRE MASCULINE

MOINS DE 5.0 %

5.0-9.9 %

10.0-14.9 %

15.0 % ET PLUS

DONNÉES NON-DISPONIBLES

TRAVAILLEURS AUTONOMES EN 1961

HOMMES TRAVAILLANT
À LEUR PROPRE COMPTE
EN % DE LA MAIN-D'ŒUVRE MASCULINE

MOINS DE 5.0 %

5.0-9.9 %

10.0-14.9 %

15.0 % ET PLUS

CARTES 282-283

TRAVAILLEURS AUTONOMES EN 1971

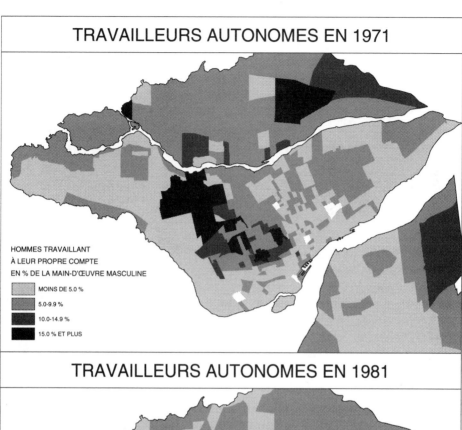

HOMMES TRAVAILLANT
À LEUR PROPRE COMPTE
EN % DE LA MAIN-D'ŒUVRE MASCULINE

MOINS DE 5.0 %

5.0-9.9 %

10.0-14.9 %

15.0 % ET PLUS

TRAVAILLEURS AUTONOMES EN 1981

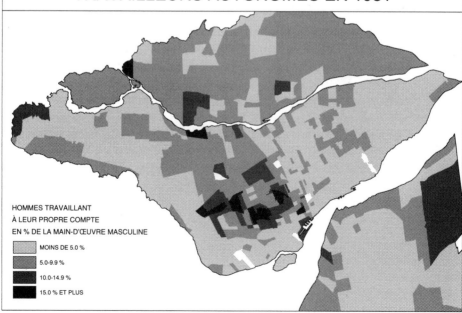

HOMMES TRAVAILLANT
À LEUR PROPRE COMPTE
EN % DE LA MAIN-D'ŒUVRE MASCULINE

MOINS DE 5.0 %

5.0-9.9 %

10.0-14.9 %

15.0 % ET PLUS

CARTES 284-285

226

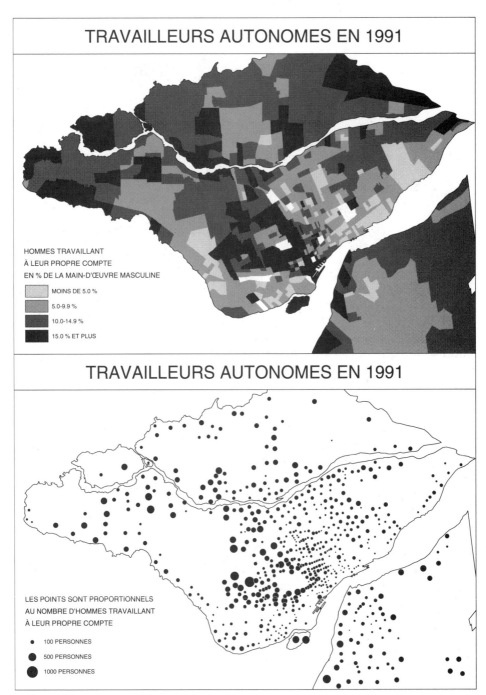

TRAVAILLEURS AUTONOMES EN 1991

HOMMES TRAVAILLANT
À LEUR PROPRE COMPTE
EN % DE LA MAIN-D'ŒUVRE MASCULINE

MOINS DE 5.0 %

5.0-9.9 %

10.0-14.9 %

15.0 % ET PLUS

TRAVAILLEURS AUTONOMES EN 1991

LES POINTS SONT PROPORTIONNELS
AU NOMBRE D'HOMMES TRAVAILLANT
À LEUR PROPRE COMPTE

100 PERSONNES

500 PERSONNES

1000 PERSONNES

CARTES 286-287

48. Un chômage masculin structurel et structuré...

Les changements structurels de l'économie depuis une trentaine d'années ont vu l'apparition d'un tel niveau de chômage que la notion même de plein emploi a dû être révisée à la baisse. Alors qu'en 1951 le taux de chômage masculin se situait à 2 %, puis à 3 % en 1961, il se situait à 9 % en 1971, à 8 % en 1981 et à 13 % en 1991 (voir annexe statistique, tableau 9). C'est pourquoi nous avons dû changer d'échelle dans la représentation cartographique de ce taux. Bien entendu, il s'agit du taux de chômage non désaisonnalisé calculé au moment du recensement, c'est-à-dire dans la semaine qui précède celui-ci (habituellement la dernière semaine du mois de mai).

Jusqu'en 1981, la répartition spatiale du taux de chômage est relativement simple: les quartiers à plus fort taux de chômage épousent la forme d'un T renversé. Il y a d'abord une bande le long du fleuve Saint-Laurent, qui va de Verdun à Hochelaga-Maisonneuve et qui englobe les quartiers de Saint-Henri, Pointe-Saint-Charles, le centre-ville, Saint-Jacques, Sainte-Marie, etc. Ensuite, perpendiculairement à cette bande, une zone nord-sud comprend d'une part le «couloir ethnique» (Mile-End, Parc-Extension), mais aussi tout le Plateau Mont-Royal, ainsi qu'une bonne part des quartiers de Rosemont et de Villeray.

En 1991, il y a comme une explosion de la zone de chômage intense (plus de 15 % de chômage masculin, et souvent plus de 20 %): au T renversé, dans lequel se concentrait traditionnellement le chômage et qui est encore clairement reconnaissable (carte 293), s'ajoutent maintenant de vastes zones de chômage chronique. D'abord d'anciens quartiers ouvriers (Lachine, Laflèche, Jacques-Cartier), mais aussi des quartiers de banlieue (Pont-Viau, Laval-des-Rapides, Longueuil). Enfin des quartiers à forte immigration, et surtout à forte immigration récente, par exemple Côte-des-Neiges, Saint-Michel, Montréal-Nord.

Bien entendu, dans les quartiers favorisés autour du mont Royal, ainsi que dans les banlieues périphériques (extrêmes est et ouest de l'île de Montréal, Laval, Rive-Sud), le taux de chômage masculin demeure toujours plus bas (inférieur à 5 %), même s'il a connu un accroissement structurel important (les zones les plus préservées du chômage en 1991 ont des taux de chômage comparables à ceux des zones les plus touchées par le chômage il y a trente ou quarante ans).

228

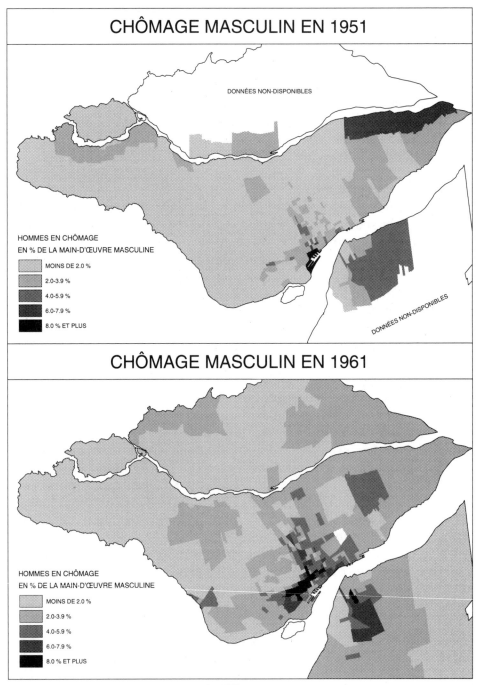

CHÔMAGE MASCULIN EN 1951

DONNÉES NON-DISPONIBLES

HOMMES EN CHÔMAGE
EN % DE LA MAIN-D'ŒUVRE MASCULINE

- MOINS DE 2.0 %
- 2.0-3.9 %
- 4.0-5.9 %
- 6.0-7.9 %
- 8.0 % ET PLUS

DONNÉES NON-DISPONIBLES

CHÔMAGE MASCULIN EN 1961

HOMMES EN CHÔMAGE
EN % DE LA MAIN-D'ŒUVRE MASCULINE

- MOINS DE 2.0 %
- 2.0-3.9 %
- 4.0-5.9 %
- 6.0-7.9 %
- 8.0 % ET PLUS

CARTES 288-289

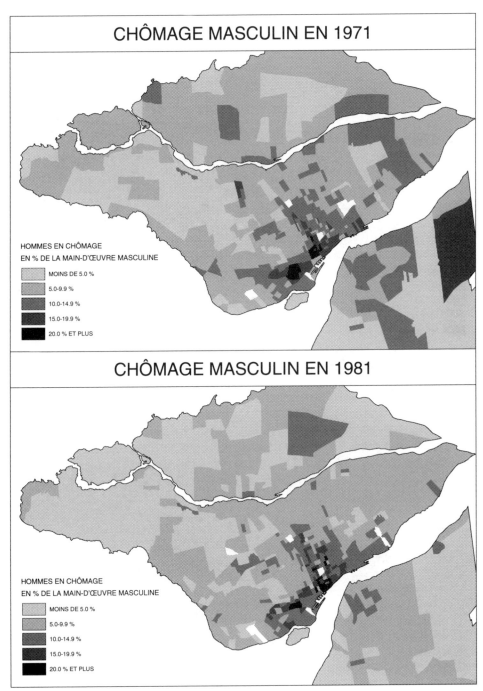

CHÔMAGE MASCULIN EN 1971

HOMMES EN CHÔMAGE
EN % DE LA MAIN-D'ŒUVRE MASCULINE

MOINS DE 5.0 %
5.0-9.9 %
10.0-14.9 %
15.0-19.9 %
20.0 % ET PLUS

CHÔMAGE MASCULIN EN 1981

HOMMES EN CHÔMAGE
EN % DE LA MAIN-D'ŒUVRE MASCULINE

MOINS DE 5.0 %
5.0-9.9 %
10.0-14.9 %
15.0-19.9 %
20.0 % ET PLUS

CARTES 290-291

230

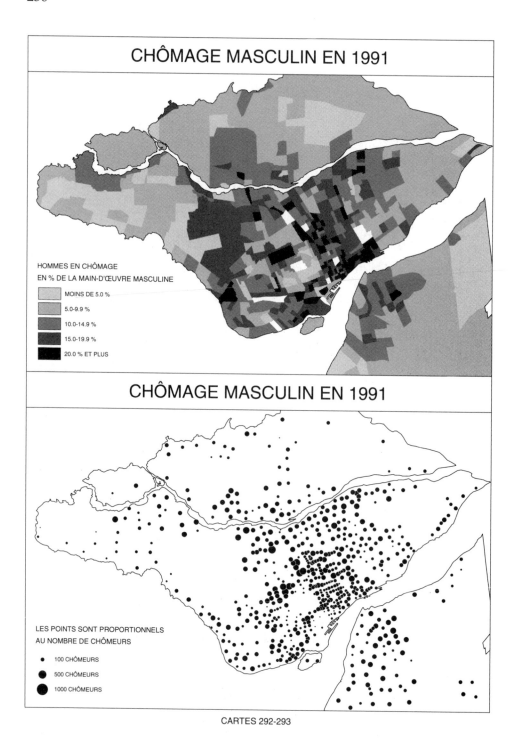

CHÔMAGE MASCULIN EN 1991

HOMMES EN CHÔMAGE
EN % DE LA MAIN-D'ŒUVRE MASCULINE

MOINS DE 5.0 %
5.0-9.9 %
10.0-14.9 %
15.0-19.9 %
20.0 % ET PLUS

CHÔMAGE MASCULIN EN 1991

LES POINTS SONT PROPORTIONNELS
AU NOMBRE DE CHÔMEURS

100 CHÔMEURS
500 CHÔMEURS
1000 CHÔMEURS

CARTES 292-293

49. ... tout comme le chômage féminin

Tout comme le chômage masculin, le chômage féminin a connu un accroissement structurel important depuis quarante ans: alors que le taux de chômage féminin se situait à 2 % en 1951-1961, il grimpe à 10 % en 1971-1981 et se situe en 1991 à 12 % (voir annexe statistique, tableau 9). L'évolution de ce taux de chômage féminin n'a pas pour cause l'entrée massive des femmes sur le marché du travail, puisque cette évolution a suivi assez précisément celle du taux de chômage masculin, alors que l'activité masculine sur le marché du travail a connu une baisse régulière depuis quarante ans: l'évolution parallèle de ces deux taux de chômage traduit en fait l'évolution générale du système économique et son incapacité à maintenir un niveau d'emploi maximal.

La répartition spatiale du taux de chômage féminin n'a pas tout à fait la même structure que celle du taux de chômage masculin: même si on reconnaît le T renversé, dans lequel se concentre le chômage masculin, le taux de chômage féminin apparaît beaucoup plus uniformément réparti dans l'espace. Ainsi, dans les zones de fort chômage, le taux de chômage féminin est moins élevé que le taux de chômage masculin; par contre, dans les zones de faible chômage, le taux de chômage féminin est plus élevé que le taux de chômage masculin. Ce phénomène d'égalisation, en quelque sorte, des taux de chômage féminins à travers l'espace social, révèle en fait la fragilité de l'emploi dans le secteur des services où se concentre l'emploi féminin.

On note en particulier qu'aucun secteur n'est vraiment épargné par le chômage féminin, ni dans la partie centrale de l'île de Montréal ni dans les banlieues périphériques.

232

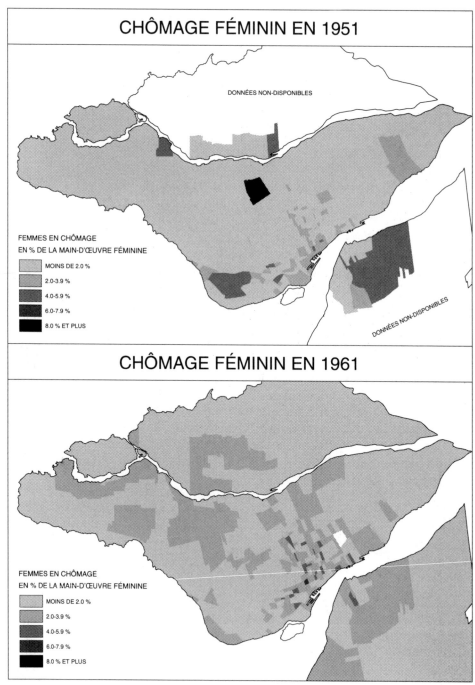

CHÔMAGE FÉMININ EN 1951

DONNÉES NON-DISPONIBLES

FEMMES EN CHÔMAGE
EN % DE LA MAIN-D'ŒUVRE FÉMININE

- MOINS DE 2.0 %
- 2.0-3.9 %
- 4.0-5.9 %
- 6.0-7.9 %
- 8.0 % ET PLUS

DONNÉES NON-DISPONIBLES

CHÔMAGE FÉMININ EN 1961

FEMMES EN CHÔMAGE
EN % DE LA MAIN-D'ŒUVRE FÉMININE

- MOINS DE 2.0 %
- 2.0-3.9 %
- 4.0-5.9 %
- 6.0-7.9 %
- 8.0 % ET PLUS

CARTES 294-295

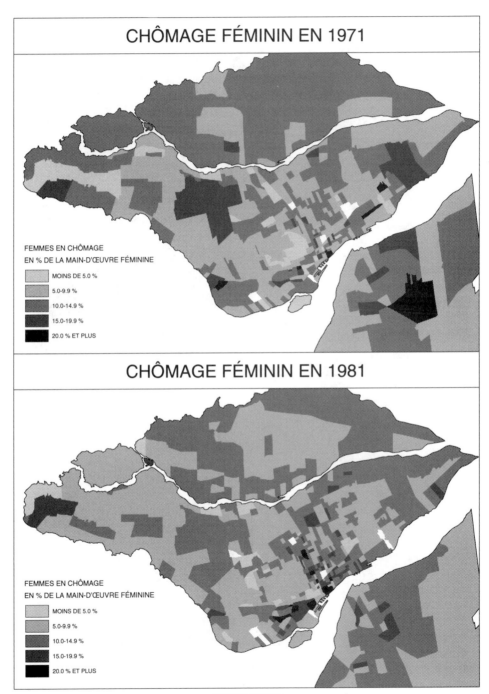

CHÔMAGE FÉMININ EN 1971

FEMMES EN CHÔMAGE
EN % DE LA MAIN-D'ŒUVRE FÉMININE

MOINS DE 5.0 %
5.0-9.9 %
10.0-14.9 %
15.0-19.9 %
20.0 % ET PLUS

CHÔMAGE FÉMININ EN 1981

FEMMES EN CHÔMAGE
EN % DE LA MAIN-D'ŒUVRE FÉMININE

MOINS DE 5.0 %
5.0-9.9 %
10.0-14.9 %
15.0-19.9 %
20.0 % ET PLUS

CARTES 296-297

234

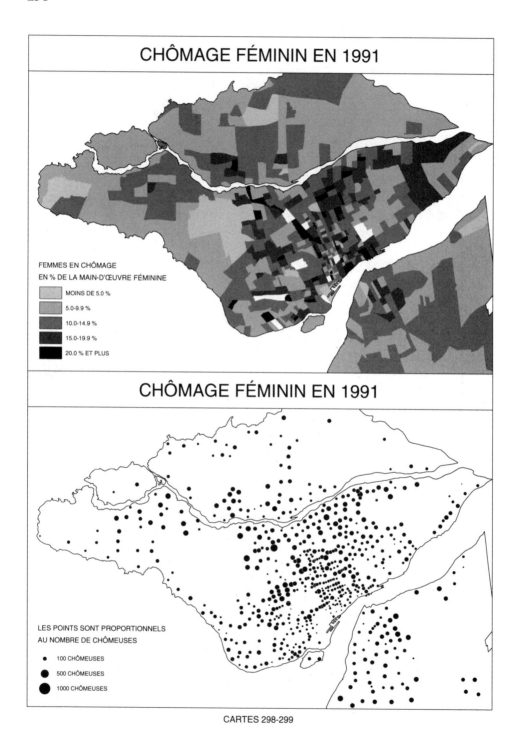

CHÔMAGE FÉMININ EN 1991

FEMMES EN CHÔMAGE
EN % DE LA MAIN-D'ŒUVRE FÉMININE

MOINS DE 5.0 %

5.0-9.9 %

10.0-14.9 %

15.0-19.9 %

20.0 % ET PLUS

CHÔMAGE FÉMININ EN 1991

LES POINTS SONT PROPORTIONNELS
AU NOMBRE DE CHÔMEUSES

•   100 CHÔMEUSES

●   500 CHÔMEUSES

⬤   1000 CHÔMEUSES

CARTES 298-299

50. Le privilège du travail à temps plein

Ce qui a toujours été présenté dans le discours social comme une norme et un objectif (la vie sociale nous destine au travail et ce travail doit s'exercer dans sa plénitude) apparaît aujourd'hui de plus en plus comme un privilège. Outre les différents types d'exclusion du marché du travail (inactivité, chômage), il s'en établit une nouvelle qui est l'obligation faite, à de plus en plus de personnes, de travailler à temps partiel.

Il y a plusieurs façons de travailler à temps partiel: soit de travailler une partie de la semaine (nombre d'heures travaillées par semaine inférieur à la norme d'une profession), soit de travailler à temps plein une partie de l'année, soit de travailler à temps partiel une partie de l'année. Nous avons représenté dans les cartes de cette section la catégorie résiduelle, qui est celle des personnes qui ont travaillé à temps plein toute l'année 1990. Elles étaient 56 % dans ce cas, 61 % parmi les hommes et 50 % parmi les femmes (pour l'ensemble du Québec, les chiffres correspondants sont de 53 % des personnes qui travaillent à temps plein, 59 % parmi les hommes et 47 % parmi les femmes).

Parmi les hommes, la répartition spatiale de ceux qui travaillent à temps plein (carte 300) révèle une structure concentrique: c'est dans les banlieues que l'on retrouve les plus fortes proportions d'hommes travaillant à temps plein (supérieures à 60 %) avec un léger avantage pour les banlieues de l'ouest de l'île de Montréal (proportions supérieures à 70 %).

Parmi les femmes, apparaît aussi une structure concentrique de la répartition spatiale de celles qui travaillent à temps plein, avec néanmoins un léger fléchissement de cette proportion dans les banlieues les plus périphériques (Laval, Rive-Sud et extrême ouest de l'île de Montréal). Le tassement, dans ces zones, de la proportion de femmes travaillant à temps plein est le résultat de la présence de jeunes familles avec des enfants en bas âge: la pratique des couples fait encore que c'est, dans la majorité des cas, la mère qui opte pour le travail à temps partiel plutôt que le père.

TRAVAILLEURS À TEMPS PLEIN EN 1990

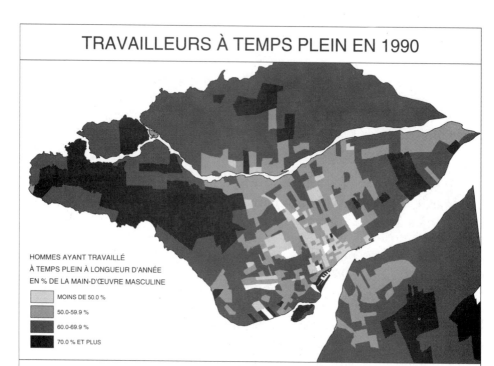

HOMMES AYANT TRAVAILLÉ
À TEMPS PLEIN À LONGUEUR D'ANNÉE
EN % DE LA MAIN-D'ŒUVRE MASCULINE

- MOINS DE 50.0 %
- 50.0-59.9 %
- 60.0-69.9 %
- 70.0 % ET PLUS

TRAVAILLEUSES À TEMPS PLEIN EN 1990

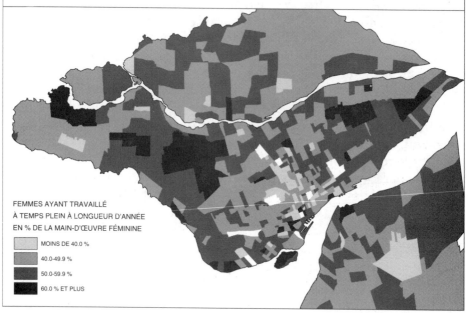

FEMMES AYANT TRAVAILLÉ
À TEMPS PLEIN À LONGUEUR D'ANNÉE
EN % DE LA MAIN-D'ŒUVRE FÉMININE

- MOINS DE 40.0 %
- 40.0-49.9 %
- 50.0-59.9 %
- 60.0 % ET PLUS

CARTES 300-301

51. Le gaspillage des ressources humaines

On divise la population totale âgée de 15 ans et plus (14 ans et plus en 1951) en actifs et inactifs. Parmi les inactifs, on retrouve les étudiants, les retraités, les inaptes au travail, des personnes à la maison (et surtout des ménagères), ainsi que les assistés sociaux. Parmi les actifs, on retrouve les chômeurs et les personnes qui sont au travail. Si l'on regroupe maintenant les inactifs et les chômeurs, on obtient une catégorie plus générale d'improductifs: en effet, seules les personnes au travail dans la main-d'œuvre active participent à la production sociale de biens et de services. Évidemment, cette catégorisation rejette dans l'ombre l'immense production assurée par les formes de travail non reconnues socialement (production domestique et reproduction biologique de la société). De ce point de vue, personne n'est improductif puisque tout le monde participe à la vie sociale. C'est pour cela que plutôt que de parler d'improductifs, nous préférons parler de force de travail inutilisée: il s'agit de la population qui n'est pas au travail dans le marché de l'emploi.

La proportion de la force de travail inutilisée a varié depuis quarante ans entre 37 % et 49 % (voir annexe statistique, tableau 9): elle se situe en 1991 à 43 % de la population âgée de 15 ans et plus, et à 53 % de la population totale. Cette force de travail inutilisée est fonction de plusieurs facteurs: augmentation de la scolarité (qui augmente le nombre de jeunes étudiants inactifs), vieillissement de la population (qui augmente le nombre de retraités inactifs), entrée massive des femmes sur le marché du travail (qui diminue le nombre de femmes inactives), mais aussi détérioration générale du marché de l'emploi (qui augmente le nombre d'actifs chômeurs et d'inactifs assistés sociaux). Ces facteurs contradictoires ont eu un effet complexe sur la force de travail inutilisée.

Jusqu'en 1971, la proportion de la population qui est hors travail reflète surtout des variables démographiques (cartes 302 à 304) et particulièrement la structure d'âge. Elle tend maintenant, de plus en plus, à refléter les conditions générales du marché de l'emploi (cartes 305 et 306). Ainsi, en 1991, on note que la répartition spatiale de la force de travail inutilisée a une structure annulaire: dans les banlieues périphériques, la proportion de la population hors travail est plus faible (malgré la présence de jeunes familles), tout comme dans les quartiers favorisées autour du mont Royal (malgré la présence d'une population plus âgée), alors que cette proportion est la plus élevée dans les quartiers du Centre-Sud (Verdun, Saint-Henri, Hochelaga-Maisonneuve) ainsi que dans certains quartiers d'immigrants avec une population plus jeune (Parc-Extension, Saint-Michel, Côte-des-Neiges).

238

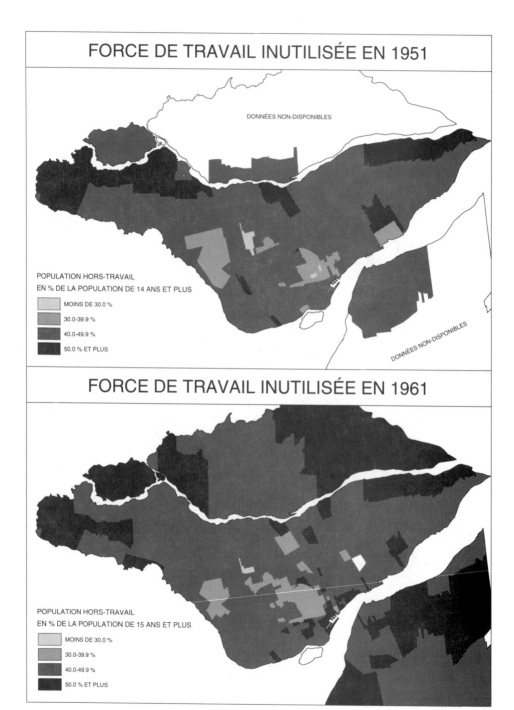

FORCE DE TRAVAIL INUTILISÉE EN 1951

DONNÉES NON-DISPONIBLES

POPULATION HORS-TRAVAIL
EN % DE LA POPULATION DE 14 ANS ET PLUS

MOINS DE 30.0 %

30.0-39.9 %

40.0-49.9 %

50.0 % ET PLUS

DONNÉES NON-DISPONIBLES

FORCE DE TRAVAIL INUTILISÉE EN 1961

POPULATION HORS-TRAVAIL
EN % DE LA POPULATION DE 15 ANS ET PLUS

MOINS DE 30.0 %

30.0-39.9 %

40.0-49.9 %

50.0 % ET PLUS

CARTES 302-303

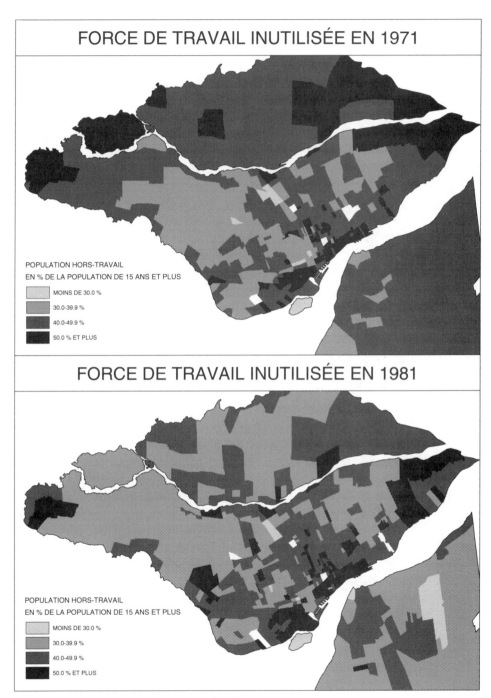

FORCE DE TRAVAIL INUTILISÉE EN 1971

POPULATION HORS-TRAVAIL
EN % DE LA POPULATION DE 15 ANS ET PLUS

MOINS DE 30.0 %

30.0-39.9 %

40.0-49.9 %

50.0 % ET PLUS

FORCE DE TRAVAIL INUTILISÉE EN 1981

POPULATION HORS-TRAVAIL
EN % DE LA POPULATION DE 15 ANS ET PLUS

MOINS DE 30.0 %

30.0-39.9 %

40.0-49.9 %

50.0 % ET PLUS

CARTES 304-305

240

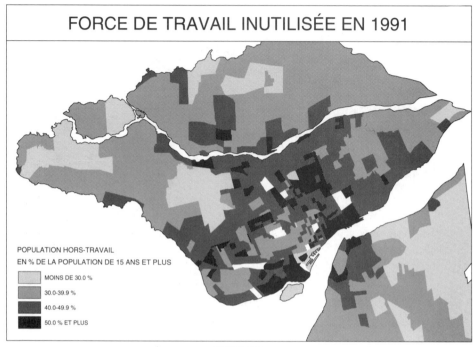

FORCE DE TRAVAIL INUTILISÉE EN 1991

POPULATION HORS-TRAVAIL
EN % DE LA POPULATION DE 15 ANS ET PLUS

MOINS DE 30.0 %

30.0-39.9 %

40.0-49.9 %

50.0 % ET PLUS

CARTE 306

52. L'exclusion du marché du travail

Lorsque tous les membres d'une famille sont inactifs, on a une situation extrême d'exclusion sociale par exclusion du marché du travail: 17 % des familles étaient dans ce cas en 1991 dans la région de Montréal (carte 307), 16 % des familles dans lequel il y a un couple (époux-épouse mariés ou en union libre) et 24 % des familles monoparentales. Bien entendu, certaines de ces familles sont constituées d'un couple âgé, dont les deux membres sont à la retraite, et l'on reconnaît dans les cartes qui suivent (cartes 307, 308 et 309) la répartition spatiale de la population âgée (section 11, carte 60). Mais on reconnaît aussi, dans ces cartes, les zones grises de la défavorisation, notamment le long du fleuve Saint-Laurent dans les quartiers du Centre-Sud (et tout particulièrement Pointe-Saint-Charles, Sainte-Marie et Hochelaga-Maisonneuve): il s'agit dans ce cas de ce qui s'approche le plus de la répartition des familles assistées sociales. Dans le cas des familles monoparentales inactives, la répartition spatiale est encore plus nette, et au Centre-Sud s'ajoutent un certain nombre de quartiers défavorisés et notamment de quartiers à forte composition immigrante (Mile-End, Saint-Michel, Côte-des-Neiges), dans lesquels la proportion de familles monoparentales inactives dépasse 40 %.

La carte 310, qui fournit la répartition des familles comprenant un couple marié ou en union libre dont l'homme et la femme sont actifs sur le marché du travail, est en quelque sorte l'image renversée des cartes précédentes: elle présente une structure spatiale concentrique qui révèle que c'est dans les banlieues périphériques que l'on retrouve les plus forts taux de familles dans lesquelles l'homme et la femme sont sur le marché du travail. Globalement, dans 57 % des familles époux-épouse, l'époux et l'épouse sont sur le marché du travail, mais ce taux dépasse réguliè-rement les 60 % dans le quartiers favorisés autour du mont Royal, et parfois les 70 % dans les banlieues périphériques.

Un des déterminants importants du taux d'activité est le mariage: mais il opère surtout dans les milieux plus favorisés, que ce soient des quartiers centraux ou des quartiers de banlieue: les cartes 311 et 312 fournissent la répartition spatiale du taux d'activité en 1986 des hommes mariés, ainsi que des femmes mariées. Ces deux taux s'établissent globalement à 80 % pour les hommes mariés et 56 % pour les femmes mariées.

242

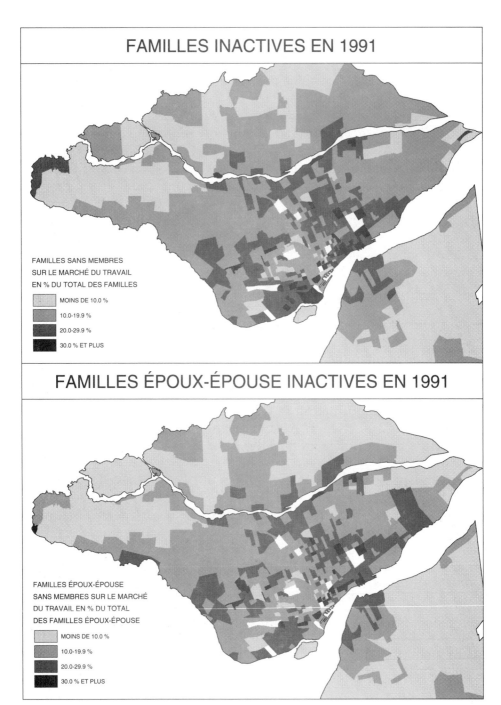

FAMILLES INACTIVES EN 1991

FAMILLES SANS MEMBRES
SUR LE MARCHÉ DU TRAVAIL
EN % DU TOTAL DES FAMILLES

MOINS DE 10.0 %

10.0-19.9 %

20.0-29.9 %

30.0 % ET PLUS

FAMILLES ÉPOUX-ÉPOUSE INACTIVES EN 1991

FAMILLES ÉPOUX-ÉPOUSE
SANS MEMBRES SUR LE MARCHÉ
DU TRAVAIL EN % DU TOTAL
DES FAMILLES ÉPOUX-ÉPOUSE

MOINS DE 10.0 %

10.0-19.9 %

20.0-29.9 %

30.0 % ET PLUS

CARTES 307-308

FAMILLES MONOPARENTALES INACTIVES EN 1991

FAMILLES MONOPARENTALES
SANS MEMBRES SUR LE MARCHÉ
DU TRAVAIL EN % DU TOTAL
DES FAMILLES MONOPARENTALES

MOINS DE 20.0 %

20.0-29.9 %

30.0-39.9 %

40.0 % ET PLUS

ÉPOUX ET ÉPOUSE AU TRAVAIL EN 1991

FAMILLES ÉPOUX-ÉPOUSE
DONT L'ÉPOUX ET L'ÉPOUSE SONT
SUR LE MARCHÉ DU TRAVAIL EN %
DU TOTAL DES FAMILLES ÉPOUX-ÉPOUSE

MOINS DE 50.0 %

50.0-59.9 %

60.0-69.9 %

70.0 % ET PLUS

CARTES 309-310

244

ACTIVITÉ DES HOMMES MARIÉS EN 1986

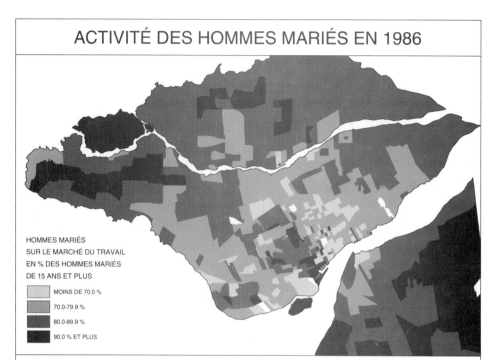

HOMMES MARIÉS
SUR LE MARCHÉ DU TRAVAIL
EN % DES HOMMES MARIÉS
DE 15 ANS ET PLUS

MOINS DE 70.0 %
70.0-79.9 %
80.0-89.9 %
90.0 % ET PLUS

ACTIVITÉ DES FEMMES MARIÉES EN 1986

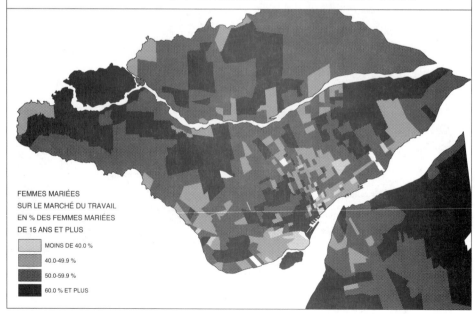

FEMMES MARIÉES
SUR LE MARCHÉ DU TRAVAIL
EN % DES FEMMES MARIÉES
DE 15 ANS ET PLUS

MOINS DE 40.0 %
40.0-49.9 %
50.0-59.9 %
60.0 % ET PLUS

CARTES 311-312

VI
La structure socioprofessionnelle

53. Trois emplois sur quatre dans le secteur tertiaire

Comme tous les grands centres urbains, la région de Montréal concentre les activités dans le secteur tertiaire (fonction publique, administration, finance, commerce, services, santé, communications, enseignement, culture, etc.). En effet, déjà en 1951, la part de la main-d'œuvre engagée dans le secteur tertiaire était de 62 %, et elle s'est encore accrue pour atteindre les 72 % en 1991 (voir annexe statistique, tableau 10), c'est-à-dire presque les trois quarts de la main-d'œuvre totale.

La répartition spatiale de cette main-d'œuvre engagée dans le secteur tertiaire épouse les grandes lignes de la répartition de la population la plus favorisée, soit par sa scolarité élevée (section 43), soit par son niveau de richesse (section 67). On retrouve des taux de population engagée dans le secteur tertiaire supérieurs à 80 % essentiellement dans les quartiers favorisés qui entourent le mont Royal, ainsi que sur le Plateau Mont-Royal, ou encore dans des secteurs aisés de la banlieue (Saint-Lambert, Brossard, Saint-Bruno-de-Montarville, Boucherville).

Les taux les plus faibles (moins de 60 %) se retrouvent principalement dans des quartiers d'immigrants (Parc-Extension, Saint-Michel, Rivière-des-Prairies), et en règle générale dans les quartiers où l'on retrouve une forte concentration de population ouvrière (sections 60 et 61).

Dans les banlieues de l'ouest de l'île de Montréal, dans lesquelles on retrouve une population relativement favorisée (scolarité et revenus élevés), on retrouve cependant une proportion relativement faible de la main-d'œuvre engagée dans le secteur tertiaire: comme la catégorie «tertiaire» est basée sur les activités économiques, les cadres moyens et supérieurs des entreprises de fabrication se retrouvent, dans cette grille, classés dans le secteur secondaire, tout comme les ouvriers.

248

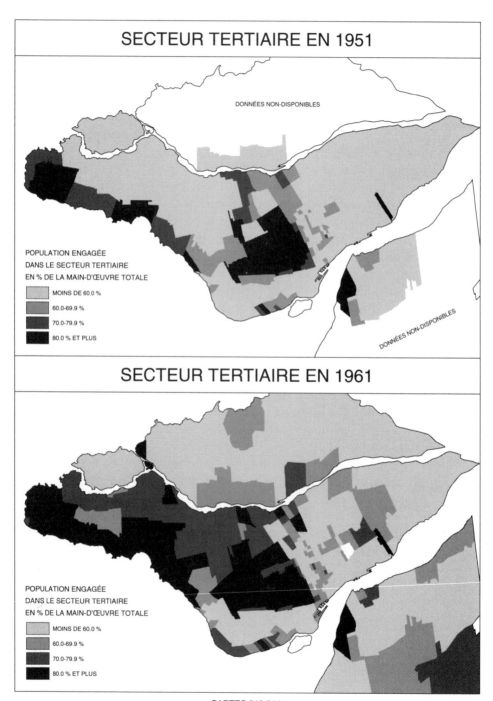

SECTEUR TERTIAIRE EN 1951

DONNÉES NON-DISPONIBLES

POPULATION ENGAGÉE
DANS LE SECTEUR TERTIAIRE
EN % DE LA MAIN-D'ŒUVRE TOTALE

MOINS DE 60.0 %

60.0-69.9 %

70.0-79.9 %

80.0 % ET PLUS

DONNÉES NON-DISPONIBLES

SECTEUR TERTIAIRE EN 1961

POPULATION ENGAGÉE
DANS LE SECTEUR TERTIAIRE
EN % DE LA MAIN-D'ŒUVRE TOTALE

MOINS DE 60.0 %

60.0-69.9 %

70.0-79.9 %

80.0 % ET PLUS

CARTES 313-314

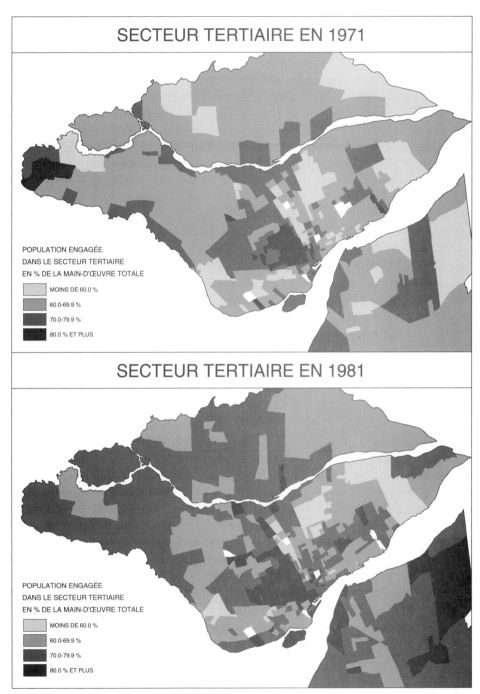

SECTEUR TERTIAIRE EN 1971

POPULATION ENGAGÉE
DANS LE SECTEUR TERTIAIRE
EN % DE LA MAIN-D'ŒUVRE TOTALE

MOINS DE 60.0 %

60.0-69.9 %

70.0-79.9 %

80.0 % ET PLUS

SECTEUR TERTIAIRE EN 1981

POPULATION ENGAGÉE
DANS LE SECTEUR TERTIAIRE
EN % DE LA MAIN-D'ŒUVRE TOTALE

MOINS DE 60.0 %

60.0-69.9 %

70.0-79.9 %

80.0 % ET PLUS

CARTES 315-316

250

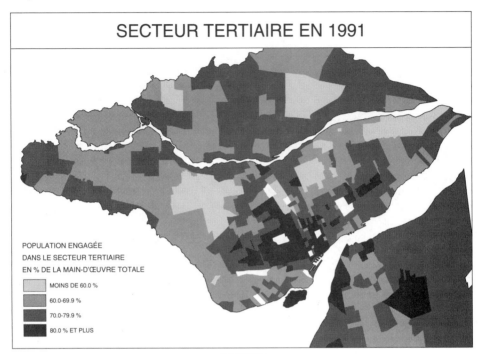

SECTEUR TERTIAIRE EN 1991

POPULATION ENGAGÉE
DANS LE SECTEUR TERTIAIRE
EN % DE LA MAIN-D'ŒUVRE TOTALE

MOINS DE 60.0 %

60.0-69.9 %

70.0-79.9 %

80.0 % ET PLUS

CARTE 317

54. Les hommes dirigeants

Afin de décrire la structure socioprofessionnelle de la main-d'œuvre, nous utilisons une grille que nous avons élaborée ailleurs[1], en lui faisant subir quelques légères modifications imposées par le manque de finesse des données disponibles au niveau des secteurs de recensement. Cette grille comprend trois grandes catégories qui seront décrites dans les sections suivantes: il s'agit des directeurs, des travailleurs intellectuels et des travailleurs manuels, ces derniers étant à leur tour subdivisés entre employés et ouvriers. Cette grille est fondée sur deux axes d'analyse: le rapport au pouvoir et le rapport au savoir.

Les directeurs se situent au sommet de la hiérarchie de pouvoir: ils s'acquittent de fonctions de gestion et d'administration dans les secteurs public et privé. Font aussi partie de ce groupe les cadres intermédiaires dont le travail se rattache directement à la direction et à l'administration (comptables, vérificateurs, agents du personnel, etc.). Jusqu'en 1961, ce groupe comprenait les commerçants propriétaires de leur entreprise.

La part des directeurs dans la main-d'œuvre masculine s'est légèrement accrue depuis 1951, passant de 12 % à 16 % en 1991 (voir annexe statistique, tableau 10), mais leur nombre absolu a plus que doublé depuis quarante ans, passant de 48 000 en 1951 à 111 000 en 1991. Pour l'ensemble du Québec, en 1991, les directeurs représentent 14 % de la main-d'œuvre masculine.

La répartition spatiale des directeurs est très contrastée: si au début de la période, ils se concentrent essentiellement dans les quartiers cossus qui entourent le mont Royal (Outremont, Ville Mont-Royal, Hampstead, Montréal-Ouest, Notre-Dame-de-Grâce, Côte-des-Neiges, Westmount, avenue des Pins), au cours des décennies viendront s'ajouter les banlieues ouest de l'île de Montréal (Dorval, Pointe-Claire, Beaconsfield, Kirkland, Baie-d'Urfé, Senneville, Pierrefonds, Dollard-des-Ormeaux), mais aussi certaines banlieues périphériques (Laval-Ouest, Îles-Laval, Sainte-Rose, Saint-Lambert, Boucherville, Saint-Bruno-de-Montarville, la partie sud de Brossard) ainsi que certains nouveaux quartiers de luxe (Vieux-Montréal, Île-des-Sœurs). Ce sont là les lieux du pouvoir social.

---

1. Voir en particulier Dorval Brunelle et Pierre Drouilly, «Analyse de la structure socio-professionnelle de la main-d'œuvre québécoise», *Interventions économiques*, n° 14-15, printemps 1985, p. 233-260; ainsi que Pierre Drouilly et Dorval Brunelle, «Une évaluation critique de la classification socio-économique des professions», *Interventions économiques*, n° 19, printemps 1988, p. 185-202.

252

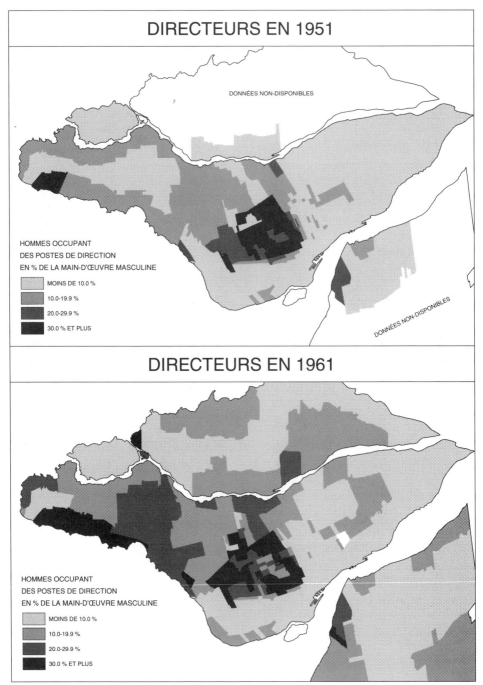

DIRECTEURS EN 1951

DONNÉES NON-DISPONIBLES

HOMMES OCCUPANT
DES POSTES DE DIRECTION
EN % DE LA MAIN-D'ŒUVRE MASCULINE

MOINS DE 10.0 %

10.0-19.9 %

20.0-29.9 %

30.0 % ET PLUS

DONNÉES NON-DISPONIBLES

DIRECTEURS EN 1961

HOMMES OCCUPANT
DES POSTES DE DIRECTION
EN % DE LA MAIN-D'ŒUVRE MASCULINE

MOINS DE 10.0 %

10.0-19.9 %

20.0-29.9 %

30.0 % ET PLUS

CARTES 318-319

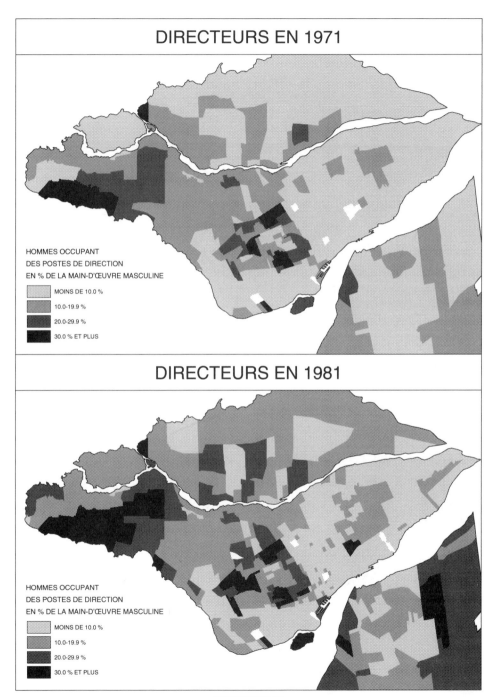

DIRECTEURS EN 1971

HOMMES OCCUPANT
DES POSTES DE DIRECTION
EN % DE LA MAIN-D'ŒUVRE MASCULINE

MOINS DE 10.0 %
10.0-19.9 %
20.0-29.9 %
30.0 % ET PLUS

DIRECTEURS EN 1981

HOMMES OCCUPANT
DES POSTES DE DIRECTION
EN % DE LA MAIN-D'ŒUVRE MASCULINE

MOINS DE 10.0 %
10.0-19.9 %
20.0-29.9 %
30.0 % ET PLUS

CARTES 320-321

254

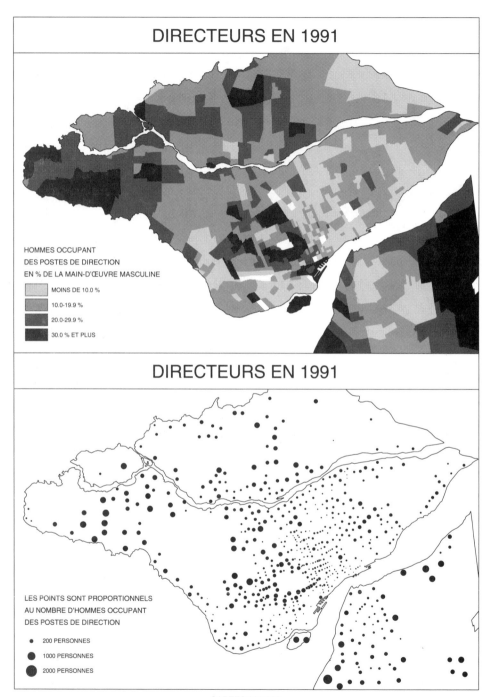

CARTES 322-323

55. Les femmes dirigeantes

Jusqu'en 1971, la catégorie des femmes dirigeantes est à peu près inexistante (voir annexe statistique, tableau 10): celles-ci ne représentent que 2 % de la main-d'œuvre féminine en 1951 (4000 directrices), 2 % encore en 1961 (6000 directrices) et 3 % en 1971 (8000 directrices). C'est dans les décennies soixante-dix et quatre-vingt que leur proportion dans la main-d'œuvre féminine connaîtra un bon en avant (6 % en 1981, puis 12 % en 1991), tout comme leur nombre absolu (31 000 directrices en 1981 et 69 000 en 1991).

Le taux de féminité de la catégorie des directeurs et des directrices est ainsi passé de 7 % en 1951, à 9 % en 1961, à 14 % en 1971, à 25 % en 1981 et enfin à 38 % en 1991.

La répartition spatiale des directrices est difficile à faire ressortir jusqu'en 1971, même avec une échelle différente de celle utilisée pour les directeurs (cartes 324 à 326). Mais dès que leur nombre le permet, la représentation cartographique du pourcentage de directrices fait ressortir une répartition spatiale à bien des égards semblable à celle des directeurs (cartes 327 et 328).

Tout comme les directeurs, les directrices se concentrent dans les quartiers qui entourent le mont Royal, ainsi que dans la partie ouest de l'île de Montréal et dans certains quartiers de la banlieue périphérique (Laval, Rive-Sud), tandis qu'elles apparaissent relativement moins nombreuses dans le Centre-Sud de l'île de Montréal, ainsi que dans les quartiers d'immigrants du nord-est (Parc-Extension, Saint-Michel, Montréal-Nord). Enfin, la répartition des directrices apparaît comme globalement moins inégalitaire que celle des directeurs: les écarts entre les différents secteurs sont moins prononcés pour les femmes entre elles que pour les hommes entre eux.

Pour l'ensemble du Québec, en 1991, les directrices représentent 11 % de la main-d'œuvre féminine.

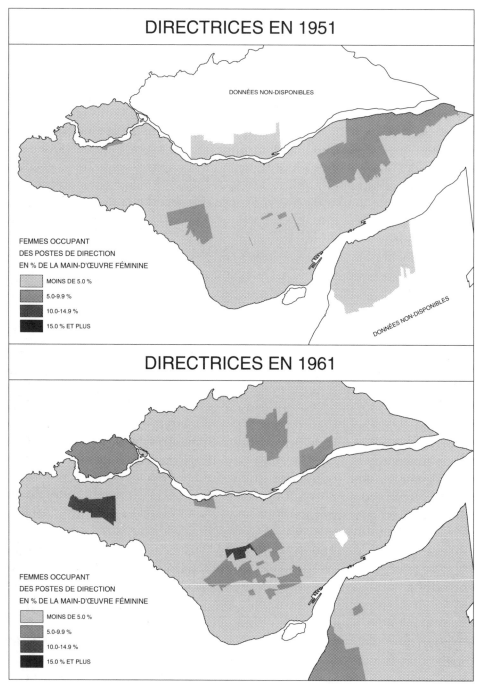

DIRECTRICES EN 1951

DONNÉES NON-DISPONIBLES

FEMMES OCCUPANT
DES POSTES DE DIRECTION
EN % DE LA MAIN-D'ŒUVRE FÉMININE

MOINS DE 5.0 %
5.0-9.9 %
10.0-14.9 %
15.0 % ET PLUS

DONNÉES NON-DISPONIBLES

DIRECTRICES EN 1961

FEMMES OCCUPANT
DES POSTES DE DIRECTION
EN % DE LA MAIN-D'ŒUVRE FÉMININE

MOINS DE 5.0 %
5.0-9.9 %
10.0-14.9 %
15.0 % ET PLUS

CARTES 324-325

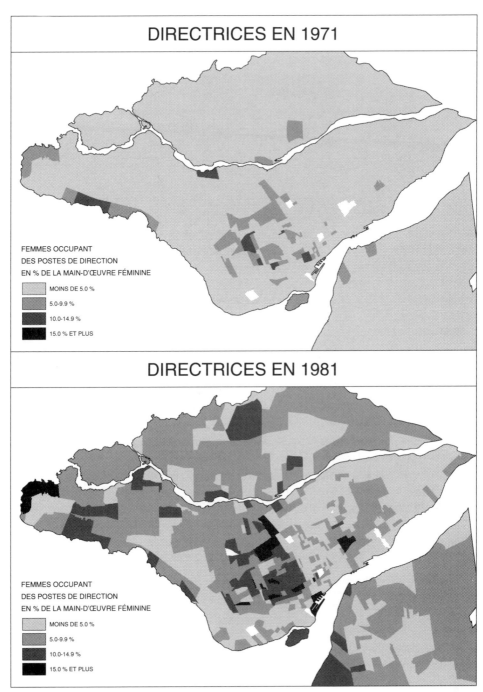

CARTES 326-327

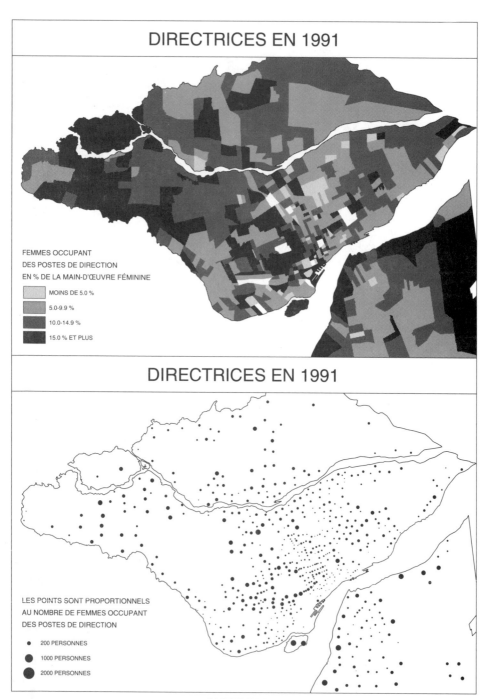

DIRECTRICES EN 1991

FEMMES OCCUPANT
DES POSTES DE DIRECTION
EN % DE LA MAIN-D'ŒUVRE FÉMININE

MOINS DE 5.0 %

5.0-9.9 %

10.0-14.9 %

15.0 % ET PLUS

DIRECTRICES EN 1991

LES POINTS SONT PROPORTIONNELS
AU NOMBRE DE FEMMES OCCUPANT
DES POSTES DE DIRECTION

• 200 PERSONNES

● 1000 PERSONNES

● 2000 PERSONNES

CARTES 328-329

56. Les travailleurs intellectuels

La catégorie des travailleurs intellectuels est construite à partir de l'analyse du rapport au savoir: sont considérés comme travailleurs intellectuels tous ceux qui ont une relation privilégiée à un savoir scientifique, technique ou symbolique. Non pas qu'ils n'aient pas dans certains cas un pouvoir, mais celui-ci est généralement fondé sur la maîtrise d'un savoir. Cette maîtrise d'un savoir n'est pas uniforme, et l'on peut distinguer à l'intérieur du groupe des travailleurs intellectuels différents niveaux de contrôle d'un savoir, qui déterminent d'ailleurs différents niveaux de pouvoir. Ainsi, on distingue à l'intérieur des travailleurs intellectuels, les professionnels (médecins, psychologues, avocats, notaires, architectes, ingénieurs, etc.), les spécialistes, les techniciens, les enseignants, les artistes et le clergé. Évidemment, il existe des différences notables de degré de contrôle sur les connaissances entre ces différents sous-groupes, et même à l'intérieur de ceux-ci (que l'on pense, par exemple, au cas des enseignants dans lequel on retrouve aussi bien le maître d'école primaire que le professeur d'université). Mais ce qui les réunit tous sous l'étiquette de travailleurs intellectuels c'est l'acquisition, la détention et le contrôle des modalités d'exercice d'un savoir plus ou moins élaboré.

La proportion de travailleurs intellectuels dans la main-d'œuvre masculine a progressé régulièrement depuis quarante ans, passant de 8 % en 1951 à 18 % en 1991 (voir annexe statistique, tableau 10), tandis que leur nombre absolu quadruplait, passant de 33 000 en 1951 à 123 000 en 1991.

La répartition spatiale des travailleurs intellectuels suit les grandes lignes de celle des directeurs, avec néanmoins quelques différences. Si on les retrouve effectivement concentrés autour du mont Royal, dans la partie ouest de l'île de Montréal ainsi que dans les banlieues périphériques, on note leur présence plus importante dans les quartiers proches de l'Université de Montréal, à Notre-Dame-de-Grâce, ainsi que sur le Plateau Mont-Royal et dans le centre-ville de Montréal et vers l'est jusqu'à l'avenue Papineau. Par contre, ils sont relativement moins présents dans les banlieues périphériques (Laval, Rive-Sud, ouest de l'île de Montréal), et pratiquement absents dans le sud-ouest (Lachine, Lasalle, Ville-Émard), le nord-est et l'est de l'île de Montréal (quartiers à forte présence d'immigrants).

Pour l'ensemble du Québec, en 1991, les travailleurs intellectuels représentent 15 % de la main-d'œuvre masculine.

260

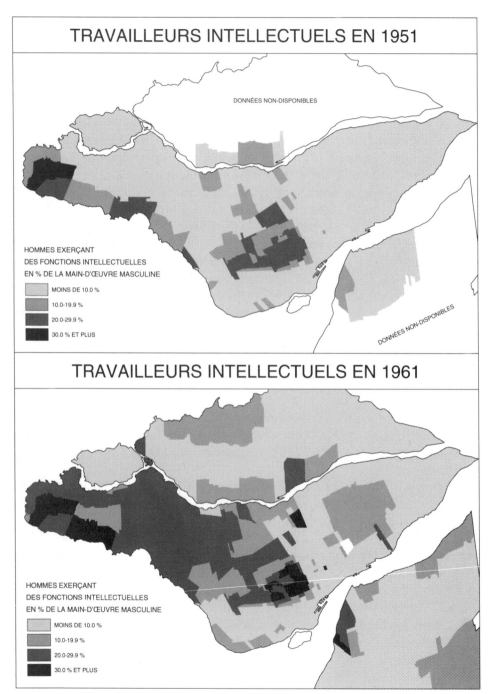

TRAVAILLEURS INTELLECTUELS EN 1951

DONNÉES NON-DISPONIBLES

HOMMES EXERÇANT
DES FONCTIONS INTELLECTUELLES
EN % DE LA MAIN-D'ŒUVRE MASCULINE

MOINS DE 10.0 %

10.0-19.9 %

20.0-29.9 %

30.0 % ET PLUS

DONNÉES NON-DISPONIBLES

TRAVAILLEURS INTELLECTUELS EN 1961

HOMMES EXERÇANT
DES FONCTIONS INTELLECTUELLES
EN % DE LA MAIN-D'ŒUVRE MASCULINE

MOINS DE 10.0 %

10.0-19.9 %

20.0-29.9 %

30.0 % ET PLUS

CARTES 330-331

TRAVAILLEURS INTELLECTUELS EN 1971

TRAVAILLEURS INTELLECTUELS EN 1981

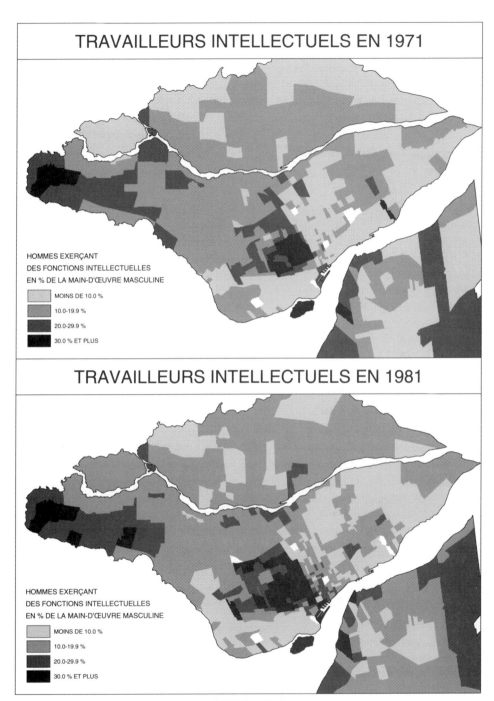

HOMMES EXERÇANT
DES FONCTIONS INTELLECTUELLES
EN % DE LA MAIN-D'ŒUVRE MASCULINE

MOINS DE 10.0 %
10.0-19.9 %
20.0-29.9 %
30.0 % ET PLUS

HOMMES EXERÇANT
DES FONCTIONS INTELLECTUELLES
EN % DE LA MAIN-D'ŒUVRE MASCULINE

MOINS DE 10.0 %
10.0-19.9 %
20.0-29.9 %
30.0 % ET PLUS

CARTES 332-333

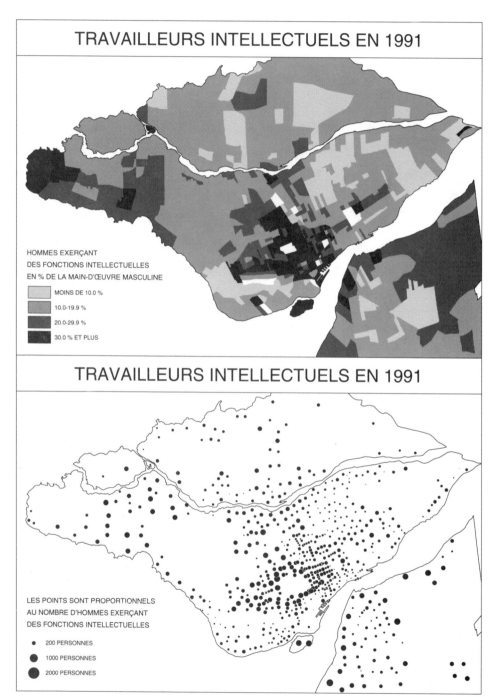

TRAVAILLEURS INTELLECTUELS EN 1991

HOMMES EXERÇANT
DES FONCTIONS INTELLECTUELLES
EN % DE LA MAIN-D'ŒUVRE MASCULINE

MOINS DE 10.0 %

10.0-19.9 %

20.0-29.9 %

30.0 % ET PLUS

TRAVAILLEURS INTELLECTUELS EN 1991

LES POINTS SONT PROPORTIONNELS
AU NOMBRE D'HOMMES EXERÇANT
DES FONCTIONS INTELLECTUELLES

• 200 PERSONNES

● 1000 PERSONNES

● 2000 PERSONNES

CARTES 334-335

57. Les travailleuses intellectuelles

La part relative des travailleuses intellectuelles dans la main-d'œuvre féminine a toujours été plus importante que la part des travailleurs intellectuels dans la main-d'œuvre masculine (voir annexe statistique, tableau 10). La proportion de travailleuses intellectuelles a elle aussi augmenté régulièrement depuis quarante ans, passant de 12 % en 1951 à 23 % en 1991, alors que leur nombre absolu a littéralement explosé: il y avait 19 000 travailleuses intellectuelles en 1951 dans la région de Montréal, 32 000 en 1961, 60 000 en 1971, 104 000 en 1981 et enfin 135 000 en 1991. Depuis 1981, il y a plus de travailleuses intellectuelles que de travailleurs intellectuels, et le taux de féminité dans le groupe des travailleurs et des travailleuses intellectuels, qui était de 37 % en 1951 et 1961, est passé à 45 % en 1971, 50 % en 1981 et il s'établit en 1991 à 52 %, c'est-à-dire qu'il est égal au taux de féminité de la population dans son ensemble.

On ne peut pourtant conclure que l'égalité a été atteinte, car on trouve beaucoup plus d'hommes dans les sous-groupes les plus qualifiés (professionnels, spécialistes), alors que la proportion de femmes augmente à mesure qu'on descend dans les niveaux de qualification (techniciennes): ainsi il y a une très forte majorité d'hommes parmi les médecins et une écrasante majorité de femmes parmi les infirmières, beaucoup plus d'ingénieurs et beaucoup plus de techniciennes, plus de professeurs d'université, mais une très forte majorité de maîtresses d'école, etc.

La répartition spatiale des travailleuses intellectuelles est néanmoins très proche de celle des travailleurs intellectuels, tant il est vrai que la proximité sociale détermine la proximité résidentielle. Mais alors qu'autour du mont Royal il y a présence aussi forte des travailleuses intellectuelles que des travailleurs intellectuels (plus de 30 % de la main-d'œuvre), on notera que dans les banlieues périphériques il y a, en règle générale, relativement plus de travailleuses intellectuelles que de travailleurs intellectuels. Il s'agit dans ces cas souvent de la présence des sous-groupes de travailleuses intellectuelles qui sont les moins hauts dans la hiérarchie et qui sont aussi des ghettos d'emploi féminins (infirmières, institutrices, enseignantes au primaire et au secondaire, etc.).

Pour l'ensemble du Québec, en 1991, les travailleuses intellectuelles représentent 23 % de la main-d'œuvre féminine.

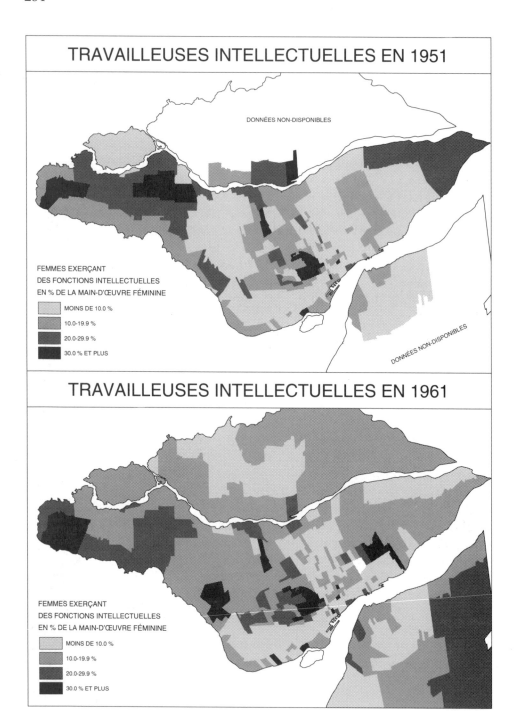

TRAVAILLEUSES INTELLECTUELLES EN 1951

DONNÉES NON-DISPONIBLES

FEMMES EXERÇANT
DES FONCTIONS INTELLECTUELLES
EN % DE LA MAIN-D'ŒUVRE FÉMININE

MOINS DE 10.0 %

10.0-19.9 %

20.0-29.9 %

30.0 % ET PLUS

DONNÉES NON-DISPONIBLES

TRAVAILLEUSES INTELLECTUELLES EN 1961

FEMMES EXERÇANT
DES FONCTIONS INTELLECTUELLES
EN % DE LA MAIN-D'ŒUVRE FÉMININE

MOINS DE 10.0 %

10.0-19.9 %

20.0-29.9 %

30.0 % ET PLUS

CARTES 336-337

TRAVAILLEUSES INTELLECTUELLES EN 1971

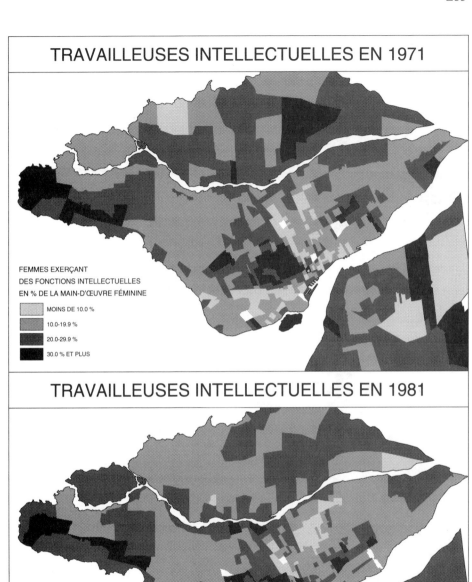

FEMMES EXERÇANT
DES FONCTIONS INTELLECTUELLES
EN % DE LA MAIN-D'ŒUVRE FÉMININE

- MOINS DE 10.0 %
- 10.0-19.9 %
- 20.0-29.9 %
- 30.0 % ET PLUS

TRAVAILLEUSES INTELLECTUELLES EN 1981

FEMMES EXERÇANT
DES FONCTIONS INTELLECTUELLES
EN % DE LA MAIN-D'ŒUVRE FÉMININE

- MOINS DE 10.0 %
- 10.0-19.9 %
- 20.0-29.9 %
- 30.0 % ET PLUS

CARTES 338-339

266

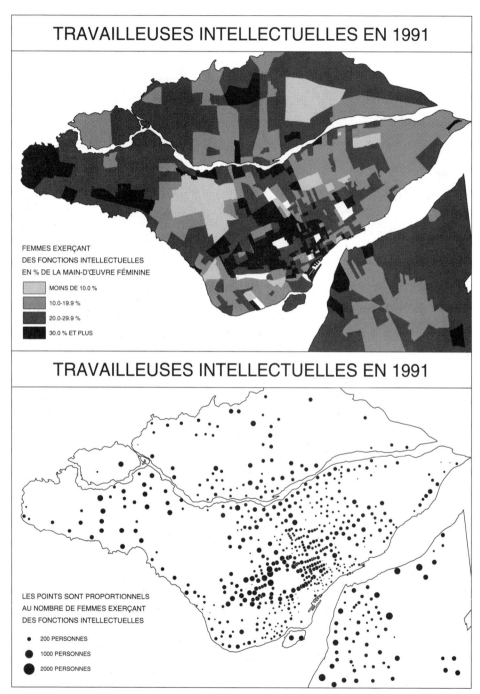

TRAVAILLEUSES INTELLECTUELLES EN 1991

FEMMES EXERÇANT
DES FONCTIONS INTELLECTUELLES
EN % DE LA MAIN-D'ŒUVRE FÉMININE

MOINS DE 10.0 %

10.0-19.9 %

20.0-29.9 %

30.0 % ET PLUS

TRAVAILLEUSES INTELLECTUELLES EN 1991

LES POINTS SONT PROPORTIONNELS
AU NOMBRE DE FEMMES EXERÇANT
DES FONCTIONS INTELLECTUELLES

• 200 PERSONNES

● 1000 PERSONNES

● 2000 PERSONNES

CARTES 340-341

58. Les cols blancs

La distinction entre travailleurs intellectuels et travailleurs manuels n'est pas fondée sur le caractère exclusivement intellectuel ou manuel du travail effectué: elle est fondée sur la rapport au pouvoir et au savoir. En effet, aucun travail, même le plus intellectuel, n'implique pas d'effort physique (parfois même important), et aucun travail manuel, sauf de rares exceptions, ne fait pas appel à un ensemble de connaissances et de savoir-faire (parfois même assez importants).

Les travailleurs manuels sont dans une situation subordonnée à la fois par rapport au pouvoir et par rapport au savoir. Non seulement sont-ils de simples exécutants, mais également leur savoir propre, là où il subsiste, est approprié à des fins de contrôle social et technique: la science du management ou de la gestion s'est developpée comme un vaste processus d'appropriation du savoir ouvrier qu'elle a reformulée dans des normes de production, et des règles de surveillance et de contrôle du processus de travail pour assurer la croissance économique. Ce qui caractérise donc les travailleurs manuels, c'est leur totale subordination dans les rapports de pouvoir et de savoir.

À l'intérieur du groupe des travailleurs manuels, on fera néanmoins la distinction, importante en économie, entre les employés et les ouvriers, c'est-à-dire essentiellement la distinction entre la production de services et la production de biens. Les cols blancs sont les employés engagés dans le travail de bureau, la vente et la production de services. Leur proportion, dans la main-d'œuvre masculine totale, est d'un tiers environ (voir annexe statistique, tableau 10), et elle est demeurée assez stable depuis quarante ans, même si leur nombre absolu est passé de 97 000 en 1951, à 148 000 en 1961, à 210 000 en 1971, mais à 224 000 seulement en 1981 et à 222 000 en 1991.

La répartition spatiale des cols blancs a une structure concentrique: relativement moins nombreux autour du mont Royal, ils sont aussi relativement moins nombreux dans les banlieues périphériques (proportions inférieures à 30 % de la main-d'œuvre masculine).

Pour l'ensemble du Québec, en 1991, les cols blancs représentent 27 % de la main-d'œuvre masculine.

268

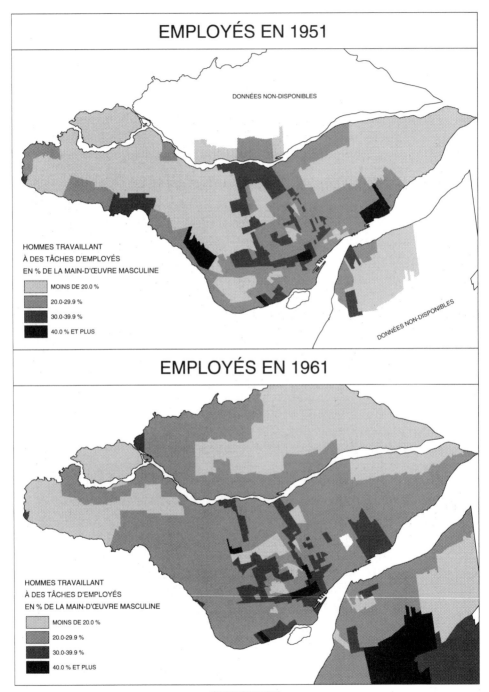

EMPLOYÉS EN 1951

DONNÉES NON-DISPONIBLES

DONNÉES NON-DISPONIBLES

HOMMES TRAVAILLANT
À DES TÂCHES D'EMPLOYÉS
EN % DE LA MAIN-D'ŒUVRE MASCULINE

MOINS DE 20.0 %

20.0-29.9 %

30.0-39.9 %

40.0 % ET PLUS

EMPLOYÉS EN 1961

HOMMES TRAVAILLANT
À DES TÂCHES D'EMPLOYÉS
EN % DE LA MAIN-D'ŒUVRE MASCULINE

MOINS DE 20.0 %

20.0-29.9 %

30.0-39.9 %

40.0 % ET PLUS

CARTES 342-343

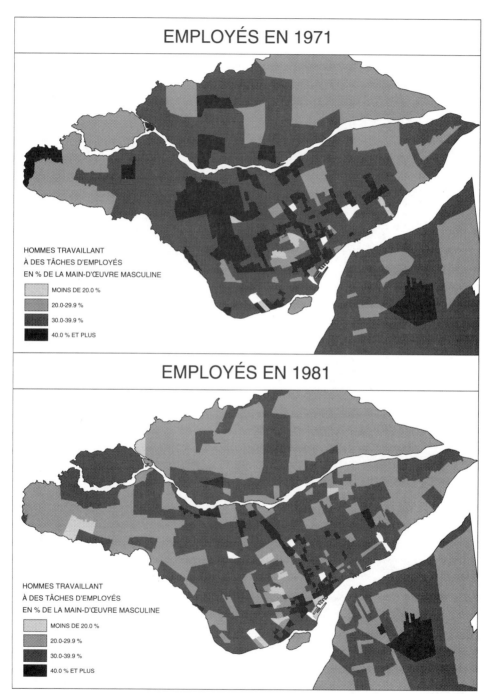

EMPLOYÉS EN 1971

HOMMES TRAVAILLANT
À DES TÂCHES D'EMPLOYÉS
EN % DE LA MAIN-D'ŒUVRE MASCULINE

MOINS DE 20.0 %
20.0-29.9 %
30.0-39.9 %
40.0 % ET PLUS

EMPLOYÉS EN 1981

HOMMES TRAVAILLANT
À DES TÂCHES D'EMPLOYÉS
EN % DE LA MAIN-D'ŒUVRE MASCULINE

MOINS DE 20.0 %
20.0-29.9 %
30.0-39.9 %
40.0 % ET PLUS

CARTES 344-345

270

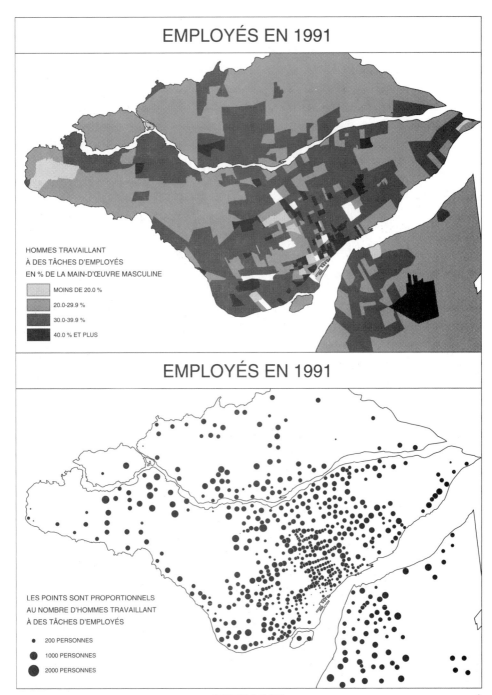

EMPLOYÉS EN 1991

HOMMES TRAVAILLANT
À DES TÂCHES D'EMPLOYÉS
EN % DE LA MAIN-D'ŒUVRE MASCULINE

MOINS DE 20.0 %

20.0-29.9 %

30.0-39.9 %

40.0 % ET PLUS

EMPLOYÉS EN 1991

LES POINTS SONT PROPORTIONNELS
AU NOMBRE D'HOMMES TRAVAILLANT
À DES TÂCHES D'EMPLOYÉS

• 200 PERSONNES

● 1000 PERSONNES

● 2000 PERSONNES

CARTES 346-347

59. Les cols roses

Les employées représentent le gros de la main-d'œuvre féminine, puisque leur proportion dans celle-ci a toujours été supérieure à 50 % (voir annexe statistique, tableau 10). On retrouve dans cette catégorie les ghettos d'emploi les plus massivement occupés par des femmes: employée de bureau, secrétaire, sténographe, réceptionniste, téléphoniste, vendeuse, caissière, serveuse, cuisinière, coiffeuse, etc. Au point que, plutôt que de parler de cols blancs, nous préférons utiliser le terme de «cols roses» proposé il y a quelques années par Francine Descarries[1].

Les effectifs des cols roses se sont accrus sans interruption depuis quarante ans, passant de 122 000 employées en 1951, à 131 000 en 1961, à 184 000 en 1971, à 288 000 en 1981 et enfin à 315 000 en 1991. En 1991, 193 000 femmes sont employées de bureau, c'est-à-dire 62 % du total des employées, et le tiers de la main-d'œuvre féminine totale. Pour l'ensemble du Québec, en 1991, les cols roses représentent 56 % de la main-d'œuvre féminine.

Notons aussi qu'il y a aujourd'hui plus de cols roses que de cols blancs: le taux de féminité parmi les employés et les employées, qui était de 56 % en 1951, est tombé à 47 % en 1961-1971, pour remonter à 56 % en 1981 et à 59 % en 1991. À cela il faut ajouter qu'une analyse plus fine révélerait que malgré cette majorité féminine dans les effectifs, les positions occupées par les cols roses sont souvent plus subalternes que celles occupées par les cols blancs (tout comme cela se produit chez les travailleurs intellectuels): souvent d'ailleurs la même appellation recouvre des réalités tout à fait distinctes selon que les postes soient occupés par des hommes ou par des femmes.

Alors qu'en 1951 (carte 348), les employées sont relativement plus nombreuses dans les quartiers les plus aisés (autour du mont Royal, dans le Lakeshore, à Saint-Lambert), leur distribution spatiale va se déplacer d'abord vers l'ouest de l'île de Montréal (carte 349), puis de manière générale vers les banlieues proches (Lasalle, Saint-Léonard, Pointe-aux-Trembles) ou vers des banlieues plus éloignées mais de niveau de richesse moyen (en particulier Longueuil et Saint-Hubert sur la Rive-Sud). Les employées sont aussi relativement plus nombreuses dans des quartiers plus populaires (Verdun, Pointe-Saint-Charles, Maisonneuve). Et elles sont, en 1991, relativement moins nombreuses dans les quartiers favorisés entourant le mont Royal, ainsi que sur le Plateau Mont-Royal.

---

1. Francine Descarries-Bélanger, *L'école rose... et les cols roses*, Montréal, Albert Saint-Martin/CEQ, 1980, 128 pages.

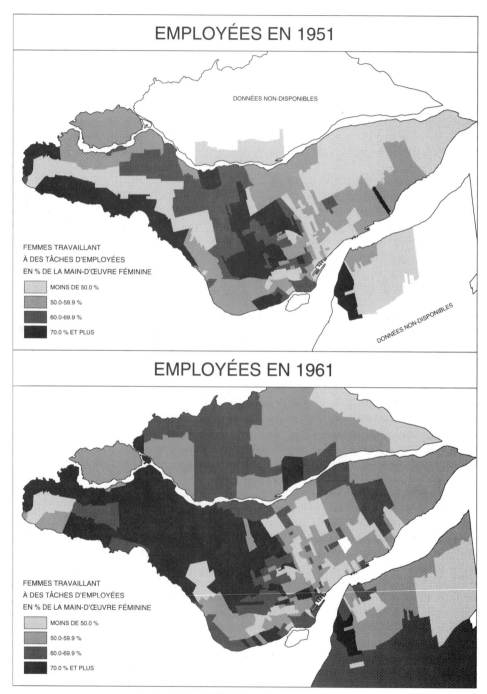

EMPLOYÉES EN 1951

DONNÉES NON-DISPONIBLES

FEMMES TRAVAILLANT
À DES TÂCHES D'EMPLOYÉES
EN % DE LA MAIN-D'ŒUVRE FÉMININE

MOINS DE 50.0 %

50.0-59.9 %

60.0-69.9 %

70.0 % ET PLUS

DONNÉES NON-DISPONIBLES

EMPLOYÉES EN 1961

FEMMES TRAVAILLANT
À DES TÂCHES D'EMPLOYÉES
EN % DE LA MAIN-D'ŒUVRE FÉMININE

MOINS DE 50.0 %

50.0-59.9 %

60.0-69.9 %

70.0 % ET PLUS

CARTES 348-349

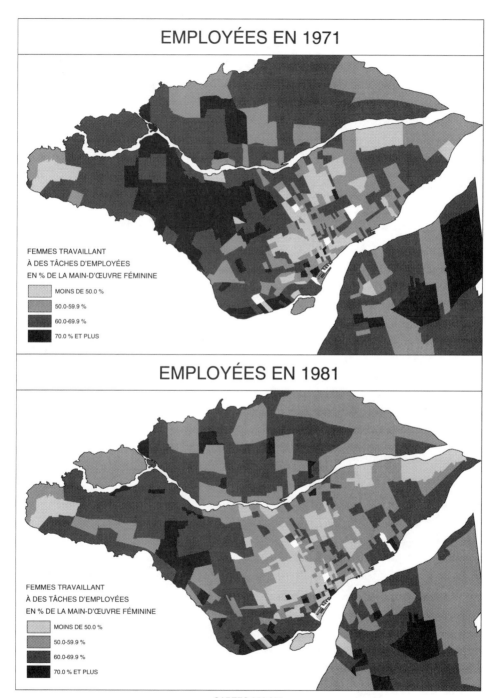

EMPLOYÉES EN 1971

FEMMES TRAVAILLANT
À DES TÂCHES D'EMPLOYÉES
EN % DE LA MAIN-D'ŒUVRE FÉMININE

MOINS DE 50.0 %

50.0-59.9 %

60.0-69.9 %

70.0 % ET PLUS

EMPLOYÉES EN 1981

FEMMES TRAVAILLANT
À DES TÂCHES D'EMPLOYÉES
EN % DE LA MAIN-D'ŒUVRE FÉMININE

MOINS DE 50.0 %

50.0-59.9 %

60.0-69.9 %

70.0 % ET PLUS

CARTES 350-351

274

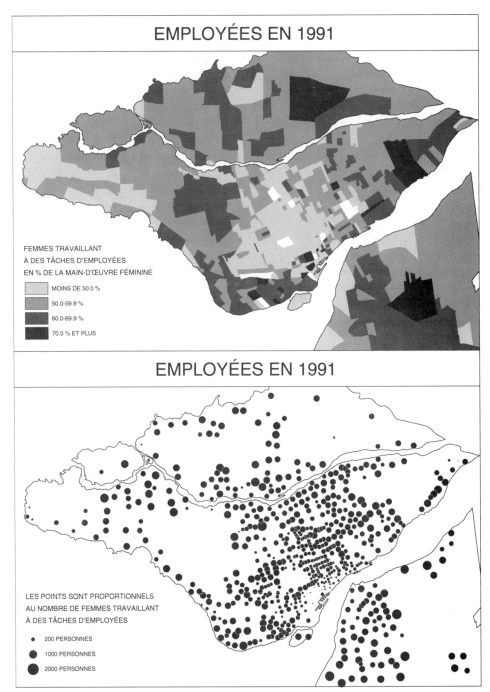

EMPLOYÉES EN 1991

FEMMES TRAVAILLANT
À DES TÂCHES D'EMPLOYÉES
EN % DE LA MAIN-D'ŒUVRE FÉMININE

MOINS DE 50.0 %

50.0-59.9 %

60.0-69.9 %

70.0 % ET PLUS

EMPLOYÉES EN 1991

LES POINTS SONT PROPORTIONNELS
AU NOMBRE DE FEMMES TRAVAILLANT
À DES TÂCHES D'EMPLOYÉES

• 200 PERSONNES

● 1000 PERSONNES

● 2000 PERSONNES

CARTES 352-353

60. Les cols bleus

Les travailleurs manuels engagés dans la production de biens constituent, encore aujourd'hui, le groupe le plus important dans la main-d'œuvre masculine, même si leur proportion n'a cessé de diminuer depuis quarante ans: ils sont ainsi passés de 54 % de la main-d'œuvre masculine totale en 1951, à 33 % en 1991 (voir annexe statistique, tableau 10). Mais en nombres absolus, les effectifs ouvriers se sont maintenus durant toute la période autour de 250 000 cols bleus. Nous avons inclus parmi ceux-ci les travailleurs engagés dans le secteur primaire (agriculture, forêts, mines) qui, de toute façon, sont très peu nombreux dans la région de Montréal (6200 personnes en 1991).

La répartition spatiale des ouvriers est extrêmement contrastée. En 1951 (carte 354), ils sont partout très présents, sauf dans les quartiers les plus bourgeois (autour du mont Royal, le long du Lakeshore, à Saint-Lambert). À partir de 1961, la diminution relative des ouvriers va rétrécir progressivement la zone dans laquelle on les retrouve très présents: ce sont les banlieues de l'ouest de l'île de Montréal qui voient, les premières, leur proportion relative d'ouvriers diminuer (carte 355), puis une partie des banlieues périphériques (secteurs de Laval, Brossard, Boucherville). Enfin dans les années quatre-vingt (carte 359), ce sont des quartiers entiers dans le centre de l'île de Montréal qui voient la diminution relative de leur population ouvrière (Mile-End, Sainte-Marie, Saint-Jacques, Plateau Mont-Royal, Rosemont).

En 1991 néanmoins (carte 358), on distingue encore clairement les zones dans lesquelles les cols bleus constituent plus de 40 % de la main-d'œuvre masculine. On retrouve dans cette zone, très distinctement, les quartiers à forte présence immigrante (Parc-Extension, Saint-Michel, Montréal-Nord, Rivière-des-Prairies, Saint-Léonard), ainsi que les vieux quartiers ouvriers traditionnels (Lachine, Saint-Pierre, Ville-Émard, Verdun, Saint-Henri, Hochelaga-Maisonneuve, Longue-Pointe, Tétreaultville, Montréal-Est). À cette vaste zone s'ajoutent aussi des banlieues plus récentes: sur l'île Jésus (Fabreville, Saint-Martin, Saint-Elzéar, Auteuil, Duvernay, Saint-François), sur la Rive-Sud (Longueuil, Saint-Hubert), ou sur l'île de Montréal (Lasalle, Anjou, Pointe-aux-Trembles).

Pour l'ensemble du Québec, en 1991, les cols bleus représentent 43 % de la main-d'œuvre masculine.

276

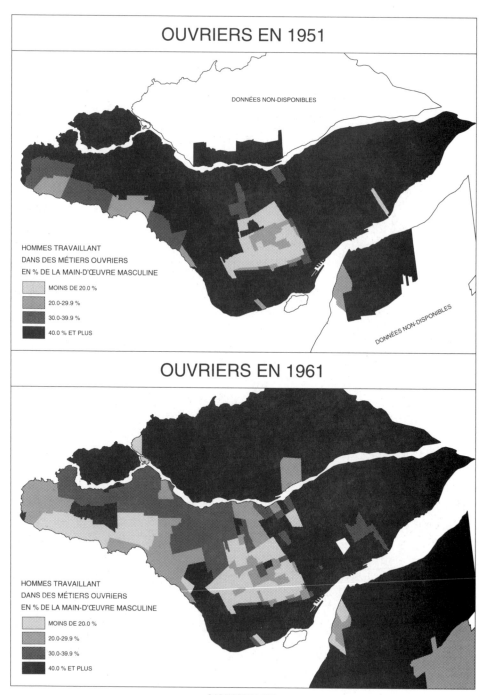

CARTES 354-355

277

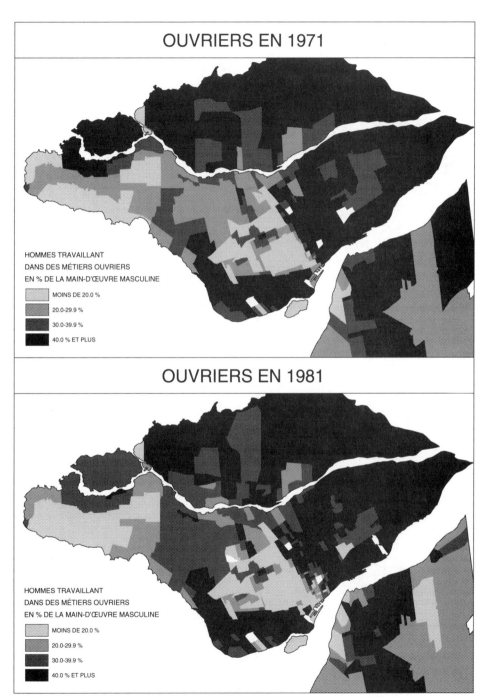

CARTES 356-357

278

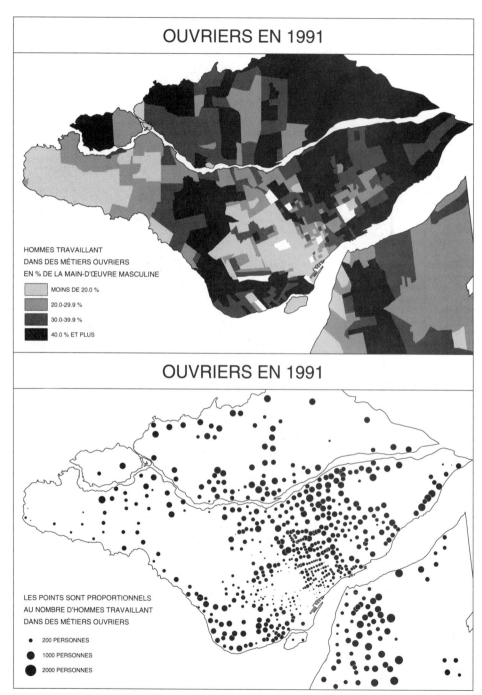

OUVRIERS EN 1991

HOMMES TRAVAILLANT
DANS DES MÉTIERS OUVRIERS
EN % DE LA MAIN-D'ŒUVRE MASCULINE

MOINS DE 20.0 %

20.0-29.9 %

30.0-39.9 %

40.0 % ET PLUS

OUVRIERS EN 1991

LES POINTS SONT PROPORTIONNELS
AU NOMBRE D'HOMMES TRAVAILLANT
DANS DES MÉTIERS OUVRIERS

• 200 PERSONNES

● 1000 PERSONNES

● 2000 PERSONNES

CARTES 358-359

61. Les femmes cols bleus

Les métiers ouvriers ont traditionnellement toujours été des métiers masculins, c'est pourquoi on trouve peu d'ouvrières (voir annexe statistique, tableau 10). Et les ouvrières sont concentrées dans des catégories d'emploi liées principalement à l'industrie du textile (surtout comme couturières et opératrices de machines à coudre).

La proportion d'ouvrières dans la main-d'œuvre féminine a toujours été inférieure au tiers des effectifs. De 1951 à 1991, cette proportion a connu une décroissance régulière: elle est passée de 30 % en 1951, à 25 % en 1961, à 18 % en 1971, à 15 % en 1981 et enfin à 11 % en 1991. En nombres absolus, les effectifs des ouvrières sont tout de même passés de 50 000 en 1951 à 77 000 en 1981, pour connaître en 1991 une chute importante, alors que l'on ne retrouve plus que 62 000 ouvrières dans la région de Montréal. Ces chiffres nuancent beaucoup certaines affirmations sur l'accès des femmes aux métiers non traditionnels, c'est-à-dire traditionnellement masculins: ils montrent en effet que cet accès demeure très limité dans les métiers ouvriers.

Malgré cette décroissance continue, et en raison de la décroissance parallèle des effectifs ouvriers masculins, le taux de féminité des ouvriers et des ouvrières a connu une légère progression, passant de 16 % en 1951 à 22 % en 1981, pour se stabiliser enfin à 21 % en 1991.

La répartition spatiale des ouvrières illustre bien la décroissance relative des ouvrières dans la main-d'œuvre féminine: cette décroissance diminue la part des ouvrières dans chaque secteur, et elle provoque un rétrécissement de la zone dans laquelle elles se concentrent. Alors qu'en 1951 on retrouve plus de 30 % d'ouvrières dans les quartiers populaires traditionnels (sud-ouest et est de l'île de Montréal), on ne retrouve plus, en 1991, de présence significative des ouvrières que dans les quartiers à forte composition immigrante du nord et du nord-est de l'île de Montréal (Parc-Extension, Saint-Michel, Montréal-Nord, Rivière-des-Prairies). Cela indique qu'aujourd'hui, les ouvrières de la région de Montréal sont en bonne partie des femmes immigrantes.

Pour l'ensemble du Québec, en 1991, les ouvrières représentent 11 % de la main-d'œuvre féminine.

280

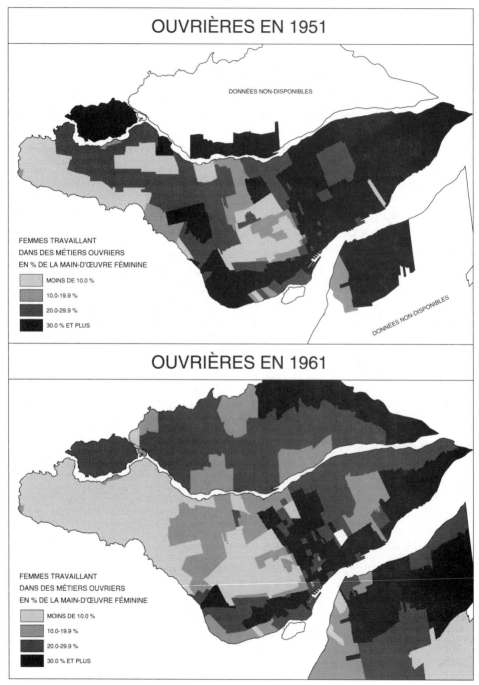

OUVRIÈRES EN 1951

DONNÉES NON-DISPONIBLES

FEMMES TRAVAILLANT
DANS DES MÉTIERS OUVRIERS
EN % DE LA MAIN-D'ŒUVRE FÉMININE

MOINS DE 10.0 %

10.0-19.9 %

20.0-29.9 %

30.0 % ET PLUS

DONNÉES NON-DISPONIBLES

OUVRIÈRES EN 1961

FEMMES TRAVAILLANT
DANS DES MÉTIERS OUVRIERS
EN % DE LA MAIN-D'ŒUVRE FÉMININE

MOINS DE 10.0 %

10.0-19.9 %

20.0-29.9 %

30.0 % ET PLUS

CARTES 360-361

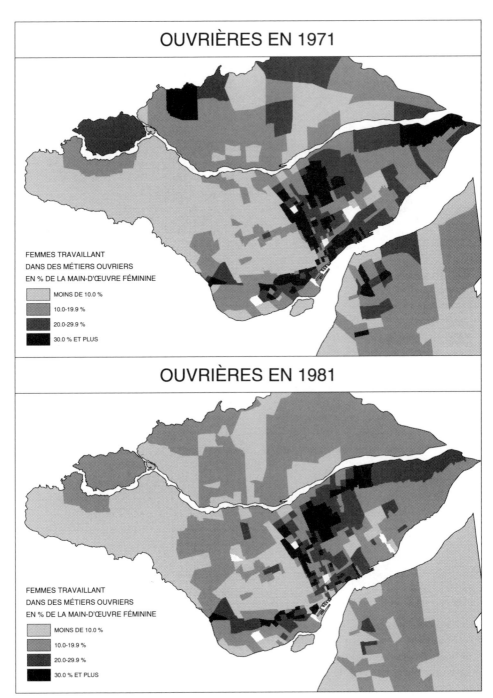

OUVRIÈRES EN 1971

FEMMES TRAVAILLANT
DANS DES MÉTIERS OUVRIERS
EN % DE LA MAIN-D'ŒUVRE FÉMININE

- MOINS DE 10.0 %
- 10.0-19.9 %
- 20.0-29.9 %
- 30.0 % ET PLUS

OUVRIÈRES EN 1981

FEMMES TRAVAILLANT
DANS DES MÉTIERS OUVRIERS
EN % DE LA MAIN-D'ŒUVRE FÉMININE

- MOINS DE 10.0 %
- 10.0-19.9 %
- 20.0-29.9 %
- 30.0 % ET PLUS

CARTES 362-363

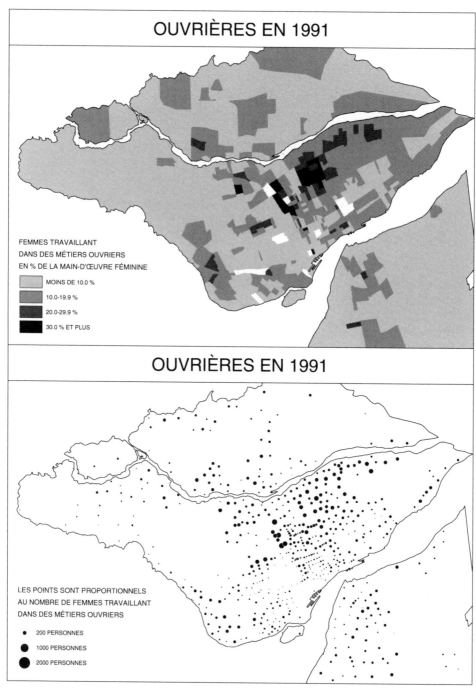

OUVRIÈRES EN 1991

FEMMES TRAVAILLANT
DANS DES MÉTIERS OUVRIERS
EN % DE LA MAIN-D'ŒUVRE FÉMININE

MOINS DE 10.0 %

10.0-19.9 %

20.0-29.9 %

30.0 % ET PLUS

OUVRIÈRES EN 1991

LES POINTS SONT PROPORTIONNELS
AU NOMBRE DE FEMMES TRAVAILLANT
DANS DES MÉTIERS OUVRIERS

200 PERSONNES

1000 PERSONNES

2000 PERSONNES

CARTES 364-365

VII

La répartition de la richesse et de la pauvreté

62. La hiérarchie des revenus masculins

Comme le recensement de la population fournit des renseignements en dollars courants (voir annexe statistique, tableau 11), et que la conversion de ces données en dollars constants (c'est-à-dire faisant abstraction de l'inflation) est très problématique sur une longue période, nous avons choisi de représenter les revenus de façon relative par rapport au revenu moyen (médian en 1950) de l'ensemble de la région considérée à chaque recensement. Par ailleurs, l'avantage de cette méthode est de faire ressortir la structure des revenus plutôt que leur niveau absolu.

De ce point de vue, la structure du revenu total masculin apparaît comme très stable dans le temps, surtout depuis 1970. Les secteurs dans lesquels les salaires sont les plus faibles (moins de 75 % du revenu total moyen) épousent la forme du T renversé de la pauvreté (le long du fleuve Saint-Laurent dans le sud de l'île de Montréal, de Saint-Henri à Hochelaga-Maisonneuve, et le long du boulevard Saint-Laurent, dans le «couloir ethnique»). À partir de 1980, cette zone de bas salaires s'étend vers le sud-ouest de l'île de Montréal (Lachine), et surtout vers le centre et le nord-est (Rosemont, Villeray, Saint-Michel, Montréal-Nord).

À l'inverse, les plus hauts revenus (supérieurs à 125 % du revenu total moyen) se concentrent dans «l'anneau d'or» autour du mont Royal (Outremont, avenue des Pins, Westmount, Notre-Dame-de-Grâce, Montréal-Ouest, Côte-Saint-Luc, Hampstead, Ville Mont-Royal, Ville Saint-Laurent), ainsi que dans les banlieues aisées du Lakeshore (Dorval, Pointe-Claire, Beaconsfield, Baie-d'Urfé, Kirkland, Senneville), de la Rive-Sud (Boucherville, Saint-Bruno-de-Montarville, Saint-Lambert, une partie de Brossard) ou certains quartiers de Laval (Îles-Laval, Laval-Ouest, Sainte-Rose). À cette zone s'ajoutent quelques quartiers de luxe (Vieux-Montréal, Habitat 67, Pyramides olympiques, Île-des-Sœurs, Île-Bizard).

Alors que le revenu total moyen masculin était de 28 001 $ pour l'ensemble du Québec en 1990, il était de 29 310 $ pour l'ensemble de la région. Mais les inégalités entre les différents secteurs de la région sont masquées dans la catégorie supérieure de la carte 371 (revenu moyen de 35 000 $ et plus). En effet, dans les secteurs les plus riches (partie haute de Westmount par exemple), le revenu moyen était supérieur à 100 000 $ en 1990, alors que dans les secteurs les plus pauvres (Hochelaga-Maisonneuve ou Parc-Extension par exemple) le revenu moyen n'était que de 15 000 $.

L'écart entre le revenu masculin moyen du secteur le plus riche (Summit Circle à Westmount) et celui du secteur le plus pauvre (habitations Jeanne-Mance) est en fait dans un rapport de 15 à 1.

286

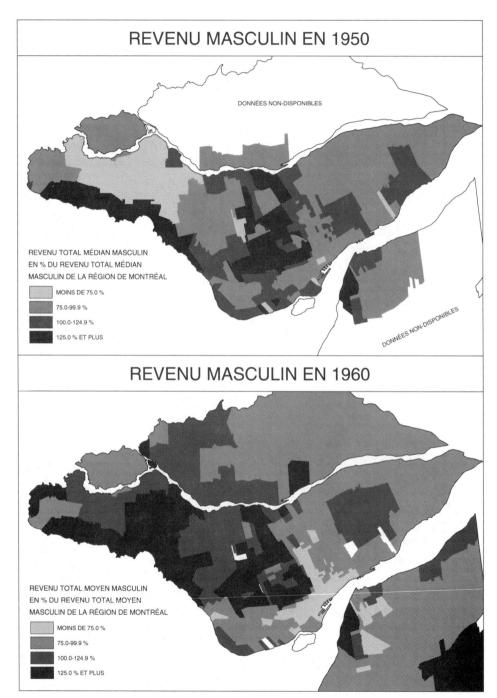

REVENU MASCULIN EN 1950

DONNÉES NON-DISPONIBLES

REVENU TOTAL MÉDIAN MASCULIN
EN % DU REVENU TOTAL MÉDIAN
MASCULIN DE LA RÉGION DE MONTRÉAL

MOINS DE 75.0 %
75.0-99.9 %
100.0-124.9 %
125.0 % ET PLUS

DONNÉES NON-DISPONIBLES

REVENU MASCULIN EN 1960

REVENU TOTAL MOYEN MASCULIN
EN % DU REVENU TOTAL MOYEN
MASCULIN DE LA RÉGION DE MONTRÉAL

MOINS DE 75.0 %
75.0-99.9 %
100.0-124.9 %
125.0 % ET PLUS

CARTES 366-367

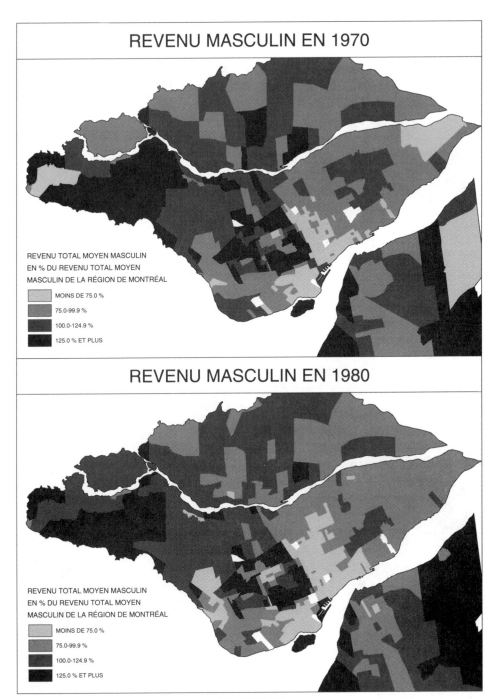

REVENU MASCULIN EN 1970

REVENU TOTAL MOYEN MASCULIN
EN % DU REVENU TOTAL MOYEN
MASCULIN DE LA RÉGION DE MONTRÉAL

MOINS DE 75.0 %

75.0-99.9 %

100.0-124.9 %

125.0 % ET PLUS

REVENU MASCULIN EN 1980

REVENU TOTAL MOYEN MASCULIN
EN % DU REVENU TOTAL MOYEN
MASCULIN DE LA RÉGION DE MONTRÉAL

MOINS DE 75.0 %

75.0-99.9 %

100.0-124.9 %

125.0 % ET PLUS

CARTES 368-369

288

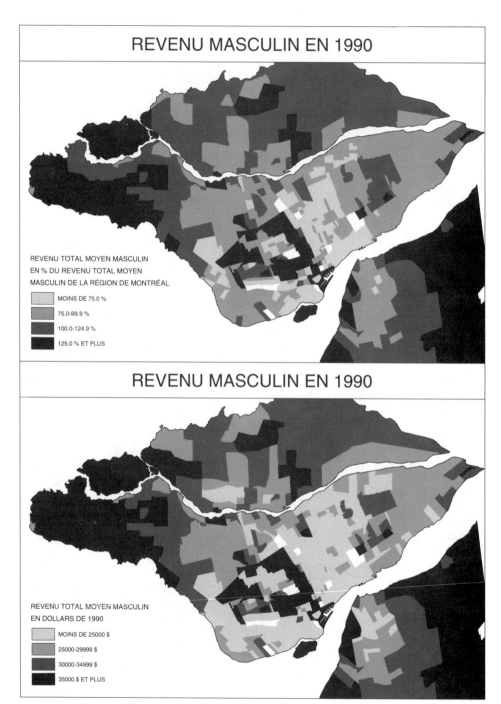

REVENU MASCULIN EN 1990

REVENU TOTAL MOYEN MASCULIN
EN % DU REVENU TOTAL MOYEN
MASCULIN DE LA RÉGION DE MONTRÉAL

MOINS DE 75.0 %

75.0-99.9 %

100.0-124.9 %

125.0 % ET PLUS

REVENU MASCULIN EN 1990

REVENU TOTAL MOYEN MASCULIN
EN DOLLARS DE 1990

MOINS DE 25000 $

25000-29999 $

30000-34999 $

35000 $ ET PLUS

CARTES 370-371

63. La hiérarchie des revenus féminins

La structure spatiale du revenu total moyen des femmes est pratiquement identique, pour toute la période considérée, à la structure spatiale du revenu total moyen des hommes, à cette différence près néanmoins que les revenus féminins sont très inférieurs aux revenus masculins (voir section suivante).

Les revenus féminins les plus élevés se retrouvent dans «l'anneau d'or» des quartiers qui encerclent le mont Royal, ainsi que dans les banlieues favorisées de l'ouest de l'île de Montréal, de la Rive-Sud ou de l'île Jésus. À l'opposé, les revenus féminins les plus bas se retrouvent dans le T renversé de la pauvreté ainsi que dans certains quartiers d'immigrants (par exemple Parc-Extension ou Saint-Michel).

Pour l'ensemble du Québec, en 1990, le revenu total moyen féminin était de 16 512 $, alors que pour la région étudiée il était de 18 102 $ (voir annexe statistique, tableau 11).

Les inégalités de revenu total moyen entre les femmes et les hommes sont tels que, dans nos cartes, la catégorie de revenu le plus élevé pour les femmes (catégorie 25 000 $ et plus dans la carte 377) est adjacente à la catégorie de revenu le moins élevé pour les hommes (catégorie de moins de 25 000 $ dans la carte 371). Voilà pourquoi les inégalités de revenus entre les femmes sont moins prononcées que les inégalités de revenus entre les hommes.

Dans les secteurs les plus riches (partie haute de Westmount par exemple), le revenu moyen féminin était d'environ 40 000 $ en 1990, alors que dans les secteurs les plus pauvres (Hochelaga-Maisonneuve ou Parc-Extension par exemple) le revenu moyen féminin était de 10 000 $ environ. L'écart entre le revenu féminin moyen du secteur le plus riche (avenue des Pins) et celui du secteur le plus pauvre (quartier chinois) est en fait dans un rapport de 6 à 1.

290

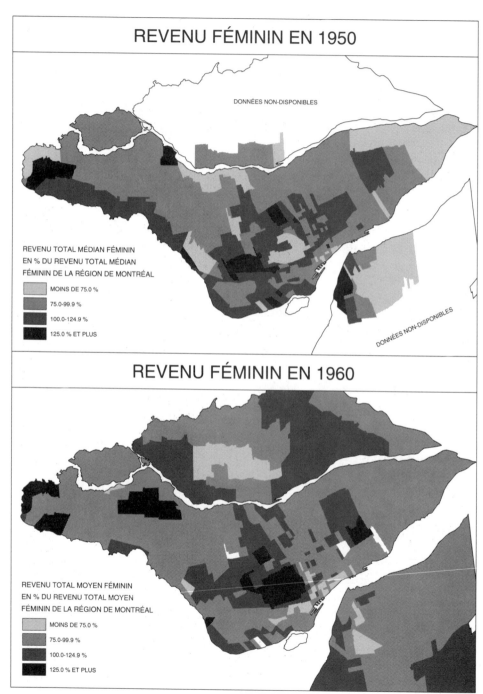

REVENU FÉMININ EN 1950

DONNÉES NON-DISPONIBLES

REVENU TOTAL MÉDIAN FÉMININ
EN % DU REVENU TOTAL MÉDIAN
FÉMININ DE LA RÉGION DE MONTRÉAL

MOINS DE 75.0 %

75.0-99.9 %

100.0-124.9 %

125.0 % ET PLUS

DONNÉES NON-DISPONIBLES

REVENU FÉMININ EN 1960

REVENU TOTAL MOYEN FÉMININ
EN % DU REVENU TOTAL MOYEN
FÉMININ DE LA RÉGION DE MONTRÉAL

MOINS DE 75.0 %

75.0-99.9 %

100.0-124.9 %

125.0 % ET PLUS

CARTES 372-373

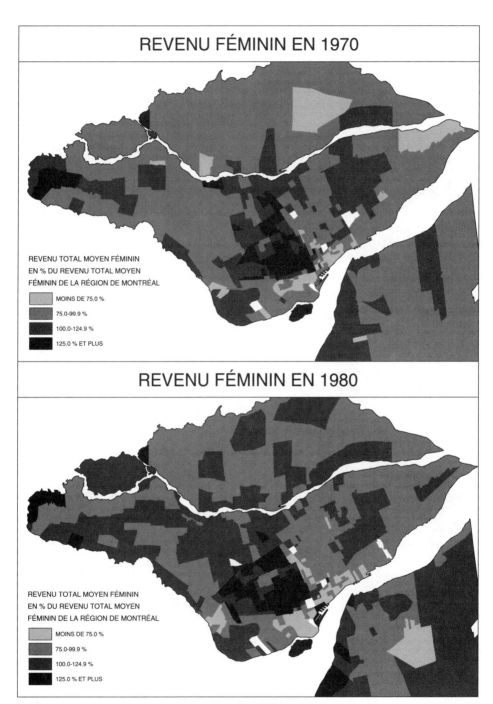

REVENU FÉMININ EN 1970

REVENU TOTAL MOYEN FÉMININ
EN % DU REVENU TOTAL MOYEN
FÉMININ DE LA RÉGION DE MONTRÉAL

MOINS DE 75.0 %

75.0-99.9 %

100.0-124.9 %

125.0 % ET PLUS

REVENU FÉMININ EN 1980

REVENU TOTAL MOYEN FÉMININ
EN % DU REVENU TOTAL MOYEN
FÉMININ DE LA RÉGION DE MONTRÉAL

MOINS DE 75.0 %

75.0-99.9 %

100.0-124.9 %

125.0 % ET PLUS

CARTES 374-375

292

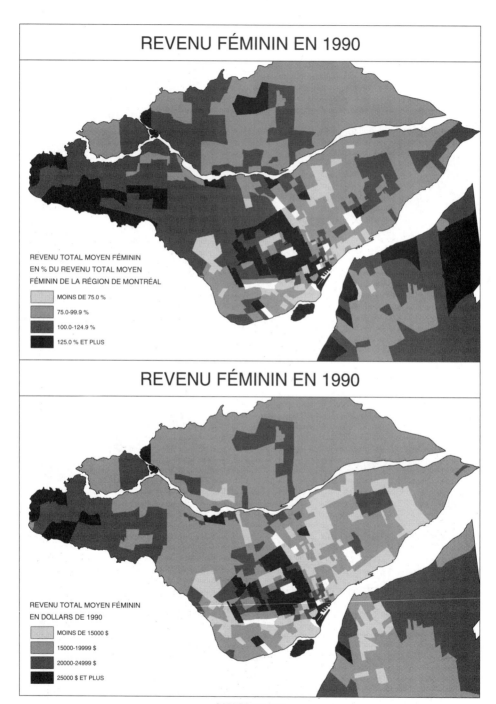

REVENU FÉMININ EN 1990

REVENU TOTAL MOYEN FÉMININ
EN % DU REVENU TOTAL MOYEN
FÉMININ DE LA RÉGION DE MONTRÉAL

MOINS DE 75.0 %

75.0-99.9 %

100.0-124.9 %

125.0 % ET PLUS

REVENU FÉMININ EN 1990

REVENU TOTAL MOYEN FÉMININ
EN DOLLARS DE 1990

MOINS DE 15000 $

15000-19999 $

20000-24999 $

25000 $ ET PLUS

CARTES 376-377

64. L'inégalité des revenus entre les femmes et les hommes

Nous mesurons l'inégalité des revenus entre les femmes et les hommes en calculant ce que le revenu total moyen des femmes représente en pourcentage du revenu total moyen des hommes (revenus médians en 1950). Cette mesure (voir annexe statistique, tableau 11) indique que, jusqu'en 1970, le revenu total moyen des femmes représentait moins de la moitié du revenu total moyen des hommes (en 1950 le quotient de 60 % est obtenu à partir des revenus médians): ce rapport a dépassé la barre des 50 % en 1980, et il se situe à 62 % en 1990, c'est-à-dire qu'il a progressé de moins de 1 % en moyenne par an au cours de la dernière décennie. Pour l'ensemble du Québec, en 1990, le revenu total moyen des femmes représentait 59 % du revenu total moyen des hommes.

La réduction de l'écart entre les revenus des femmes et des hommes ne résulte pas uniquement d'une réduction des inégalités de salaires dans des emplois comparables («à travail égal, salaire égal»): elle résulte aussi de l'accession des femmes à des emplois mieux rémunérés, et comme ce mouvement est très lent, les écarts entre les revenus des femmes et des hommes diminuent très lentement.

Contrairement à ce que l'on aurait pu croire, les écarts les plus prononcés se retrouvent dans les milieux les plus favorisés. Alors que, jusqu'en 1970, le rapport du revenu féminin au revenu masculin est à peu près partout inférieur à 50 %, à partir de 1980 ce rapport croît régulièrement dans les quartiers défavorisés, mais demeure sous les 50 % dans les quartiers les plus riches («l'anneau d'or» ceinturant le mont Royal, banlieues aisées). Ainsi, en 1990, ce rapport demeure encore inférieur à 40 % dans la partie haute de Westmount et d'Outremont, à Laval-Ouest, à Hampstead, à Beaconsfield, tandis qu'il dépasse les 80 % ou 90 % dans les quartiers les plus pauvres, et même dans quelques secteurs de Saint-Henri, d'Hochelaga-Maisonneuve ou du Mile-End le revenu moyen féminin est supérieur au revenu moyen masculin.

Cela s'explique aisément dès lors qu'on se souviendra que, dans les milieux les plus favorisés, les revenus masculins indiquent davantage la position sociale des individus que leur rémunération dans un emploi, et donc croissent sans limite, ce qui n'est pas le cas des revenus féminins qui demeurent encore liés aux fonctions occupées. Alors que dans les milieux défavorisés, le revenu reflète principalement le salaire, et que dans la pauvreté une certaine égalité s'établit.

294

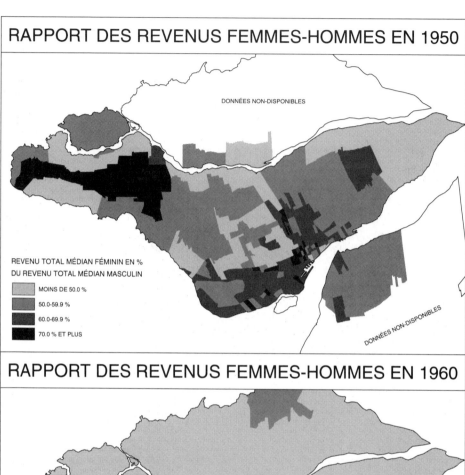

RAPPORT DES REVENUS FEMMES-HOMMES EN 1950

DONNÉES NON-DISPONIBLES

REVENU TOTAL MÉDIAN FÉMININ EN %
DU REVENU TOTAL MÉDIAN MASCULIN

MOINS DE 50.0 %

50.0-59.9 %

60.0-69.9 %

70.0 % ET PLUS

DONNÉES NON-DISPONIBLES

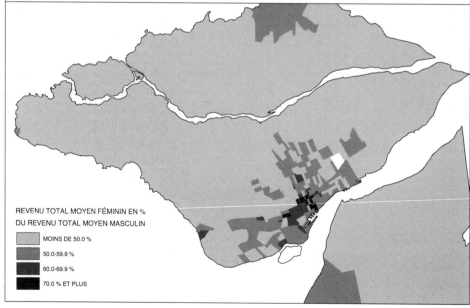

RAPPORT DES REVENUS FEMMES-HOMMES EN 1960

REVENU TOTAL MOYEN FÉMININ EN %
DU REVENU TOTAL MOYEN MASCULIN

MOINS DE 50.0 %

50.0-59.9 %

60.0-69.9 %

70.0 % ET PLUS

CARTES 378-379

RAPPORT DES REVENUS FEMMES-HOMMES EN 1970

REVENU TOTAL MOYEN FÉMININ EN %
DU REVENU TOTAL MOYEN MASCULIN

- MOINS DE 50.0 %
- 50.0-59.9 %
- 60.0-69.9 %
- 70.0 % ET PLUS

RAPPORT DES REVENUS FEMMES-HOMMES EN 1980

REVENU TOTAL MOYEN FÉMININ EN %
DU REVENU TOTAL MOYEN MASCULIN

- MOINS DE 50.0 %
- 50.0-59.9 %
- 60.0-69.9 %
- 70.0 % ET PLUS

CARTES 380-381

296

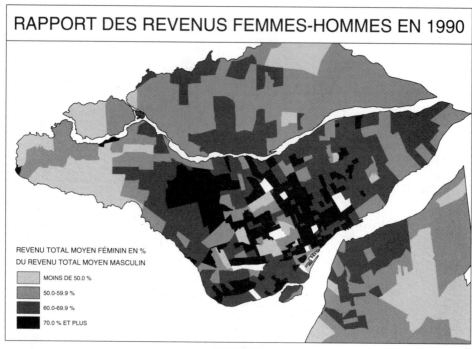

RAPPORT DES REVENUS FEMMES-HOMMES EN 1990

REVENU TOTAL MOYEN FÉMININ EN %
DU REVENU TOTAL MOYEN MASCULIN

MOINS DE 50.0 %

50.0-59.9 %

60.0-69.9 %

70.0 % ET PLUS

CARTE 382

65. Un revenu familial inégalement réparti

Le revenu des familles est égal à la somme de tous les revenus des membres de la famille: c'est en fait le revenu sur lequel se base le budget familial, et il reflète mieux que les revenus individuels le pouvoir d'achat de ces unités de consommation que sont les familles.

Tout comme pour les revenus des hommes et des femmes, nous avons représenté la répartition spatiale du revenu familial (voir annexe statistique, tableau 11) en termes relatifs, c'est-à-dire en exprimant ce que le revenu familial moyen de chaque secteur représente en pourcentage du revenu familial moyen de l'ensemble de la région étudiée. Pour l'ensemble du Québec, en 1990, le revenu moyen des familles s'établissait à 46 593 $, et celui de la région de Montréal à 50 112 $.

La structure spatiale du revenu familial moyen est très stable dans le temps, et elle se confond à s'y méprendre avec la structure spatiale du revenu total moyen masculin. Cette structure révèle les zones à revenu familial élevé (quartiers autour du mont Royal, banlieues du Lakeshore, banlieues aisées de la Rive-Sud ou de l'île Jésus, résidences luxueuses) et montre qu'en règle générale les banlieues périphériques de l'ouest de l'île de Montréal, de Laval ou de la Rive-Sud se situent au-dessus de la moyenne pour leur revenu familial. Inversement, les revenus familiaux les plus bas se situent au centre et au centre-sud de l'île de Montréal, mais pratiquement tout l'est et le sud-ouest de l'île de Montréal ainsi que les vieux quartiers de Laval (Laval-des-Rapides, Pont-Viau) ou de la Rive-Sud (Jacques-Cartier, Laflèche, Lemoyne) se situent en dessous de la moyenne pour leur revenu familial.

Comme pour les revenus masculins et féminins, nos cartes ne peuvent donner une idée exacte de la dispersion des revenus familiaux dans la catégorie des hauts revenus. Ainsi, dans la catégorie des revenus familiaux de 60 000 $ et plus, on retrouve en fait des quartiers à très haut revenu familial. En 1990, le revenu familial est proche de 200 000 $ dans la partie haute de Westmount, supérieur à 150 000 $ dans la partie haute d'Outremont, et en règle générale supérieur à 100 000 $ dans les quartiers les plus favorisés (par exemple dans Hampstead, Laval-Ouest, Senneville, avenue des Pins, Ville Mont-Royal), tandis que dans les secteurs les plus défavorisés (Sainte-Marie, Hochelaga-Maisonneuve, Parc-Extension, etc.) le revenu familial moyen se situe aux alentours de 25 000 $.

L'écart entre le revenu familial moyen du secteur le plus riche (Summit Circle à Westmount) et celui du secteur le plus pauvre (habitations Jeanne-Mance) est en fait dans un rapport de 13 à 1.

298

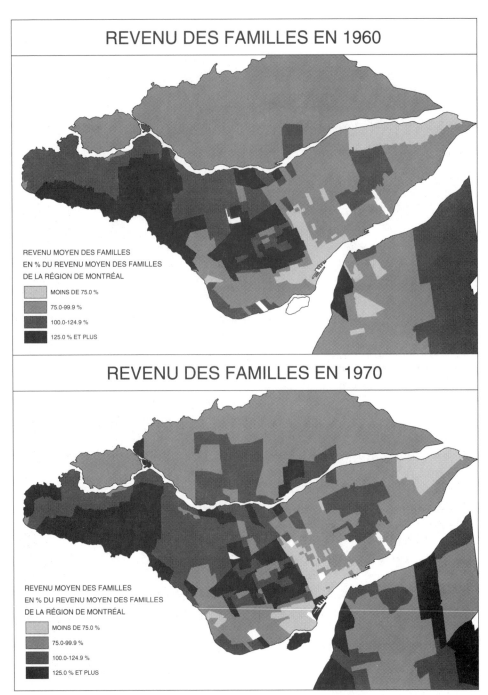

REVENU DES FAMILLES EN 1960

REVENU MOYEN DES FAMILLES
EN % DU REVENU MOYEN DES FAMILLES
DE LA RÉGION DE MONTRÉAL

MOINS DE 75.0 %

75.0-99.9 %

100.0-124.9 %

125.0 % ET PLUS

REVENU DES FAMILLES EN 1970

REVENU MOYEN DES FAMILLES
EN % DU REVENU MOYEN DES FAMILLES
DE LA RÉGION DE MONTRÉAL

MOINS DE 75.0 %

75.0-99.9 %

100.0-124.9 %

125.0 % ET PLUS

CARTES 383-384

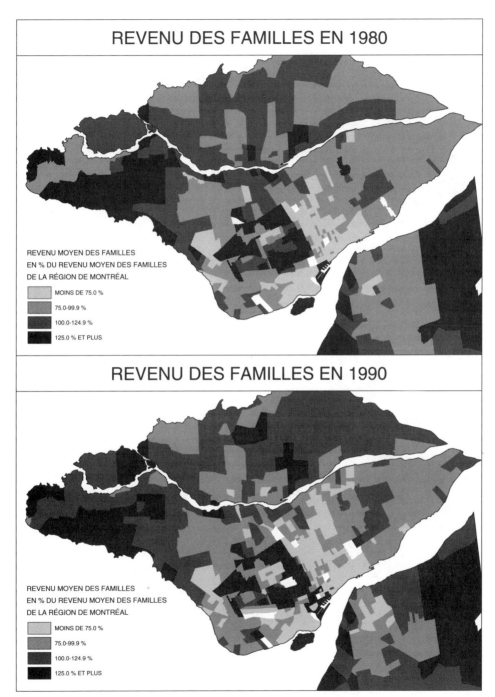

REVENU DES FAMILLES EN 1980

REVENU MOYEN DES FAMILLES
EN % DU REVENU MOYEN DES FAMILLES
DE LA RÉGION DE MONTRÉAL

MOINS DE 75.0 %

75.0-99.9 %

100.0-124.9 %

125.0 % ET PLUS

REVENU DES FAMILLES EN 1990

REVENU MOYEN DES FAMILLES
EN % DU REVENU MOYEN DES FAMILLES
DE LA RÉGION DE MONTRÉAL

MOINS DE 75.0 %

75.0-99.9 %

100.0-124.9 %

125.0 % ET PLUS

CARTES 385-386

300

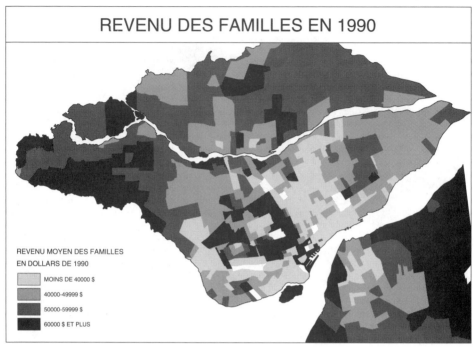

REVENU DES FAMILLES EN 1990

REVENU MOYEN DES FAMILLES
EN DOLLARS DE 1990

MOINS DE 40000 $

40000-49999 $

50000-59999 $

60000 $ ET PLUS

CARTE 387

66. La répartition de la pauvreté

Dans cette section, nous utilisons l'indice de pauvreté défini par Statistique Canada. Cet indice n'est pas le seul qui existe pour mesurer le niveau de pauvreté, mais il est celui qui permet à Statistique Canada de produire des données à un niveau aussi désagrégé que les secteurs de recensement.

Alors que, selon cet indice, la proportion de familles pauvres était, pour la région étudiée, de 17 % en 1980 (109 000 familles pauvres), cette proportion s'élève à 21 % en 1990 (137 000 familles pauvres). Pour l'ensemble du Québec, la proportion de familles pauvres était de 16 % en 1990 (310 000 familles pauvres). Outre cette augmentation absolue de la proportion de familles vivant sous le seuil de pauvreté, la répartition spatiale des familles pauvres s'est nettement étendue au cours de cette décennie (cartes 388 et 389). En 1990, le quart des secteurs de recensement ont plus de 30 % de familles pauvres, et dans les vingt secteurs les plus pauvres, cette proportion dépasse les 50 %.

La proportion de la population vivant sous le seuil de pauvreté en 1990 est de 25 % pour l'ensemble de la région étudiée (591 000 personnes pauvres), alors qu'elle est de 19 % pour l'ensemble du Québec (1 278 000 personnes pauvres). Dans le tiers des secteurs de recensement, plus du tiers de la population est pauvre, et dans une quarantaine de secteurs, plus de la moitié de la population est pauvre. La répartition spatiale de la population pauvre déborde largement, en 1990, le T renversé de la pauvreté, pour s'étendre maintenant vers les quartiers d'immigrants du centre, du nord et du nord-est de l'île de Montréal, ainsi que vers l'ouest de l'île (Côte-des-Neiges, sud de Notre-Dame-de-Grâce, Lachine), vers l'île Jésus et vers la Rive-Sud (Laflèche, Lemoyne, Jacques-Cartier).

La situation des personnes seules est encore plus désastreuse: pour l'ensemble de la région, elles sont 46 %, en 1990, à vivre sous le seuil de pauvreté (44 % pour l'ensemble du Québec), et dans le tiers des secteurs de recensement, plus de la moitié des personnes seules sont pauvres.

Statistique Canada définit un autre indice de pauvreté: il s'agit de la part du revenu provenant des transferts gouvernementaux versés par les administrations fédérale, provinciale et municipales (pensions de sécurité de la vieillesse et supplément du revenu garanti, régime des rentes du Québec, régime des pensions du Canada, prestations d'assurance-chômage, allocations familiales, aide sociale, etc.). Pour l'ensemble de la région étudiée, ces transferts représentent environ 14 % du revenu total, mais dans un secteur sur six, ils représentent plus de 20 % du revenu.

302

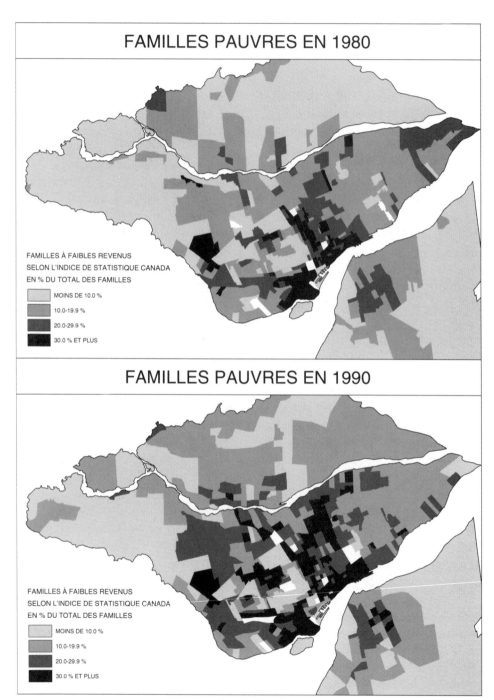

FAMILLES PAUVRES EN 1980

FAMILLES À FAIBLES REVENUS
SELON L'INDICE DE STATISTIQUE CANADA
EN % DU TOTAL DES FAMILLES

MOINS DE 10.0 %
10.0-19.9 %
20.0-29.9 %
30.0 % ET PLUS

FAMILLES PAUVRES EN 1990

FAMILLES À FAIBLES REVENUS
SELON L'INDICE DE STATISTIQUE CANADA
EN % DU TOTAL DES FAMILLES

MOINS DE 10.0 %
10.0-19.9 %
20.0-29.9 %
30.0 % ET PLUS

CARTES 388-389

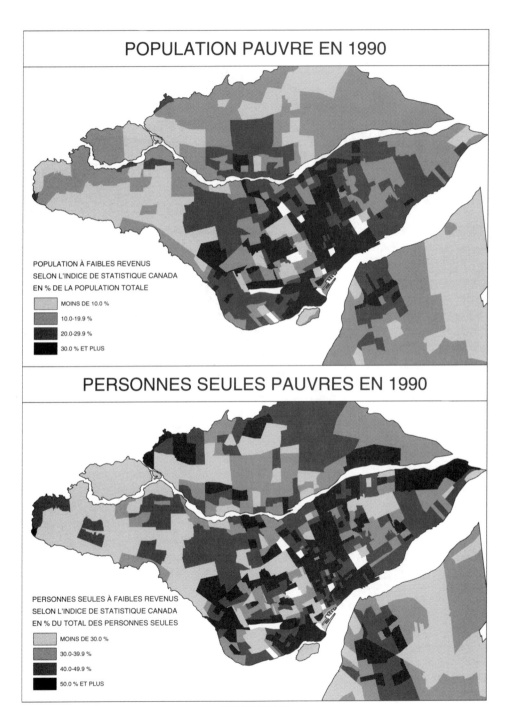

POPULATION PAUVRE EN 1990

POPULATION À FAIBLES REVENUS
SELON L'INDICE DE STATISTIQUE CANADA
EN % DE LA POPULATION TOTALE

- MOINS DE 10.0 %
- 10.0-19.9 %
- 20.0-29.9 %
- 30.0 % ET PLUS

PERSONNES SEULES PAUVRES EN 1990

PERSONNES SEULES À FAIBLES REVENUS
SELON L'INDICE DE STATISTIQUE CANADA
EN % DU TOTAL DES PERSONNES SEULES

- MOINS DE 30.0 %
- 30.0-39.9 %
- 40.0-49.9 %
- 50.0 % ET PLUS

CARTES 390-391

304

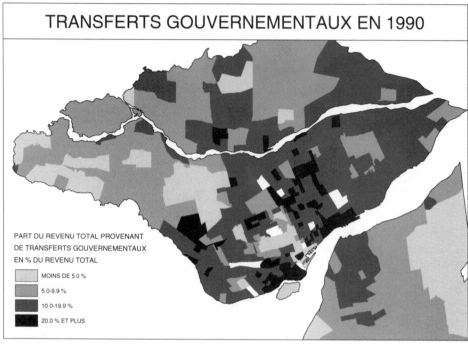

TRANSFERTS GOUVERNEMENTAUX EN 1990

PART DU REVENU TOTAL PROVENANT
DE TRANSFERTS GOUVERNEMENTAUX
EN % DU REVENU TOTAL

MOINS DE 5.0 %

5.0-9.9 %

10.0-19.9 %

20.0 % ET PLUS

CARTE 392

67. L'inégalité des revenus

Le revenu des hommes et des femmes fournit une image de la hiérarchie des revenus, tandis que le revenu familial fournit une image de la richesse globale des familles. Les seuils de pauvreté, qui sont basés sur les revenus familiaux, fournissent eux aussi une indication sur le nombre de familles, ou de personnes, qui se situent sous le seuil de pauvreté. Mais les revenus, quels qu'ils soient, ne donnent pas une idée exacte du niveau de richesse ou de pauvreté des individus: en effet, un revenu est partagé, sous une forme ou sous une autre, entre plusieurs personnes dépendantes (enfants, inactifs, etc.). Tel revenu, gagné par un célibataire, n'a pas du tout la même signification, du point de vue du niveau de richesse, que le même revenu partagé par une famille avec enfants.

C'est pourquoi nous avons calculé le revenu *per capita* pour mieux mesurer le niveau de richesse et de pauvreté des individus. Ce revenu *per capita* est obtenu en divisant la masse des revenus totaux dans chaque secteur de recensement par le nombre total de personnes habitant dans chaque secteur. Et comme le recensement fournit les revenus en dollars courants (voir annexe statistique, tableau 11), le revenu *per capita* de chaque secteur a été rapporté au revenu *per capita* de l'ensemble de la région étudiée. Ce revenu était, en 1990, de 17 373 $ pour la région.

La structure du revenu *per capita* apparaît comme très stable dans le temps, et les écarts entre les secteurs les plus riches et les secteurs les plus pauvres sont plus forts que pour les revenus masculin, féminin ou familial. Ainsi, en 1990, l'écart le plus prononcé est dans un rapport de 19 à 1 entre Habitat 67 et le quartier chinois.

On retrouve, au sommet de la hiérarchie, les quartiers de «l'anneau d'or» qui encercle le mont Royal (Outremont, avenue des Pins, Westmount, Notre-Dame-de-Grâce, Montréal-Ouest, Hampstead, Côte-Saint-Luc, Ville Mont-Royal), ainsi que la plupart des banlieues du Lakeshore (Dorval, Pointe-Claire, Beaconsfield, Baie-d'Urfé, Kirkland, Senneville), auxquels s'ajoutent quelques banlieues favorisées (Saraguay, Îles-Laval, Laval-Ouest, Saint-Lambert, Saint-Bruno-de-Montarville, Île-des-Sœurs), ainsi que des développements domiciliaires de luxe (Île-Patton à Laval, Pyramides olympiques, Vieux-Montréal, Habitat 67, Domaine Saint-Sulpice, Métro-Longueuil, etc.). Au bas de la hiérarchie, on retrouve le T renversé de la pauvreté (Verdun, Saint-Henri, Pointe-Saint-Charles, Sainte-Marie, Hochelaga-Maisonneuve le long du fleuve Saint-Laurent ainsi que le Mile-End), auquel s'ajoutent des quartiers d'immigrants dans le centre et le nord-est de l'île de Montréal.

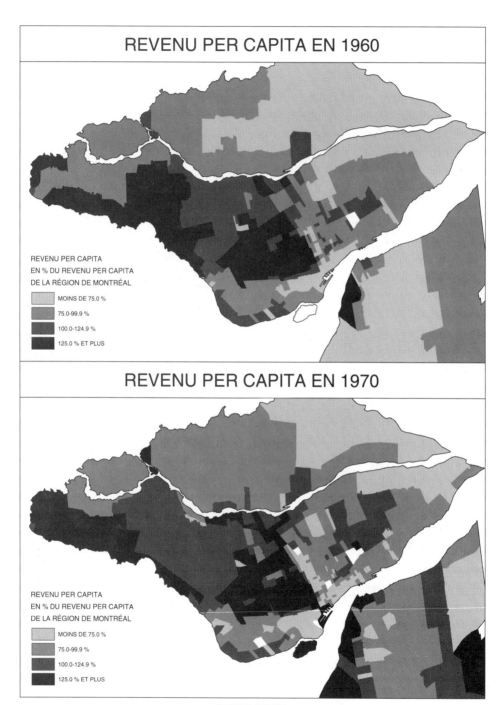

REVENU PER CAPITA EN 1960

REVENU PER CAPITA
EN % DU REVENU PER CAPITA
DE LA RÉGION DE MONTRÉAL

MOINS DE 75.0 %

75.0-99.9 %

100.0-124.9 %

125.0 % ET PLUS

REVENU PER CAPITA EN 1970

REVENU PER CAPITA
EN % DU REVENU PER CAPITA
DE LA RÉGION DE MONTRÉAL

MOINS DE 75.0 %

75.0-99.9 %

100.0-124.9 %

125.0 % ET PLUS

CARTES 393-394

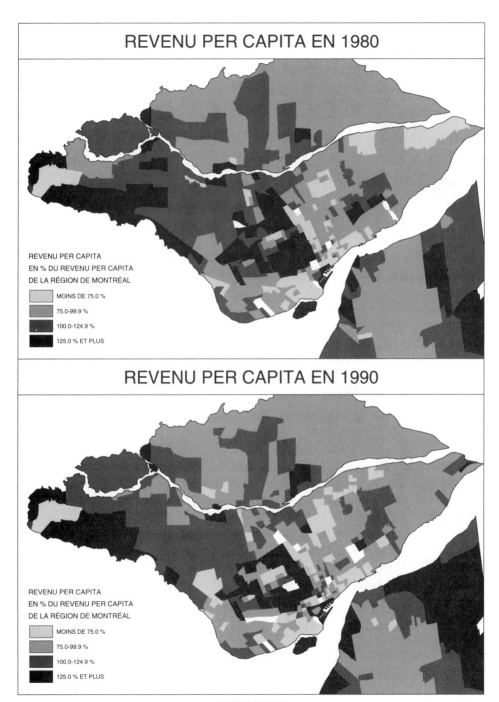

REVENU PER CAPITA EN 1980

REVENU PER CAPITA
EN % DU REVENU PER CAPITA
DE LA RÉGION DE MONTRÉAL

MOINS DE 75.0 %

75.0-99.9 %

100.0-124.9 %

125.0 % ET PLUS

REVENU PER CAPITA EN 1990

REVENU PER CAPITA
EN % DU REVENU PER CAPITA
DE LA RÉGION DE MONTRÉAL

MOINS DE 75.0 %

75.0-99.9 %

100.0-124.9 %

125.0 % ET PLUS

CARTES 395-396

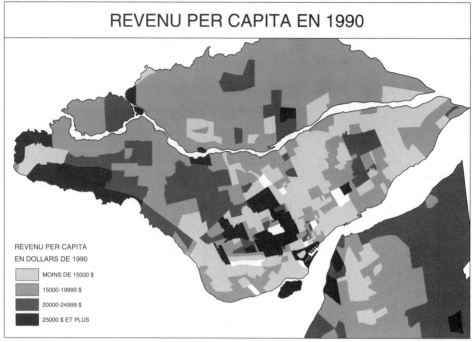

REVENU PER CAPITA EN 1990

REVENU PER CAPITA
EN DOLLARS DE 1990

- MOINS DE 15000 $
- 15000-19999 $
- 20000-24999 $
- 25000 $ ET PLUS

CARTE 397

Annexe statistique

Dans les tableaux statistiques qui suivent, nous présentons, pour l'ensemble de la région étudiée, les principaux indicateurs sociaux qui ont été cartographiés dans ce volume. Les données ont été sommées pour l'ensemble des secteurs de recensement représentés. En 1951, cet ensemble déborde la région métropolitaine de recensement de Montréal, mais à partir de 1961 cette région métropolitaine s'étend vers les banlieues de plus en plus lointaines, avec pour résultat que nos cartes ne représentent plus, en 1991, que 79 % de la région métropolitaine de recensement. La région cartographiée représente, par ailleurs, un peu plus du tiers de la population totale du Québec.

La région cartographiée couvre entièrement les territoires des trois sociétés de transport (STCUM, STL et STRSM) et constitue, à peu de chose près, le noyau urbanisé de la région métropolitaine de recensement de Montréal.

Les tableaux qui suivent ne concernent donc que cette région cartographiée, et les données qui y figurent diffèrent en conséquence de celles publiées par Statistique Canada et qui portent sur l'ensemble de la région métropolitaine de Montréal.

TABLEAU 1

L'ESPACE RÉSIDENTIEL

	1951	1961	1971	1981	1991
population totale de la R.M.R.	1 395 400	2 109 509	2 743 210	2 828 349	3 127 242
population totale couverte par les cartes	1 433 745	2 027 612	2 425 890	2 363 368	2 460 601
% de la R.M.R.	102,7	96,1	88,4	83,6	78,7
% de l'ensemble du Québec	35,4	38,6	40,2	36,7	35,7
variation de population depuis 10 ans en %	22,7	41,4	19,6	-2,6	4,1
maisons simples détachées en % du total des logements	10,1	16,9	18,7	19,4	20,5
logements occupés par un locataire en % du total des logements	76,7	74,4	68,3	64,0	59,8

TABLEAU 2

L'ESPACE DÉMOGRAPHIQUE

	1951	1961	1971	1981	1991
% de femmes	51,4	50,9	51,1	51,8	52,0
âge médian	29,6	28,1	28,4	32,0	35,4
population de moins de 15 ans en % de la population totale	26,2	30,5	26,5	18,5	17,1
population de 65 ans et plus en % de la population totale	6,3	6,2	7,2	10,0	12,6
indice de vieillesse	24	20	27	54	74
enfants de moins de 5 ans en % de la population de 5 ans et plus	12,1	13,0	8,1	6,3	6,3
enfants de moins de 5 ans en % de la population féminine de 15-44 ans	— *	50,4	32,0	23,6	24,4

(*) Données non disponibles.

TABLEAU 3

L'ESPACE DÉMOGRAPHIQUE (SUITE)

	1951	1961	1971	1981	1991
célibataires en % de la population de 15 ans et plus	31,6	28,8	31,3	31,1	37,3
population mariée en % de la population de 15 ans et plus	61,4	64,8	62,4	58,8	47,7
nombre moyen de personnes par famille	3,6	3,7	3,6	3,2	2,9
population vivant seule en % de la population totale	1,2	2,4	4,8	9,7	12,4
familles sans enfants en % du total des familles	34,3	29,9	30,2	32,8	36,0
familles avec trois enfants ou plus en % du total des familles	21,1	25,7	24,1	13,8	9,3
ménages unifamiliaux en % du total des ménages	81,3	82,2	75,5	68,0	62,9

TABLEAU 4

LES ORIGINES ETHNIQUES

	1951	1961	1971	1981	1991
origine française	932 287	1 289 493	1 513 685	1 453 875	1 290 665
%	65,0	63,6	62,4	62,2 (64,3)	53,3 (60,9)
origine britannique	312 837	364 710	390 965	278 605	136 680
%	21,8	18,0	16,1	11,9 (12,3)	5,6 (6,4)
autres origines	188 621	372 626	521 240	529 015	693 390
%	13,2	18,4	21,5	22,6 (23,4)	28,6 (32,7)
origines multiples	— *	— *	— *	74 265	302 045
%	— *	—*	— *	3,2	12,5

Note: les pourcentages entre parenthèses ont été calculés en répartissant les réponses multiples au prorata des réponses uniques.

(*) La catégorie «réponse multiple» n'existe que depuis le recensement de 1981.

TABLEAU 5

LES LANGUES MATERNELLES

	1951	1961	1971	1981	1991
français	936 342	1 304 288	1 566 810	1 540 050	1 507 800
%	65,4	64,3	64,6	65,2	61,3 (64,4)
anglais	374 291	478 223	540 215	469 025	393 620
%	26,1	23,6	22,3	19,8	16,0 (16,8)
autres langues	121 589	245 097	318 950	354 365	440 805
%	8,5	12,1	13,1	15,0	17,9 (18,8)
plusieurs langues maternelles	— *	— *	— *	— *	118 525
%	— *	— *	— *	— *	4,8

Note: les pourcentages entre parenthèses ont été calculés en répartissant les réponses multiples au prorata des réponses uniques.

(*) La catégorie «réponse multiple» n'existe que depuis le recensement de 1986.

TABLEAU 6

LES LANGUES PARLÉES À LA MAISON

	1971	1981	1991
français	1 567 415	1 526 065	1 518 250
%	64,6	65,3	62,5 (65,0)
anglais	622 750	554 645	504 680
%	25,7	23,7	20,8 (21,6)
autres langues	235 725	255 230	311 960
%	9,7	10,9	12,9 (13,4)
plusieurs langues parlées à la maison	— *	— *	91 430
%	— *	— *	3,8

Note: les pourcentages entre parenthèses ont été calculés en répartissant les réponses multiples au prorata des réponses uniques.
(*) La catégorie «réponse multiple» n'existe que depuis le recensement de 1986.

TABLEAU 7

L'USAGE DES LANGUES EN 1991

	langue maternelle (1)	langue parlée à la maison (2)	% (2)/(1)	coefficient de corrélation (1) x (2)
français	1 507 075	1 518 250	100,7	0,995
anglais	392 950	504 680	128,4	0,989
italien	113 880	68 350	60,0	0,977
espagnol	41 075	33 085	80,5	0,896
grec	40 155	32 430	80,8	0,982
arabe	36 225	25 850	71,4	0,964
chinois	26 005	23 165	89,1	0,947
portugais	23 815	17 890	75,1	0,913
polonais	15 250	9 580	62,8	0,664
vietnamien	14 770	15 340	103,9	0,933
allemand	11 405	2 795	24,5	0,546
hongrois	7 375	3 425	46,4	0,701
ukrainien	5 290	2 400	45,4	0,770
pendjabi	2 780	2 145	77,2	0,737
russe	2 715	1 455	53,6	0,722

TABLEAU 8

LES LANGUES OFFICIELLES

	1951	1961	1971	1981	1991
unilingues français	502 631	783 139	985 170	898 395	878 055
%	36,0	38,6	40,6	38,5	36,2
unilingues anglais	324 948	448 572	466 690	306 615	272 430
%	23,3	22,1	19,2	13,1	11,2
bilingues français-anglais	557 388	751 077	920 415	1 090 580	1 222 040
%	40,0	37,1	37,9	46,7	50,4
ne connaissant ni le français ni l'anglais	11 738	44 041	53 700	40 145	53 660
%	0,8	2,2	2,2	1,7	2,2

TABLEAU 9

LA FORCE DE TRAVAIL

	1951	1961	1971	1981	1991
population ayant moins de 9 ans de scolarité en %	56,9	68,5	35,8	24,2	18,3
population ayant fréquenté l'université en %	7,9	7,7	13,4	18,5	25,1
taux d'activité masculin	84,1	80,2	74,5	77,2	74,5
taux d'activité féminin	30,6	32,3	39,1	51,5	57,3
participation féminine à la main-d'œuvre	28,6	30,1	36,2	42,4	45,9
travailleurs à leur propre compte en % de la main-d'œuvre masculine	10,5	9,8	6,4	6,4	11,2
taux de chômage masculin	1,9	3,4	9,1	7,8	12,5
taux de chômage féminin	1,5	2,0	9,8	10,1	12,1
force de travail inutilisée en % de la population de 15 ans et plus	37,2	46,2	49,1	41,9	42,6

TABLEAU 10

LA STRUCTURE SOCIOPROFESSIONNELLE

	1951	1961	1971	1981	1991
population engagée dans le secteur tertiaire en % de la main-d'œuvre	61,7	65,0	66,7	71,6	71,8
HOMMES					
directeurs	11,7	12,2	8,9	13,5	16,3
travailleurs intellectuels	7,9	10,7	13,0	14,9	18,0
employés	26,8	28,1	36,8	32,8	32,5
ouvriers	53,5	49,0	41,2	38,8	33,2
FEMMES					
directrices	2,3	2,7	2,7	6,1	11,9
travailleuses intellectuelles	11,5	14,2	19,6	20,8	23,2
employées	56,2	57,7	59,6	57,7	54,2
ouvrières	30,0	25,4	18,0	15,3	10,6

TABLEAU 11

LES REVENUS

	1951	1961	1971	1981	1991
revenu total moyen masculin	2 224	4 406	7 089	17 142	29 310
revenu total moyen féminin	1 337	1 955	3 267	9 091	18 102
revenu féminin en % du revenu masculin	60,1	44,4	46,1	53,0	61,8
revenu familial moyen	—	6 046	10 292	27 191	50 112
revenu *per capita*	—	1 649	2 971	8 815	17 373

Note: tous les revenus sont donnés en dollars courants.

Note méthodologique

SOURCES DE DONNÉES

Les recensements de la population effectués par Statistique Canada en 1951, 1961, 1971, 1981, 1986 et 1991 ont été notre unique source de données pour concevoir cet ouvrage. La liste des publications des données des recensements au niveau des secteurs de recensement de la région métropolitaine de Montréal apparaît dans la bibliographie. Pour les recensements les plus anciens, ces données ont été informatisées à partir de ces cahiers de recensement, alors que pour les recensements récents, nous avons utilisé des données disponibles sur bande magnétique ou sur disquette et diffusées par Statistique Canada. Tous les calculs statistiques ont donc été effectués par ordinateur et sont, en principe, exempts d'erreur. Pour le recensement de 1951 nous disposions de 165 microvariables au niveau de chaque secteur de recensement, de 208 pour celui de 1961, de 240 pour celui de 1971, de 384 pour celui de 1981, de 637 pour celui de 1986, et enfin de 687 microvariables pour le recensement de 1991.

CARTOGRAPHIE PAR ORDINATEUR

La partie cartographique de cet ouvrage a été effectuée sur un micro-ordinateur Macintosh IIci d'Apple, à l'aide du logiciel MODÈLE, développé par Gontrand Dumont au Service de l'informatique de l'Université du Québec à Montréal. La mise en pages a été faite à l'aide du logiciel Pagemaker, et le tirage final des cartes a été effectué au Service de reprographie de l'Université du Québec à Montréal, sur une imprimante linotype Linotronic 330 à 1270 points au pouce.

Outre la base de données statistiques, la cartographie par ordinateur exige de disposer d'une base de données géographiques, c'est-à-dire de cartes de fond informatisées. Nous avons nous-même numérisé les cartes de fond qui ont servi dans cet ouvrage à partir d'une carte de la Communauté urbaine de Montréal de dimensions 80 po par 40 po, et de cartes de l'île Jésus et de la Rive-Sud de Montréal à la même échelle.

Les secteurs de recensement sont des petites unités géographiques établies par Statistique Canada pour diffuser les données du recensement dans les grandes régions urbaines. Les cartes 398 à 409 représentent ces secteurs de recensement, au nombre de 316 en 1951, de 370 en 1961, de 499 en 1971, de 589 en 1981, de 614 en 1986 et de 640 en 1991 dans la région que nous avons cartographiée. En combinant le nombre de secteurs de recensement par le nombre de microvariables disponibles à chaque recensement, on peut calculer que c'est à partir d'un ensemble de plus de un million de données que nous avons établi ce portrait de l'espace social de Montréal depuis 40 ans.

CHOIX DES VARIABLES REPRÉSENTÉES

Devant une telle masse de données, un choix rigoureux a dû être accompli dans les données à représenter. Trois critères ont présidé ce choix. En premier lieu, un critère historique: autant que faire se peut, nous n'avons retenu que des variables présentes dans tous les recensements afin de saisir l'évolution temporelle des caractéristiques sociales représentées. En second lieu, un critère géographique: n'ont été retenues que les caractéristiques qui présentaient une variabilité spatiale socialement significative, puisque l'objectif était de déceler les structures de l'espace social montréalais. En troisième lieu enfin, un critère sociologique: nous avons privilégié, parmi les variables disponibles, celles que les sociologues appellent les «variables lourdes», parce qu'elles témoignent de pesanteurs sociales déterminantes dans les rapports sociaux. Ce sont les caractéristiques démographiques (sexe, âge, famille), les caractéristiques socioculturelles (origine ethnique, langue), l'insertion dans les rapports de travail (force de travail, structure socioprofessionnelle), enfin la répartition de la richesse et de la pauvreté (revenus).

Ce triple critère nous a conduit à confectionner plus de 700 cartes, dans lesquelles il fallut opérer encore des choix, les plus difficiles sans doute, mais imposés par un souci d'économie éditoriale, pour arriver enfin à un ensemble de 397 cartes, regroupées en 67 sections, qui donnera aux lecteurs et aux lectrices, nous l'espérons, une image fidèle des structures de l'espace social de Montréal, telles que peut l'appréhender la statistique sociale.

SECTEURS DE RECENSEMENT EN 1951

MUNICIPALITÉS EN 1951

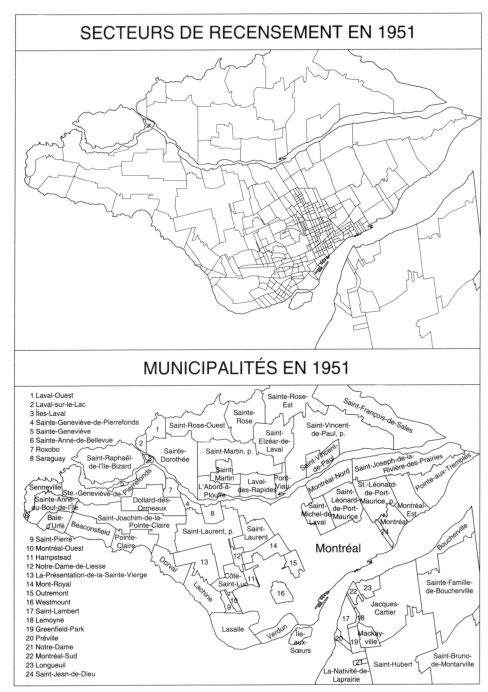

1 Laval-Ouest
2 Laval-sur-le-Lac
3 Îles-Laval
4 Sainte-Geneviève-de-Pierrefonds
5 Sainte-Geneviève
6 Sainte-Anne-de-Bellevue
7 Roxobo
8 Saraguay

9 Saint-Pierre
10 Montréal-Ouest
11 Hampstead
12 Notre-Dame-de-Liesse
13 La-Présentation-de-la-Sainte-Vierge
14 Mont-Royal
15 Outremont
16 Westmount
17 Saint-Lambert
18 Lemoyne
19 Greenfield-Park
20 Préville
21 Notre-Dame
22 Montréal-Sud
23 Longueuil
24 Saint-Jean-de-Dieu

CARTES 398-399

SECTEURS DE RECENSEMENT EN 1961

MUNICIPALITÉS EN 1961

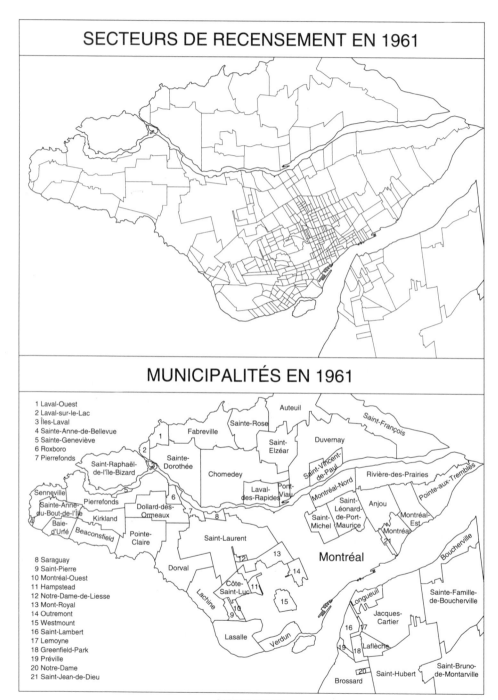

1 Laval-Ouest
2 Laval-sur-le-Lac
3 Îles-Laval
4 Sainte-Anne-de-Bellevue
5 Sainte-Geneviève
6 Roxboro
7 Pierrefonds

8 Saraguay
9 Saint-Pierre
10 Montréal-Ouest
11 Hampstead
12 Notre-Dame-de-Liesse
13 Mont-Royal
14 Outremont
15 Westmount
16 Saint-Lambert
17 Lemoyne
18 Greenfield-Park
19 Préville
20 Notre-Dame
21 Saint-Jean-de-Dieu

CARTES 400-401

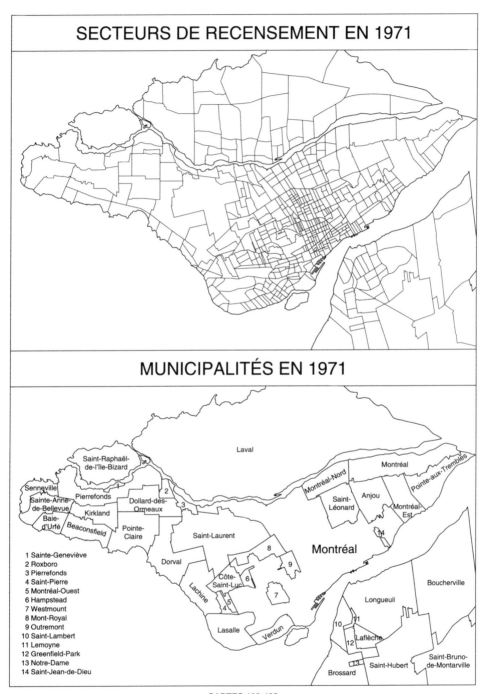

SECTEURS DE RECENSEMENT EN 1971

MUNICIPALITÉS EN 1971

Laval

Saint-Raphaël-
de-l'Île-Bizard

Montréal

Pointe-aux-Trembles

Senneville

Pierrefonds

2

Montréal-Nord

Sainte-Anne-
de-Bellevue

Dollard-des-
Ormeaux

3

Saint-
Léonard

Anjou

Montréal-
Est

Kirkland

Baie-
d'Urfé

Beaconsfield

Pointe-
Claire

Saint-Laurent

14

Montréal

8

1 Sainte-Geneviève
2 Roxboro
3 Pierrefonds
4 Saint-Pierre
5 Montréal-Ouest
6 Hampstead
7 Westmount
8 Mont-Royal
9 Outremont
10 Saint-Lambert
11 Lemoyne
12 Greenfield-Park
13 Notre-Dame
14 Saint-Jean-de-Dieu

Dorval

Côte-
Saint-Luc

6

9

Boucherville

Lachine

5

7

Longueuil

4

10

11

Lasalle

Verdun

12

Laflèche

Saint-Bruno-
de-Montarville

13

Saint-Hubert

Brossard

CARTES 402-403

SECTEURS DE RECENSEMENT EN 1981

MUNICIPALITÉS EN 1981

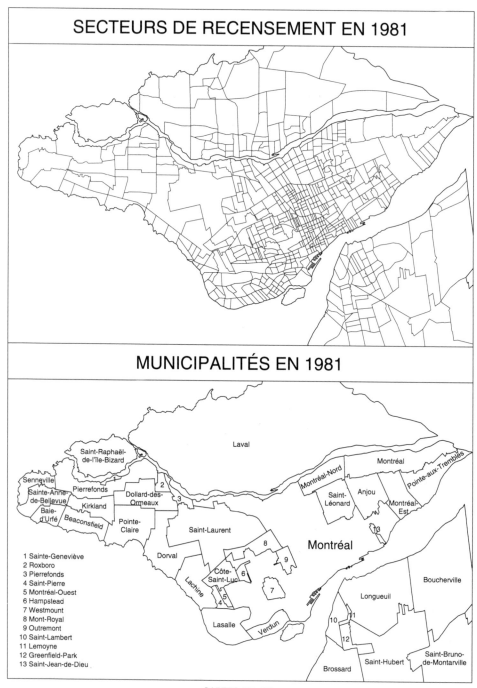

1 Sainte-Geneviève
2 Roxboro
3 Pierrefonds
4 Saint-Pierre
5 Montréal-Ouest
6 Hampstead
7 Westmount
8 Mont-Royal
9 Outremont
10 Saint-Lambert
11 Lemoyne
12 Greenfield-Park
13 Saint-Jean-de-Dieu

CARTES 404-405

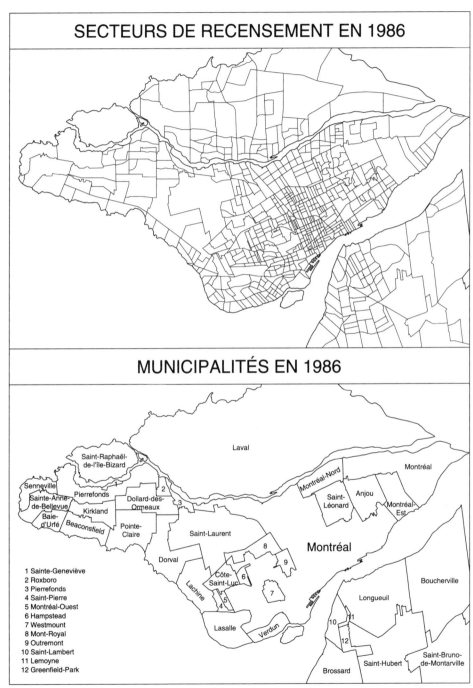

SECTEURS DE RECENSEMENT EN 1986

MUNICIPALITÉS EN 1986

Saint-Raphaël-
de-l'île-Bizard

Laval

Montréal

Senneville

Pierrefonds

Montréal-Nord

Sainte-Anne-
de-Bellevue

Kirkland

Dollard-des-
Ormeaux

2

3

Saint-
Léonard

Anjou

Montréal-
Est

Baie-
d'Urfé

Beaconsfield

Pointe-
Claire

Saint-Laurent

Dorval

8

9

Montréal

Côte-
Saint-Luc

6

Lachine

5

7

Boucherville

Longueuil

1 Sainte-Geneviève
2 Roxboro
3 Pierrefonds
4 Saint-Pierre
5 Montréal-Ouest
6 Hampstead
7 Westmount
8 Mont-Royal
9 Outremont
10 Saint-Lambert
11 Lemoyne
12 Greenfield-Park

4

Lasalle

Verdun

10

11

12

Brossard

Saint-Hubert

Saint-Bruno-
de-Montarville

CARTES 406-407

328

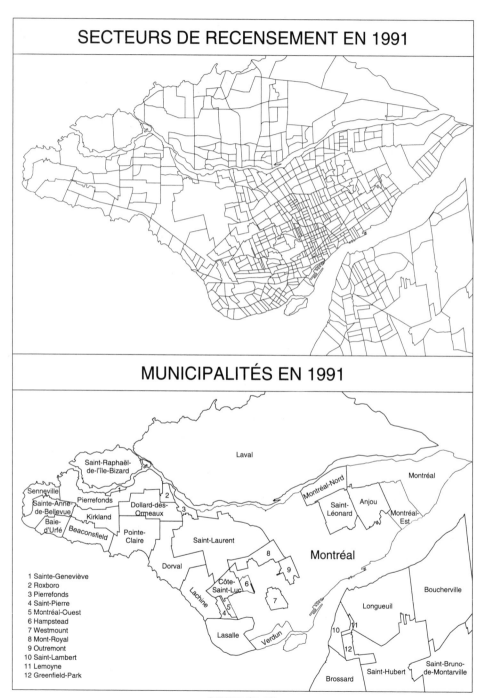

SECTEURS DE RECENSEMENT EN 1991

MUNICIPALITÉS EN 1991

Laval

Saint-Raphaël-
de-l'île-Bizard

Montréal

Senneville
Sainte-Anne-
de-Bellevue
Baie-
d'Urfé

Pierrefonds

Kirkland

Beaconsfield

Dollard-des-
Ormeaux

Pointe-
Claire

Montréal-Nord

Saint-
Léonard

Anjou

Montréal-
Est

Saint-Laurent

Montréal

Dorval

Côte-
Saint-Luc

Lachine

Boucherville

Longueuil

1 Sainte-Geneviève
2 Roxboro
3 Pierrefonds
4 Saint-Pierre
5 Montréal-Ouest
6 Hampstead
7 Westmount
8 Mont-Royal
9 Outremont
10 Saint-Lambert
11 Lemoyne
12 Greenfield-Park

Lasalle

Verdun

Brossard

Saint-Hubert

Saint-Bruno-
de-Montarville

CARTES 408-409

PRINCIPALES ARTÈRES

TOPONYMES

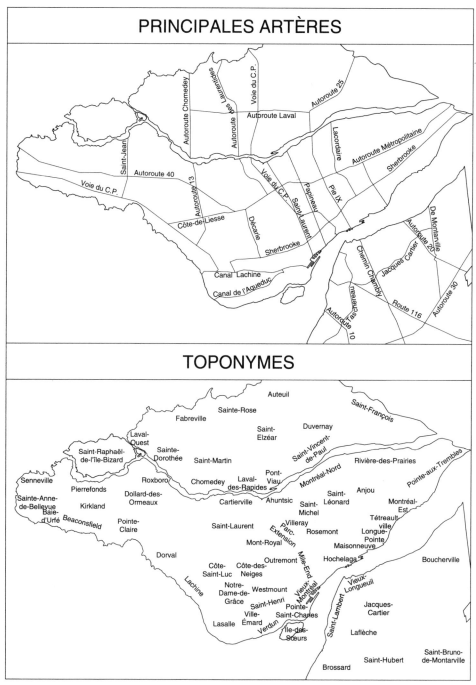

CARTES 410-411

Bibliographie

DONNÉES DE STATISTIQUE CANADA
POUR LES SECTEURS DE RECENSEMENT

Recensement de 1951

Caractéristiques de la population et du logement par secteurs de recensement, Montréal, Recensement de 1951, bulletin CT-3, 63 pages.

Statistiques choisies sur la distribution par secteurs de recensement — quatorze cités canadiennes, Recensement de 1951, bulletin CT-13, 60 pages.

Recensement de 1956

Caractéristiques de la population et du logement par secteurs de recensement, Montréal, Recensement de 1956, bulletin 4-5, 54 pages, catalogue 95-505.

Recensement de 1961

Séries des secteurs de recensement, Montréal, Recensement de 1961, bulletin CT-4, 84 pages, catalogue 95-519.

Migration, fécondité et revenus par secteurs de recensement, Recensement de 1961, bulletin CX-1, 72 pages, catalogue 95-541.

Commerces de détail, zones métropolitaines par secteurs de recensement, Recensement de 1961, bulletin CM-1, 72 pages, catalogue 95-542.

Commerces de services, zones métropolitaines par secteurs de recensement, Recensement de 1961, bulletin CM-2, 36 pages, catalogue 95-543.

Recensement de 1966

Population: caractéristiques par secteurs de recensement, Montréal, Recensement de 1966, bulletin C-4, 36 pages, catalogue 95-604.

Commerces de détail: grandes agglomérations par secteurs de recensement, Recensement de 1966, 60 pages, catalogue 97-604.

Commerces de services: grandes agglomérations par secteurs de recensement, Recensement de 1966, 60 pages, catalogue 97-644.

Recensement de 1971

Caractéristiques de la population et du logement par secteurs de recensement, Montréal, Recensement de 1971, bulletin CT-4A, 65 pages, catalogue 95-704.

Caractéristiques de la population et du logement par secteurs de recensement, Montréal, Recensement de 1971, bulletin CT-4B, 187 pages, catalogue 95-734.

Commerces de détail: statistiques des locaux d'affaires, régions métropolitaines par secteurs de recensement, Recensement de 1971, bulletin 7-4, 69 pages, catalogue 97-704.

Commerces de services: statistiques des locaux d'affaires, régions métropolitaines par secteurs de recensement, Recensement de 1971, bulletin 9-4, 74 pages, catalogue 97-744.

Recensement de 1976

Secteurs de recensement: caractéristiques de la population et du logement, Montréal, Recensement de 1976, bulletin 6-12, 182 pages, catalogue 95-811.

Recensement de 1981

Secteurs de recensement: population, logements privés occupés, ménages privés, familles de recensement dans les ménages privés, certaines caractéristiques, Montréal, Recensement de 1981, vol. 3, série de profils A, 231 pages, catalogue 95-918.

Secteurs de recensement: population, logements privés occupés, ménages privés et familles de recensement dans les ménages privés, certaines caractéristiques, Montréal, Recensement de 1981, vol. 3, série de profils B, 669 pages, catalogue 95-959.

Série d'atlas métropolitains, Montréal, Recensement de 1981, 129 pages, catalogue 99-920.

Recensement de 1986

Secteurs de recensement. Profils, Montréal, partie 1, Recensement de 1986, catalogue 95-129.

Secteurs de recensement. Profils, Montréal, partie 2, Recensement de 1986, catalogue 95-130.

Série d'atlas métropolitains, Montréal, Recensement de 1986, 122 pages, catalogue 98-104.

Recensement de 1991

Profil des secteurs de recensement de Montréal — Partie A, Recensement de 1991, catalogue 95-329.

Profil des secteurs de recensement de Montréal — Partie B, Recensement de 1991, catalogue 95-330.

Généralités

Concepts de région métropolitaine de recensement au Canada et dans certains pays étrangers, Série de la géographie, Document de travail n° 4, 30 pages, catalogue 92-X-503.

Historique du programme des secteurs de recensement de 1941 à 1981, Série de la géographie, Document de travail n° 7, 60 pages, catalogue 92-X-507.

Historique du programme des régions métropolitaines de recensement et des agglomérations de recensement de 1941 à 1981, Série de la géographie, Document de travail n° 8, 112 pages, catalogue 92-X-508.

SÉMIOLOGIE GRAPHIQUE

ANDRÉ, Albert. *L'expression graphique, cartes et diagrammes*, Paris, Masson, 1980, 240 pages.

BERTIN, Jacques. *Sémiologie graphique: les diagrammes, les réseaux, les cartes*, Paris, Mouton, 1967, 431 pages.

BERTIN, Jacques. *La graphique et le traitement graphique de l'information*, Paris, Flammarion, 1977, 277 pages.

BONIN, Serge. *Initiation à la graphique*, Paris, EPI, 1975, 171 pages.

BORD, Jean-Paul. *Initiation à la géo-graphique, ou comment visualiser son information*, Paris, SEDES, 1984, 221 pages.

BRUNET, Roger. *La carte, mode d'emploi*, Paris, A. Fayard, 1987, 269 pages.

CARTER, James Richard. *Computer Mapping, Progress in the '80s*, Washington, Association of American Geographers, 1984, 84 pages.

CAUVIN, Colette et RAYMOND, Henri. *Nouvelles méthodes en cartographie*, Montpellier, Maison de la Géographie, GIP Reclus, 1986, 55 pages.

COLE, John P. et KING, Cuchlaine A. M. *Quantitative Geography, Techniques and Theories in Geography*, New York, Wiley, 1968, 692 pages.

CUFF, David J. et MATTSON, Mark T. *Thematic Maps, their Design and Production*, Londres, Methuen, 1982, 169 pages.

DAVIS, John C. et McCULLAGH, Michael J. (dir.). *Display and Analysis of Spatial Data*, Londres, Wiley, 1975, 378 pages.

DICKINSON, Gordon Cawood. *Statistical Mapping and the Presentation of Statistics*, Londres, Edward Arnold, 1973, 196 pages.

DUNCAN, Otis Dudley, CUZZORT, Ray P. et DUNCAN, Beverly. *Statistical Geography*, Glencoe, The Free Press, 1961, 191 pages.

FISHER, Howard T. *Mapping Information. The Graphic Display of Quantitative Information*, Cambridge, Massachusetts, Abt Books, 1982, 384 pages.

HAGGETT, Peter. *L'analyse spatiale en géographie humaine*, Paris, Armand Colin, 1973, 390 pages.

HAGGETT, Peter, CLIFF, Andrew David et FREY, Allan E. *Locational methods*, vol. 2, Londres, Edward Arnold, 1977, 605 pages.

HERDEG, Walter (dir.). *Graphis-diagrams: la visualisation graphique des données abstraites*, Zürich, Graphis-Press, 1974, 183 pages.

MAROIS, Claude (dir.). *Atelier et colloque sur la cartographie par ordinateur et la conception des banques de données*, Montréal, Congrès de mai 1982, Association Carto-Québec, Département de Géographie, Université de Montréal, 1982, 128 pages.

MONKHOUSE, Francis John et WILKINSON, Henry Robert. *Maps and Diagrams, their Compilation and Construction*, Londres, Methuen, 1971, 522 pages.

MONMONNIER, Mark S. *Computer Assisted Cartography. Principles and Prospects*, Englewood Cliffs, New Jersey, Prentice-Hall, 1982, 214 pages.

MOORE, Patricia A. *Computer Mapping. Applications in Urban, State and Federal Government*, Cambridge, Massachusetts, Harvard Library of Computer Graphics, 1981, 140 pages.

PEUCKER, Thomas K. *Computer Cartography*, Washington, Association of American Geographers, Commission on College Geography, Resource Paper n° 17, 1972, 75 pages.

RAVENEAU, Jean (dir.). *Les méthodes de la cartographie urbaine*, Sherbrooke, Association des Géographes de l'Amérique française, 1972, 186 pages.

SCHMID, Calvin Fisher. *Handbook of Graphic Presentation*, New York, Ronald Press, 1954, 308 pages.

TAYLOR, David Roxton Fraser. *The Computer in Contemporary Carto-graphy*, Toronto, John Wiley, 1980, 252 pages.

TUFTE, Edward R. *The Visual Display of Quantitative Information*, Cheshire, Connecticut, Graphis Press, 1983, 197 pages.

WAMIEZ, Philippe, DANDOY, Gérard et CABOS, Violette. *Les données et le territoire: initiation au traitement informatique des données spatialisées*, Bondy, Éditions de l'ORSTOM, 1986, 119 pages.

WELLAR, Barry S. *Auto-Carto Six. La cartographie automatisée: perspectives internationales sur les réalisations et les défis*, Ottawa, Actes du Sixième Symposium international sur la Cartographie automatisée, 1983, 2 vol., 496 et 637 pages.

WHITE, Jan V. *Using Charts and Graphs: 1000 Ideas for Visual Persuasion*, New York, R. R. Bowker, 1984, 202 pages.

ÉTUDES DE MORPHOLOGIE SOCIALE DE MONTRÉAL

AMES, Herbert Brown. *The City Below the Hill*, Montréal, Bishop Engraving and Printing Co., 1897, 116 pages.

ANCTIL, Pierre et CALDWELL, Gary. *Juifs et réalités juives au Québec*, Québec, IQRC, 1984, 371 pages.

ANCTIL, Pierre. «Un *shtetl* dans la ville: la zone de résidence juive à Montréal avant 1945», p. 419-436 dans Frank W. Remiggi et Gilles Sénécal (dir.), *Montréal, tableaux d'un espace en transformation*.

ARELLANO, Ronald *et al. Pontville: a Socio-Economic Study of a French-Canadian Suburban Community*, Montréal, McGill University Press, 1955.

ASSELIN, Pierre et FOURNIER, Marcel. *Montréal-Nord*, Montréal, Université de Montréal, Institut d'urbanisme, 1978, 75 pages.

BARRIÈRE, Jean. *Monographie de la ville de Verdun*, thèse, École des Hautes Études commerciales, Montréal, 1947.

BAYLEY, C. M. *The Social Structure of the Italian and Ukrainian Immigrant Communities in Montreal*, Montréal, McGill University Thesis, 1939.

BEAUREGARD, Ludger. *Monographie géographique du boulevard Saint-Laurent et de la rue Saint-Denis à Montréal*, mémoire de maîtrise en géographie, Montréal, Université de Montréal, 1950.

BEAUREGARD, Ludger. «Géographie manufacturière de Montréal», *Cahiers de Géographie de Québec*, vol. III, n° 6, 1959, p. 275-294.

BEAUREGARD, Ludger (dir.). *Montréal, guide d'excursions,* Montréal, Presses de l'Université de Montréal, 1972, 197 pages.

BEAUREGARD, Ludger. «Le commerce de détail à Montréal», p. 137-153 dans Ludger Beauregard (dir.), *Montréal, guide d'excursions.*

BEAUREGARD, Ludger. *Les élections municipales de Montréal de 1978, une étude de géographie de Montréal,* Département de Géographie, Université de Montréal, Notes et documents, n° 80-03, 1980, 48 pages.

BEAUREGARD, Ludger et DUPONT, Normand. «La réorganisation du commerce dans la région métropolitaine de Montréal», *Cahiers de Géographie du Québec,* vol. XXVII, n° 71, 1983, p. 277-305.

BEAUREGARD, Ludger. «Les élections municipales à Montréal en 1982: une étude de géographie politique», *Cahiers de Géographie du Québec,* vol. XXVIII, n° 75, 1984, p. 395-433.

BEAUREGARD, Ludger. «L'étalement urbain dans la région métro-politaine de Montréal», p. 99-116 dans Frank W. Remiggi et Gilles Sénécal (dir.), *Montréal, tableaux d'un espace en transformation.*

BÉLAND, François. «Les dimensions de hiérarchie dans cinq villes du Québec: une analyse de stratification socio-écologique», *Recherches sociographiques,* vol. XIX, n° 3, 1978, p. 365-390.

BENOÎT, Michèle et GRATTON, Roger. *Pignon sur rue. Les quartiers de Montréal,* Montréal, Guérin, 1991, 394 pages.

BERDUGO-COHEN, Marie, COHEN, Yolande et LÉVY, Joseph. *Juifs marocains à Montréal. Témoignages d'une immigration moderne,* Montréal, VLB Éditeur, 1987, 211 pages.

BERNÈCHE, Francine. «Immigration et espace urbain. Les regrou-pements de population haïtienne dans la région métropolitaine de Montréal», *Cahiers québécois de Démographie,* vol. XII, n° 2, 1983, p. 295-324.

BERNÈCHE, Francine et MARTIN, J.-C. «Immigration, emploi et loge-ment: la situation de la population haïtienne dans certaines zones de la région métropolitaine de Montréal», *Anthropologie et sociétés,* vol. VIII, n° 2, 1984, pages 5-29.

BLAIS, Serge. *Longue-Pointe Est (Tétraultville),* Montréal, Université de Montréal, Institut d'urbanisme, 1978, 18 pages.

BLANC, B. «Problématique de la localisation des nouveaux immigrants à Montréal», *Études ethniques au Canada,* vol. XVIII, n° 1, 1986, p. 89-108.

BLANCHARD, Raoul. «Montréal, esquisse de géographie urbaine», *Géographie Alpine,* vol. XXXV, n° 11, 1947, p. 133-328.

BLANCHARD, Raoul. «Montréal, esquisse de géographie urbaine», *Revue canadienne de Géographie,* n° 1-2, 1950, p. 31-46.

BLANCHARD, Raoul. *L'Ouest du Canada-français, tome I: Montréal et sa région*, Montréal, Beauchemin, 1953, 401 pages.

BLANCHARD, Raoul. *Montréal: esquisse de géographie urbaine*, Montréal, VLB Éditeur, 1992, 282 pages.

BOISSEVAIN, Jérémy. *Les Italiens de Montréal. L'adaptation dans une société pluraliste*, Commission royale d'enquête sur le bilinguisme et le biculturalisme, Ottawa, 1971, 87 pages.

BOULET, Jac-André et REYNAULD, André. *L'analyse des disparités de revenus suivant l'origine ethnique et la langue sur le marché montréalais en 1961*, Ottawa, Conseil économique du Canada, 1977, 269 pages.

BOULET, Jac-André. *L'évolution des disparités linguistiques de revenus dans la zone métropolitaine de Montréal de 1961 à 1977*, Ottawa, Conseil économique du Canada, document 127, 1979, 61 pages.

BROWN, Wilfred Harold. *The Slovakian Community in Montreal*, Montréal, McGill University Thesis, 1927.

CALDWELL, Gary et WADDELL, Eric (dir.). *Les anglophones au Québec: de majoritaires à minoritaires*, Québec, IQRC, 1982, 482 pages.

CALDWELL, Gary. *Les études ethniques au Québec — Bilan et perspectives*, Québec, IQRC, 1983, 108 pages.

CHARBONNEAU, Hubert et LEGARÉ, Jacques. «L'extrême mobilité de la population urbaine au Canada: l'expérience de Montréal entre 1951 et 1961», *La Revue de Géographie de Montréal*, vol. XXI, n° 2, 1967, p. 235-266.

CHAREST, M., YOKRELL, L. et JEAN, A. *Outremont*, Montréal, Université de Montréal, Institut d'urbanisme, 1978, 21 pages.

CHICOINE, Nathalie, GERMAIN, Annick et ROSE, Damaris. «Restructuration de la main-d'œuvre, quartiers multi-ethniques et équipements collectifs: les pratiques des familles», p. 217-238 dans Frank W. Remiggi et Gilles Sénécal (dir.), *Montréal, tableaux d'un espace en transformation*.

CLIFFE-PHILLIPS, Geoffrey, MERCER, John et YUE MAN YEUNG. *The Spatial Structure of Urban Areas: a Case Study of the Montreal Metropolitan Area*, Chicago, Research Paper, Center for Urban Studies, University of Chicago, mars 1968.

COLCORD, Frank C. *Some Characteristics of an Urban Area*, A Preliminary Report prepared for the McGill University School of Social Work, Montréal, septembre 1962, 58 pages.

CÔTÉ, Alphonse. *Une agglomération polono-ukrainienne de Montréal*, mémoire de maîtrise en relations industrielles, Montréal, Université de Montréal, 1948.

CRÊTE, Jean. «Le système urbain québécois 1961-1971», *Recherches sociographiques*, vol. XIX, n° 3, 1978, p. 349-363.

DANSEREAU, Francine et FOGGIN, Peter. *Quelques aspects du développement spatial de l'agglomération montréalaise*, Montréal, INRS-Urbanisation, Études et Documents, n° 3, 1976, 51 pages.

DAOUST, Louis. *Monographie économique de Pointe-Claire*, mémoire de maîtrise, Montréal, École des Hautes Études commerciales, 1951.

DAVIDSON, Mary H. *The Social Adjustment of British Immigrant Families in Verdun and Point St. Charles*, Montréal, McGill University Thesis, 1933.

DAWSON, Carl Addington. *The City as an Organism with Special Reference to Montreal*, Montréal, McGill University Publications, 1926.

DAWSON, Carl Addington et GETTYS, Warner E. «The Ecological Patterning in Montreal», p. 221-229 dans Carl Addington Dawson et Warner E. Gettys, *An Introduction to Sociology*, New York, The Ronald Press, 1948, 764 pages.

DEMOI, Louis Anthony. *Housing in the Suburban Region of Montreal 1951-1961*, Montréal, McGill University Thesis, 1964.

DENIS, P.-Y. «Montréal, bilan décennal d'une morphologie en transition», *La Revue de Géographie de Montréal*, vol. XXV, n° 3, 1971, p. 281-291.

D'ORSENNENS, Guy. *Le développement physique, humain et économique de la cité de Saint-Laurent*, mémoire de maîtrise, Montréal, École des Hautes Études commerciales, 1957.

DROUILLY, Pierre. «L'élection de 1990 à Montréal», p. 139-151 dans Denis Monière (dir.), *L'année politique au Québec 1991*, Montréal, Québec/Amérique, 1992.

DUCHARME, J. Omer. *Monographie économique du quartier Saint-Henri*, mémoire de maîtrise, Montréal, École des Hautes Études commerciales, 1941.

DUPONT, Gilles. *Adaptation des immigrés français à Montréal*, thèse, Montréal, Université de Montréal, 1955.

EBACHER, Michel. *Étude sur l'évolution des structures socio-professionnelles dans la région de Montréal*, mémoire de maîtrise en géographie, Sherbrooke, Université de Sherbrooke, 1965.

FERLAND, Y. et COUSINEAU, R. *Zones sociales 1961*, Ville de Montréal, Service d'urbanisme, 1971.

FOGGIN, Peter. *Montréal*, Montréal, Holt, Rinehart et Winston Limitée, 1972, 108 pages.

FOGGIN, Peter. «Les formes d'utilisation du sol à Montréal», p. 32-45 dans Ludger Beauregard (dir.), *Montréal, guide d'excursions*.

FOGGIN, Peter, DESMARAIS, Lucie, JOLY, Marie-France, POIRIER, Guylaine et TREMBLAY, Odile. «Analyse cartographique de la morbidité hospitalière dans l'île de Montréal», *Cahiers de Géographie du Québec*, vol. XXVII, n° 71, 1983, p. 185-208.

GAUTHIER, Y., GENDRON, L., HOGUES, L.-P., LEMIEUX, P., LONGPRÉ, P. et VODANOVIC, A. *Centre-Sud*, Montréal, Faculté d'aménagement, Université de Montréal, 1979.

GEORGE, Pierre. «Essai d'interprétation des statistiques de population de l'agglomération de Montréal», *La Revue de Géographie de Montréal*, vol. XXI, n° 2, 1967, p. 361-374.

GERMAIN, Claude. «Évolution démographique et polarisation de la région de Montréal», *L'Actualité économique*, vol. XXXVIII, n° 2, 1962, p. 245-276.

GERMAIN, Claude. «Mouvements migratoires et croissance démographique de Montréal», *L'Actualité économique*, vol. XXXVIII, n° 3, 1962, p. 411-424.

GIBBARD, H. A. *The Means and Modes of Living of European Immigrants in Montreal*, Montréal, McGill University Thesis, 1935.

GILMOUR, G. *Some Aspects of Residential Mobility in Urban Social Space*, mémoire de maîtrise en géographie, Montréal, Université McGill, 1969.

GOLD, Rosalynd. *Occupational Selection and Adjustment in the Jewish Group in Montreal with Special Reference to the Medical Profession*, Montréal, McGill University Thesis, 1942.

GOSSELIN, Denis. *Monographie économique du quartier Saint-Paul*, mémoire de maîtrise, École des Hautes Études commerciales, Montréal, 1950.

GREER-WOOTTEN, Bryn. *Cross-Sectional Social Areas Analysis: Montreal 1951-1961*, Département de Géographie, Montréal, Université McGill, 1968, 18 pages.

GREER-WOOTTEN, Bryn. *The Spatial Structure of the Urban Field*, thèse de doctorat, Montréal, Université McGill, 1968.

GREER-WOOTTEN, Bryn. «Changing Social Areas and the Intra-Urban Migration Process», *La Revue de Géographie de Montréal*, vol. XXVI, n° 3, 1972, p. 271-282.

GREER-WOOTTEN, Bryn. «Le modèle urbain», p. 9-31 dans Ludger Beauregard (dir.), *Montréal, guide d'excursions*.

GREER-WOOTTEN, Bryn et WOLFE, Jeanne. «Bibliographie sur Montréal et sa région», *La Revue de Géographie de Montréal*, vol. XXVII, n° 3, 1973, p. 305-317.

GROSMAIRE, Jean-Louis. «Les Français à Montréal», *Cahiers de Géographie du Québec*, vol. XXVII, n° 71, 1983, p. 341-348.

GUAY, Louis. *The Ecological Differentiation of Urban Social Space: Montreal 1951-1971*, thèse de doctorat en sociologie, Londres, Université de Londres, 1976.

GUAY, Louis. «Les dimensions de l'espace social urbain: Montréal 1951, 1961, 1971», *Recherches sociographiques*, vol. XIX, n° 3, 1978, p. 307-348.

GUILLEMETTE-ROC, D. *Espaces ethniques en devenir: une enquête géographique sur les Haïtiens et les Vietnamiens de Montréal*, mémoire de maîtrise en géographie, Montréal, Université du Québec à Montréal, 1986.

HASTINGS, Elizabeth. *Pontville: a Socio-Economic Study of a French-Canadian Suburban Community*, Montréal, McGill University Thesis, 1955.

HAYNES, Kingsley E. «Spatial Change in Urban Structure: Alternative Approaches to Ecological Dynamics», *Economic Geography*, vol. XLVII, n° 2 (suppl.), 1971, p. 324-335.

HELLY, Denise. *Les Chinois à Montréal 1877-1951*, Québec, IQRC, 1987, 315 pages.

HENRIPIN, Jacques. «L'inégalité sociale devant la mort: la mortinatalité infantile à Montréal», *Recherches sociographiques*, vol. II, n° 1, 1961, p. 3-34.

HOFFMAN, Andrew Ygal. *City Squares and Open Spaces, with Special Reference to Montreal*, mémoire de maîtrise en architecture, Montréal, Université McGill, 1961.

HUDON, G., BEDARD, S., CROCHETIÈRE, S. et BENYAHIA, M. *Historique du développement de la ville de Saint-Michel*, Montréal, Université de Montréal, Institut d'urbanisme, 1978, 34 pages.

HUGUES, Everett C. et McDONALD, Margaret. «French and English in the Economic Structure of Montreal», *Canadian Journal of Economic and Political Science*, vol. VII, n° 4, 1941, p. 493-505.

HUOT, Anita. *Étude descriptive de la géographie économique et sociale de Laval-des-Rapides*, mémoire de maîtrise en service social, Montréal, Université de Montréal, 1950.

HUOT, Renaud. *Essai de délimitation géographique et dynamique d'un paysage urbain: quartier Henri-Paul Émard*, mémoire de maîtrise en géographie, Québec, Université Laval, 1971.

IOANNOU, Tina. *La communauté grecque du Québec*, Québec, IQRC, 1984, 337 pages.

INNES, F. C. «Concepts in Urban Geography in Relation to the Local Milieu: Montreal», *La Revue de Géographie de Montréal*, vol. XXI, n° 1, 1967, p. 165-168.

ISRAEE, Wilfred Emmerson. *The Montreal Negro Community*, Montréal, McGill University Thesis, 1928.

JAMIESON, Stuart M. *French and English in the Institutional Structure of Montreal*, Montréal, McGill University Thesis, 1938.

JANNISSET, M.-F. *Les quartiers de ville Saint-Laurent, au sud de Côte Vertu*, mémoire de maîtrise, Montréal, Université de Montréal, 1963.

JENKINS, Kathleen. *Montreal, Island City of the St-Lawrence*, New York, Garden City, Doubleday, 1966, 559 pages.

KENTRIDGE, Leon R. *A Survey of the New Towns About Metropolitan Areas, with Special Reference to Montreal*, mémoire de maîtrise en architecture, Montréal, Université McGill, 1961.

KHOR, Ean Lay. *Evolution of Patterns of Land Subdivision with Special Reference to Montreal*, mémoire de maîtrise en architecture, Montréal, Université McGill, 1964.

LACHAPELLE, J. F. *La région métropolitaine de Montréal: une étude des divisions socio-économiques de cette région et de l'évolution des quartiers de l'île de Montréal 1951-1961*, mémoire de maîtrise en démographie, Montréal, Université de Montréal, 1969.

LACOSTE, Norbert. *Les caractéristiques sociales de la population du grand Montréal, Étude de sociologie urbaine*, Montréal, Faculté des Sciences Sociales, Économiques et Politiques, Université de Montréal, 1958, 267 pages.

LACOSTE, Norbert. «Les traits nouveaux de la population du grand Montréal», *Recherches sociographiques*, vol. VI, n° 3, 1965, p. 265-277.

LACOSTE, Norbert. «Bibliographie sommaire des études sur Montréal», *Recherches sociographiques*, vol. VI, n° 3, 1965, p. 277-281.

LAMONDE, Pierre et POLÈSE, Mario. *Le déplacement des activités économiques dans la région métropolitaine de Montréal de 1971 à 1981*, Montréal, INRS-Urbanisation, Études et Documents, n° 45, 1985, 114 pages.

LANGLOIS, André. *L'analyse factorielle à trois entrées: une application à l'espace ethnique montréalais*, thèse de doctorat en géographie, Québec, Université Laval, 1982.

LANGLOIS, André. «Évolution de la répartition spatiale des groupes ethniques dans l'espace résidentiel montréalais 1931-1971», *Cahiers de Géographie du Québec*, vol. XXIX, n° 76, 1985, p. 49-65.

L'ARCHEVÊQUE, S. *L'historique de la ville de Hampstead*, Montréal, Université de Montréal, Institut d'urbanisme, 1980, 186 pages.

LAROCHE, Pierre, THOUEZ, Jean-Pierre et MAROIS, Claude. «Les tendances spatiales du vieillissement sur l'île de Montréal», p. 239-263 dans Frank W. Remiggi et Gilles Sénécal (dir.), *Montréal, tableaux d'un espace en transformation*.

LAROUCHE, Pierre. *Modèle de développement résidentiel de la région de Montréal*, thèse, New Haven, Connecticut, Université Yale, 1964.

LAVIGNE, Gilles. *La formation d'un quartier ethnique: les Portugais à Montréal*, thèse de doctorat en aménagement et urbanisme, Montréal, Université de Montréal, 1979.

LAVIGNE, Gilles. «La ville ethnique», *Urbanisme*, n° 216, 1986, p. 79-84.

LAVIGNE, Gilles. *Les ethniques et la ville. L'aventure urbaine des immigrants portugais à Montréal*, Montréal, Éditions Le Préambule, 1987, 220 pages.

LAVOIE, Caroline. «Les zones résidentielles des Indochinois à Montréal», p. 437-457 dans Frank W. Remiggi et Gilles Sénécal (dir.), *Montréal, tableaux d'un espace en transformation*.

LEBLANC, Marc. *Validité et sensibilité des indices de ségrégation appliqués à deux découpages géographiques dans l'île de Montréal*, mémoire de maîtrise en géographie, Montréal, Université de Montréal, 1986.

LE BOURDAIS, Céline et LEFEBVRE, Christine. *Spatialisation des composantes ethniques, socio-économiques et familiales à Montréal en 1981*, Montréal, INRS-Urbanisation, Études et Documents, n° 52, 1987, 73 pages.

LE BOURDAIS, Céline et BEAUDRY, Michel. «The Changing Residential Structure of Montreal, 1971-81», *Le géographe canadien*, vol. XXXII, n° 2, 1988, pages 98-113.

LEFEBVRE, Michel et ORYSCHUK, Yuri. *Les communautés culturelles au Québec. 1. ... originaires de l'Europe centrale et de l'Europe du Sud*, Montréal, Fides, 1985, 208 pages.

LEGARÉ, Jacques. «La population juive de Montréal est-elle victime d'une ségrégation qu'elle se serait elle-même imposée?», *Recherches sociographiques*, vol. VI, n° 3, 1965, p. 311-326.

LEGAULT, Jean-Charles. *Monographie de la ville de Lachine*, mémoire de maîtrise, Montréal, École des Hautes Études commerciales, 1945.

LEMAY, Claude. *Saint-Laurent: de noyau rural à centre urbain*, mémoire de maîtrise en géographie, Montréal, Université de Montréal, 1964.

LESSARD, Marc-André. «Bibliographie des villes du Québec», *Recherches sociographiques*, vol. IX, n° 1-2, 1968, p. 143-209.

LEVINE, Marc V. *The reconquest of Montreal: language policy and social change in a bilingual city*, Philadelphie, Temple University Press, 1990, 285 pages.

LIEBERSON, Stanley. «Bilingualism in Montreal: A Demographic Analysis», *American Journal of Sociology*, vol. LXXI, 1965, p. 10-25.

LIEBERSON, Stanley. *Linguistic and Ethnic Segregation in Montreal*, Commission royale d'enquête sur le bilinguisme et le biculturalisme, Ottawa, 1967, 43 pages.

LIEBERSON, Stanley. «Linguistic and Ethnic Segregation in Montreal», p. 218-248 dans Stanley Lieberson, *Language Diversity and Language Contact: Essays by Lieberson*, Stanford, Stanford University Press, 1981.

LINTEAU, Paul-André. *Histoire de Montréal depuis la Confédération*, Montréal, Boréal, 1992, 613 pages.

LOISELLE, Roland. *Évolution du développement de la banlieue montréalaise*, mémoire de maîtrise en urbanisme, Montréal, Université de Montréal, 1965.

LOSLIER, Luc. *La mortalité dans les aires sociales de la région métropolitaine de Montréal*, Québec, ministère des Affaires sociales, Service des Études épidémiologiques, 1976, 77 pages.

MACFARLANE, L. *Pontville: a Sub-Standard Working Class Suburb*, Montréal, McGill University Thesis, 1955.

MAMCHUR, S. W. *The Economic and Social Adjustment of Slavic Immigrants in Canada with Special Reference to Ukrainians in Montreal*, Montréal, McGill University Thesis, 1934.

MANZAGOL, Claude. «L'industrie manufacturière à Montréal», p. 125-135 dans Ludger Beauregard (dir.), *Montréal, guide d'excursions*.

MANZAGOL, Claude. «L'évolution récente de l'industrie manufacturière à Montréal», *Cahiers de Géographie du Québec*, vol. XXVII, n° 71, 1983, p. 237-253.

MAROIS, Claude. *Atlas de l'emploi: ville et île de Montréal*, Montréal, Presses de l'Université du Québec, 1974, 184 pages.

MARTIN, D. *Caractéristiques du logement dans la région métropolitaine de Montréal*, mémoire de licence, Montréal, École des Hautes Études commerciales, 1956.

MATTHEWS, George. *Évolution générale du marché du logement de la région de Montréal de 1951 à 1976: données synthétiques sur une réussite méconnue*, Montréal, INRS-Urbanisation, Études et Documents, n° 17, 1980, 69 pages.

MAYER-RENAUD, Micheline. *Le statut socio-économique de la population du territoire 6A*, Montréal, Centre des Services sociaux du Montréal métropolitain, Dossier Population, n° 2, 1980, 62 pages.

MAYER-RENAUD, Micheline. *La distribution de la pauvreté et de la richesse dans les régions urbaines du Québec, portrait de la région de Montréal*, Montréal, Centre des Services sociaux du Montréal métropolitain, 1986, 109 pages.

McNICOLL, Claire. *L'évolution spatiale des groupes ethniques à Montréal 1871-1981*, thèse de doctorat en géographie, Paris, École pratique des Hautes Études, 1986.

McNICOLL, Claire. *Montréal. Une société multiculturelle*, Paris, Bélin, 1993, 320 pages.

MELANÇON, J. M. *Montréal-Nord et ses problèmes de développement*, mémoire de licence, Montréal, École des Hautes Études commerciales, 1963.

MERCIER, Bernard-E. «De paroisse rurale à paroisse urbaine: Notre-Dame-des-Anges de Cartierville (1910-1956). Essai géographique et démographique», *Revue canadienne de Géographie*, vol. XX, n° 3-4, 1958, p. 79-115.

MIGNERON, Jean-Gabriel. «L'utilisation de l'analyse factorielle en planification urbaine et régionale: une analyse socio-économique de la population du centre de l'île de Montréal», *La Revue de Géographie de Montréal*, vol. XXVI, n° 3, 1972, p. 251-270.

MINISTÈRE DES COMMUNAUTÉS CULTURELLES ET DE L'IMMIGRATION. *Localisation des populations immigrées et ethnoculturelles au Québec*, Québec, Publications du Québec, 1992, 166 pages.

MINVILLE, Esdras (dir.). *Montréal économique. Étude préparée à l'occasion du troisième centenaire de la ville*, Montréal, Fides, 1943, 430 pages.

MONGEAU, Jaël. *Correspondance entre les secteurs de recensement des régions métropolitaines de Montréal et de Québec de 1951 à 1976*, Montréal, INRS-Urbanisation, Études et Documents, n° 14, 1979, 57 pages.

MONDOR, Françoise. *Le rapport au logement des femmes chefs de famille monoparentale du Plateau Mont-Royal: trajectoires et enjeux*, mémoire de maîtrise en urbanisme, Montréal, Université de Montréal, 1988.

NADER, George A. *Cities of Canada, volume 2: Profile of Fifteen Metropolitan Centers*, Montréal, MacMillan of Canada/MacLean Hunter Press, 1976, 460 pages.

NORMANDIN, Gilles. *Monographie de la cité d'Outremont*, mémoire de maîtrise, Montréal, École des Hautes Études commerciales, 1949.

OSSENBERG, R. J. «The Social Integration and Adjustment of Post-War Immigrants in Montreal and Toronto», *The Canadian Review of Sociology and Anthropology*, vol. I, n° 4, 1964, p. 202-215.

ORYSCHUK, Yuri. *Les communautés culturelles du Québec. 2. ... originaires de l'Europe du Nord*, Montréal, Fides, 1987, 224 pages.

PAILLÉ, Michel. *Nouvelles tendances démolinguistiques dans l'île de Montréal 1981-1996*, Québec, Conseil de la langue française, Service des communications, 1989, 173 pages.

PAINCHAUD, Claude et POULIN, Richard. *Les Italiens au Québec*, Hull, Éditions Critiques, 1988, 231 pages.

PANINNET, M. F. *Les quartiers de ville Saint-Laurent*, mémoire de maîtrise en géographie, Montréal, Université de Montréal, 1963.

PAQUETTE, Bernard. *Monographie de la ville de Longueuil*, mémoire de maîtrise, Montréal, École des Hautes Études commerciales, 1946.

PARRISSET, Marie-Françoise. *Saint-Laurent, secteur sud*, mémoire de maîtrise, Montréal, Université de Montréal, 1963.

PILOTE, Ruth et MONDOR, Françoise. «Les femmes et le logement: une situation particulière», p. 171-180 dans Frank W. Remiggi et Gilles Sénécal (dir.), *Montréal, tableaux d'un espace en transformation*.

PLANTE, Sylvie et SIMONEAU, Louis. *Hochelaga-Maisonneuve: atlas socio-économique*, Montréal, Atelier d'histoire Hochelaga-Maisonneuve, 1986, 93 pages.

POLÈSE, Mario et FOGGIN, Peter. *La géographie sociale de Montréal en 1971*, Montréal, INRS-Urbanisation, Études et Documents, n° 1, 1976, 43 pages.

POLÈSE, Mario, HAMEL, Charles et BAILLY, Antoine. *La géographie résidentielle des immigrants et des groupes ethniques*, Montréal, INRS-Urbanisation, Études et Documents, n° 12, 1978, 32 pages.

POLÈSE, Mario et CARLOS, Serge. *L'écologie factorielle d'un système urbain: une analyse globale des facteurs de différentiation spatiale en milieu urbain pour les principales villes du Canada*, Montréal, INRS-Urbanisation, Études et Documents, n° 13, 1978, 32 pages.

POTTER, Harold Hebert. *The Occupational Adjustment of Montreal Negroes 1941-1948*, Montréal, McGill University Thesis, 1949.

PRINCE, Raymond. *An Ecological Study of Social Pathology in Montreal*, Montréal, Urban Social Redevelopment Project, 1966, 38 pages.

RACINE, Jean-Bernard. «La croissance du Grand Montréal au sud du Saint-Laurent: le cas de Saint-Bruno-de-Montarville», *La Revue de Géographie de Montréal*, vol. XXI, n° 1, 1967, p. 111-147.

RACINE, Jean-Bernard. «Exurbanisation et métamorphisme péri-urbain: introduction à l'étude du grand Montréal au sud du Saint-Laurent», *La Revue de Géographie de Montréal*, vol. XXI, n° 2, 1967, p. 313-342.

RACINE, Jean-Bernard. «Géographie factorielle de la banlieue montréalaise au sud du Saint-Laurent: 1. la différentiation des structures sub-urbaines», *La Revue de Géographie de Montréal*, vol. XXVII, n° 3, 1973, p. 229-259.

RACINE, Jean-Bernard. «Géographie factorielle de la banlieue mont-réalaise au sud du Saint-Laurent: 2. les structures typologiques sub-urbaines», *La Revue de Géographie de Montréal*, vol. XXVIII, n° 1, 1974, p. 55-78.

RACINE, Jean-Bernard. *Un type nord-américain d'expansion métropolitaine: la couronne urbaine du grand Montréal. Géographie factorielle expérimentale d'un phénomène sub-urbain*, Thèse de doctorat, Nice, Université de Nice, 1973.

RAMIREZ, Bruno. *Les premiers Italiens de Montréal. L'origine de la Petite Italie du Québec*, Montréal, Boréal Express, 1984, 137 pages.

RAMSDEN, Mary Evelyn. *Dependency among British Immigrants in Montreal*, Montréal, McGill University Thesis, 1933.

RAY, D. Michael. *Croissance du Canada urbain*, Toronto, Copp Clark Publishing, 1976, 3 volumes.

REMIGGI, Frank W. et SÉNÉCAL, Gilles (dir.). *Montréal, tableaux d'un espace en transformation*, Montréal, ACFAS, 1992, 498 pages.

RENNIE, Douglas Lloyd Claver. *The Ethnic Division of Labor in Montreal from 1931-1951*, Montréal, McGill University Thesis, 1953.

REYNOLDS, Lloyd G. *The Occupational Adjustment of the British Immi-grants in Montreal*, Montréal, McGill University Thesis, 1933.

RICHARDSON, Nigel A. *A Study of the Relationship between Ecological and non Ecological Factors in the Development of Natural Areas of Montreal*, Montréal, McGill University Thesis, 1954.

RICOUR, Françoise. *Outremont, monographie urbaine*, mémoire de maîtrise en géographie, Montréal, Université de Montréal, 1962.

RICOUR, Françoise. «Les quartiers d'Outremont», *Revue de Géographie de Montréal*, vol. XVIII, n° 1, 1964, p. 65-85.

RICOUR, Françoise. *Suburbanisation et structures urbaines sur l'île Jésus*, thèse de doctorat en géographie, Montréal, Université de Montréal, 1969.

ROBERT, Jean-Claude. *Atlas historique de Montréal*, Montréal, Art Global/ Libre Expression, 1994, 168 pages.

ROME, David, NEFSKY, Judith et OBERMEIR, Paule. *Les Juifs au Québec — Bibliographie rétrospective annotée*, Québec, IQRC, 1981, 319 pages.

ROSE, Damaris. «Un aperçu féministe sur la restructuration de l'emploi et sur la gentrification: le cas de Montréal», *Cahiers de géographie du Québec*, vol. XXXI, n° 83, 1987, p. 205-224.

ROSENBERG, Louis. *A Study of the Changes in the Geographic Distribution of the Jewish Population in Metropolitan Montreal 1851-1951*, Montréal, Canadian Jewish Congress, Canadian Jewish Population Studies 4, 1955.

ROSENBERG, Louis. *Population Characteristics (distribution by age and sex) of the Jewish Community of Montreal*, Montréal, Canadian Jewish Congress, Canadian Jewish Population Studies 5, 1955.

ROSENBERG, Louis. *Population Characteristics (ethnic and religious patterns; marital status, size of family; country of birth, period of immigration, language and mother tongue; years of schooling) of the Jewish Community of Montreal*, Montréal, Canadian Jewish Congress, Canadian Jewish Population Studies 6, 1956.

ROSS, Aileen. *The French and English Social Elites of Montreal*, mémoire de maîtrise en sociologie, Chicago, Université de Chicago, 1941.

ROSS, H. R. *Juvenile Delinquency in Montreal*, Montréal, McGill University Thesis, 1932.

RUDIN, Ronald. *Histoire du Québec anglophone 1759-1980*, Québec, IQRC, 1986, 332 pages.

SANCTON, Andrew. *Governing the Island of Montreal: language differences and metropolitan politics*, Berkeley, University of Berkeley Press, 1985, 213 pages.

SEIDEL, Judith. *The Development and Social Adjustment of the Jewish Community in Montreal*, Montréal, McGill University Thesis, 1939.

SÉNÉCAL, Gilles. «Systèmes d'espaces, systèmes d'acteurs: le cas de la Pointe-Saint-Charles», p. 155-169 dans Frank W. Remiggi et Gilles Sénécal (dir.), *Montréal, tableaux d'un espace en transformation*.

SÉNÉCAL, Paul, TREMBLAY, Carole et TEUFEL, Dominique. *Gentrification ou étalement urbain?: le cas du centre de Montréal et de sa périphérie*, Montréal, Société d'habitation du Québec, 1991, 94 pages.

SIMARD, Carole, CHOKO, Marc et COLLIN, Jean-Pierre. *Le développement urbain de Montréal 1940-1960. Bibliographie*, Montréal, INRS-Urbanisation, Études et Documents, n° 35, 1982, 113 pages.

SZABO, Denis. «Vie urbaine et criminalité», *Recherches Sociographiques*, vol. IX, n° 1-2, 1968.

TEIXEIRA, B.P. *La mobilité résidentielle intra-urbaine des Portugais de la première génération à Montréal*, mémoire de maîtrise en géographie, Montréal, Université du Québec à Montréal, 1986.

THANGUE, Raymond. *Géographie humaine de Montréal*, Montréal, Librairie d'action canadienne-française, 1928, 334 pages.

THANGUE, Raymond. «La population de Montréal», *L'Actualité économique*, vol. XVIII, n° 2, 1942, p. 163-180.

THOUEZ, Jean-Pierre. «La structure spatiale des caractéristiques socio-économiques de Montréal 1961», *Recherches sociographiques*, vol. XIX, n° 1, 1973, p. 81-116.

TULCHINSKY, G. J. J. *The Growth of Montreal as a Metropolis*, thèse de doctorat, Toronto, Université de Toronto, 1964.

VELTMAN, Calvin. «La structure résidentielle des transferts linguistiques dans l'agglomération de Montréal», *Recherches sociographiques*, vol. XIX, n° 3, 1978, p. 391-401.

VELTMAN, Calvin. «L'évolution de la ségrégation linguistique à Montréal 1961-1981», *Recherches sociographiques*, vol. XXIV, n° 3, 1983, p. 379-390.

VELTMAN, Calvin et IOANNOU, Tina. *Les Grecs du quartier Parc Extension: insertion linguistique dans la société d'accueil*, Montréal, INRS-Urbanisation, Études et Documents, n° 40, 1984, 100 pages.

VELTMAN, Calvin et PARÉ, Odette. *L'insertion sociolinguistique des Québécois d'origine portugaise*, Montréal, INRS-Urbanisation, Études et Documents, n° 44, 1985, 107 pages.

VELTMAN, Calvin, POLÈSE, Mario et LEBLANC, Marc. *Évolution de la localisation résidentielle des principaux groupes ethniques et immigrants, Montréal, 1971-1981*, INRS-Urbanisation, Études et Documents, n° 49, 1986, 57 pages.

VELTMAN, Calvin, POLÈSE, Mario et LEBLANC, Marc. «Évolution de la localisation résidentielle des principaux groupes ethniques et immigrants, Montréal, 1971-1981», *Actualité immobilière*, vol. X, n° 4, p. 20-33.

VELTMAN, Calvin et LEBLANC, Marc. *Analyse de la ségrégation résidentielle à Montréal*, Montréal, UQAM, Département d'Études urbaines et touristiques et INRS-Urbanisation, 1987, 71 pages.

VELTMAN, Calvin, POLÈSE, Mario, DUMONT-FRENETTE, Danielle, LEBLANC, Marc et PANNETON, Claude. *Structures résidentielles et linguistiques des groupes ethniques dans la région métropolitaine de Montréal, 1971-1981*, Montréal, INRS-Urbanisation, 1987, 165 pages.

VELTMAN, Calvin. *L'avenir linguistique de la région métropolitaine de Montréal*, Montréal, 1989, 186 pages.

VILLENEUVE, Paul et VIAUD, G. «Asymétrie occupationnelle et localisation résidentielle des familles à double revenu à Montréal», *Recherches sociographiques*, vol. XXVIII, n° 2-3, 1987, p. 371-391.

VILLENEUVE, Paul et ROSE, Damaris. «Gender and the Separation of Employment from Home in Metropolitan Montreal 1971-1981, *Urban Geography*, vol. 9, 1988, p. 155-179.

VILLENEUVE, Paul et MORENCY, René. «Double emploi et rang social des quartiers de Montréal», p. 195-215 dans Frank W. Remiggi et Gilles Sénécal (dir.), *Montréal, tableaux d'un espace en transformation*.

WILKINS, Russell. *L'espérance de vie par quartier à Montréal, 1976: un indicateur social pour la planification*, Montréal, Institut de recherches politiques, 1979, 35 pages.

WILKINS, Russell. «L'inégalité devant la mort: résultats d'une nouvelle recherche à Montréal», *Le médecin du Québec*, vol. XVI, n° 2, 1981, p. 128-134.

WILKINS, Russell. *Données sur la pauvreté dans la région métropolitaine de Montréal à partir d'une série de totalisations spéciales du recensement de 1981*, Montréal, Département de Santé Communautaire de l'Hôpital Général de Montréal, 1985, 109 pages.

WILLIAMS, Dorothy W. *Blacks in Montreal 1628-1986: an urban demography*, Cowansville, Y. Blais, 1989, 147 pages.

YEATES, Maurice. *La grand'rue de Québec à Windsor*, Toronto, MacMillan, 1975, 470 pages.

YING HAND LI. *Street Patterns in Residential Areas, with Special Reference to Montreal*, mémoire de maîtrise en architecture, Montréal, Université McGill, 1965.

ZAKUTA, Leo. *The Natural Areas of the Montreal Metropolitan Community*, Montréal, McGill University Thesis, 1948.

Table des matières